언니들의 여행법

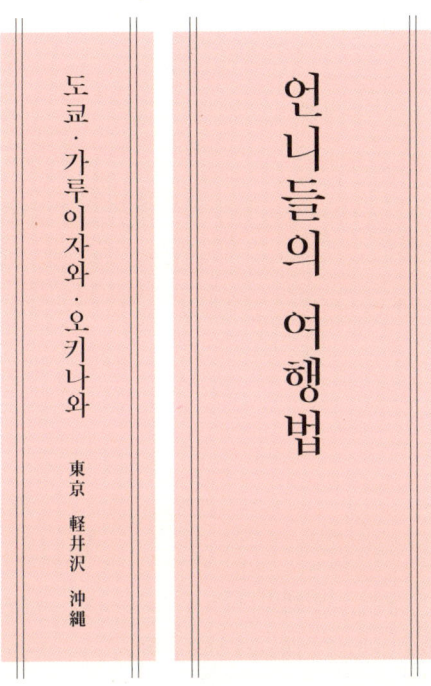

언니들의 여행법

도쿄·가루이자와·오키나와

東京 軽井沢 沖縄

최예선
심혜경
손경여
김미경
지음

모요사

차례

우아하고 담대한 언니들의 여행법   08

01
도쿄東京,
따로 또 같이

여행이라는 시그널   18
호메이칸 심야술집   30
도쿄의 동쪽, 시타마치 동네 산책   47
고독할 틈 없는 미식가   66
단 하루밖에 없다면, 진보초   95
작고 아름다운 어른의 물건   118
고요한 심연들   134
비일상으로 부르는 목소리   142
실패해도 괜찮아, 인간이니까   158
긴자의 실론 홍차점   172
메트로 뤼미에르 도쿄   185

02
가루이자와軽井沢, 밤이면 밤마다

휴양지의 호텔 202
천 개의 고원 214
존과 요코, 충돌한 행성 233
매직아워, 마법이 풀리기 전까지 245
프랑스 소설을 읽는 시간 260
가루이자와 벚꽃 엔딩 279
★ 달콤한 와인의 도시
시오지리 와이너리 투어 286

03
오키나와沖繩, 천천히 천천히

58번 국도 여행 308
삼시 세끼 320
토요일 오전의 오키나와 브런치 333
섬이라는 전설 344
히메유리와 오키나와 소녀들 356
산호해변으로 가는 산책로 366
슈리 산책 389
괜찮아 모두 다 잘 될 거야 400

언니들의 여행 후기 414

| 헬렌's
칼럼 | 도쿄대 학식 완전정복　43
하루키와 몬자야키　90
도쿄에서 영화 보기　168 |

| 유짱's
칼럼 | 네즈 동네 산책　60
세이화우타키를 놓치고 비세의 숲을 만나다　384 |

| 손짱's
칼럼 | 잇세이도 서점의 사카이 다케히코 씨　108
나가노의 크래프트 맥주　226
아카치치 게스트하우스　380 |

| 미키's
칼럼 | 후루이해서 더 멋지다, 도쿄 리사이클 숍　130
가루이자와 심야술집 맛 대 맛　254 |

TIP

언니들이 추천하는
런치 스페셜 82

술 좋아하는 언니가 추천하는
도쿄의 이자카야 86

책 좋아하는 언니들의
특별한 서점들 114

언니들이 여행 전 체크하는
미술관·박물관 154

언니들이 추천하는 도쿄의
티숍·티카페 181

언니들이 선택한
오키나와 로컬 음식점 340

우아하고 담대한
언니들의 여행법

　함께 여행하고 싶은 사람들이 생겼다. 요 몇 년간 자주 만나면서 새로운 일들을 함께 해온 친구들이다. 우리는 함께 소설을 읽고 일본어를 배우며 일상의 언저리에서 함께 머물렀다. 우리는 누가 무언가 하고 싶은 일, 꿈꾸는 일이 있을 때 서로 부추겨 함께 하는 사람들이다. 이런 서로를 '언니들'이라고 부른다.
　'언니들'은 헬렌, 손짱, 미키 그리고 유짱으로 칭해지는 나까지 모두 넷이다. 헬렌은 사서이자 번역가이며 "공부하자"는 말을 늘 뿌리고 다니는 열혈 인생이다. 그녀의 좌청룡은 '책'이며 우백호는 '영화'다. 한번 만난 사람이면 십대건 육십대건, 연령 불문 국적 불문 그녀와 친구가 될 수밖에 없는 강력한 자력을 가졌다. 컴퓨터 프로그래머인 미키는 취미가 다양하다. 직장인 밴드의 보컬로 활동하는 한편, 작고 귀여운 것들을 조물조물 만드는 일도 곧잘 한다. 떠나고 싶다는 말을 자주 하고 그만큼 자주 바깥으로 나갔다 오는 자유로운 영혼이다. 출판편집자인 손짱은 요즘 술과 미식의 세계에 푹 빠져 있다. 봄이면 숭어알을 사와서 한 달 동안 공을 들여 어란을 만드는가 하면, 육사시미, 고래고기 같은 예사롭지 않은 미식 취향도 날로 성장해가는 중이다. 읽고 쓰는 일이 직업인 유짱은 세상 구석구석에 깃들인 이야기에 관심이 많다. 요즘은 저 먼 과거와 연결된 것들을 찾아내어 쓰다듬어본다. 옛 건물들을 일부러 찾아다니고 홍차라는 오래된 습관을 즐긴다.

우리 넷은 각자 품고 있는 것들이 다르다. 나이나 직업에선 전혀 공통점이 없다. 취향이나 스타일도 유사하다고 보기 어렵다. 굳이 공통점을 찾자면 책 읽기를 좋아하고 새로운 경험에 적극적이며 두려움이 없다는 정도? 자칭 '언니들'이지만 서로를 언니라는 호칭으로 부르지는 않는다. 가벼운 별명으로 부르고 적당히 존대하며, 자신의 나이는 물론이거니와 서로의 나이도 의식하지 않는다.

그러니 여행에 대한 생각과 경험, 그 스펙트럼은 또 얼마나 다를까? 우리 중엔 소위 가방을 꾸리고 여행 코스 짜는 일에 전문가 뺨치는 수준의 사람도 있고, 여행이라면 무조건 따라나서는 사람도 있고, 여행 자체를 즐기지 않는 사람도 있다. 자기 방식대로 여행하는 법에 익숙한 우리지만 함께 떠나보기로 했다. 넷의 공감을 넓혀보기로, 새로운 경험을 해보기로, 무엇보다 낯선 장소에서 함께 걷고 이야기해보기로 말이다.

가장 먼저 떠올린 곳은 도쿄였다. 슬렁슬렁 하긴 했지만 함께 모여 공부한 일본어에서 여행이 시작되었다. 가벼운 마음으로 시작된 여행은 횟수를 거듭하면서 섭렵한 도시들이 늘어났다. 도쿄는 봄, 여름, 가을, 겨울을 모두 보았다. 풍경도 건물도 이야기도 색다르고 풍부한 가루이자와, 일본 와인이라는 특별한 세계를 보여준 시오지리 와이너리 투어, 그리고 세상에서 가장 멋진 땅의 하나로 꼽고 싶은 오키나와……. 우리의 공통된 추억이 점점 많아지고 짙어졌다.

따로 또 같이, 언니답게 여행하기

여행을 떠나기 전에 언니들은 여러 차례 모임을 가진다. 가고 싶은 장소, 하고 싶은 일들을 정리한 페이퍼를 한데 모아 한 사람도 소외되지 않도록 여행의 밑그림을 그린다. 각자의 의견을 조율하며 일정을 짜는 것은 유짱의 몫이다. 색다른 음식을 먹는 게 여행의 가장 큰 기쁨인 손짱은 숙소와 식당을 일정에 잘 버무려 넣는다. 미키는 금전 관리와 일정 관리를 썩 잘하며, 넓은 인맥을 가진 헬렌은 현지 친구들을 언니들의 여행에 포섭하기도 하고 정보를 얻어내기도 한다.

언니들의 여행법은 좀 특별하다. 여행 스케줄이 일치한 적은 한 번도 없다. 하는 일이 모두 다르다보니 각자의 방식으로 휴가를 내야 하기 때문에 함께 출발하고 함께 돌아오는 스케줄이 사실상 불가능하다. 누구는 며칠 일찍, 다른 누구는 며칠 늦게 출발하기도 한다. 그러나 함께하는 시간 동안은 '언니들의 여행법'을 따른다. 누군가가 하고 싶은 일에 기꺼이 동참하고 각자의 취향을 존중하며 '따로 또 같이' 여행하는 것이다. 늘 함께 다닐 필요는 없지만 함께 다닐 때는 충분히 서로를 배려한다. 무엇보다 서로를 인정한다. 그녀가 하고자 하는 일이 멋지지 않을 리가 없어, 재미없을 리가 없지, 그런 생각으로 기꺼이.

계획대로 되지 않아도 언니들이니까 좋았다. 우린 어느새 걷는 속도가 비슷해졌고 낯선 곳에서도 불안하지 않았다. 우리의 공감 영역이 커진 까닭이었다. 함께 걷는 것만으로도 괜찮아! 이렇게 맛있는 걸 먹으니 괜찮아! 함께 비행기를 타고 낯선 곳에 왔잖아, 이걸로 충분해! 뭐든 할 수 있고, 어디든 갈 수 있어! 집으로 가는 비행기에서 우리는 곧바로 다음 여행을 상상했다.

'언니들'이라는 동심원

'언니들'이란 어휘에는 특별한 자매애, 특별한 감정이 내포되어 있다. 언니다운 부드러움과 언니다운 배려와 언니다운 욕망, 언니다운 시선과 감성. 그러고 보면 '언니들'은 지금보다 근사하고 재미난 미래를 만들고 싶은 사람들이다.

여행과 일상을 함께하면서 '언니들'은 우리 넷만을 지칭하는 말이 아님을 알게 되었다. 우리에겐 수많은 언니들이 주변에 있고, 그들 역시 우리의 여행과 일상에 빛나는 이야기들을 더해주었다. 이 책에 예쁜 삽화를 그린 하정, 가루이자와 여행을 함께 한 제이와 미나, 여행의 감동을 새롭게 느끼게 해준 노리코, 그리고 달콤한 여행의 추억을 들려준 많은 언니들……. 그러므로 '언니들'은 우리 넷을 중심으로 파문을 일으키며 퍼져나가는 여러 개의 동심원이다.

언니들의 여행법은, 우리 넷의 취향과 즐거움을 넘어서, 언니들의 감성을 이해하는 수많은 언니들의 이야기와 경험으로 점점 확장되는 그런 여행이다. 언니들의 공동체는 점점 커지고 있다.

네 언니들의 취향과 경험, 감성으로 바라본 도쿄, 가루이자와, 오키나와를 풀어놓으려고 한다. 예술과 미식에 흠뻑 빠지고, 한 도시의 과거와 현재의 모습을 이해하며, 그 속에서 마음껏 흔들리고 상상에 빠졌다. 멋지고 아름다운 사물을 볼 때마다 일상의 삶과 조화를 이루는 방식을 떠올렸다. 도시의 역사를 들출 때면 우리의 역사와 연결고리를 보지 않을 수 없었다. 그 연결고리를 어루만지며 담담하게 지난간 시간을 바라보았다.

차와 향, 책과 그림은 아깝고 소중하게 대했다.

긴 여정이건 짧은 여정이건, '언니들'이라는 이름으로 멋지고 우아하게 즐기려고 했다. 무엇보다 언니들은 서로를 나누려고 노력했다. 여행이 아름다운 건, 일상에 화사한 빛을 뿌리기 위해서니까. 언니들의 여행도 함께하는 일상을 위해 존재한다.

우아하고 담대한
언니들의 여행을 꿈꾸며.

2016년 여름, 최예선

01

도쿄, 따로 또 같이

東京
それぞれ、いっしょに

같이 할 땐 신나게 웃어주기,
꼭 함께 하지 않아도 용서해주기,
도쿄는 따로 또 같이 걸어서
아름다운 도시였다.

東京

1 도쿄 대학교
2 야나카레이엔
3 국립서양미술관
4 네즈 가마치쿠
5 호텔 그라피네즈
6 호메이칸
7 진보초 고서점 거리
8 간다 마치에큐트
9 도쿄 역
10 미쓰비시이치고칸 미술관
11 카지야 분조
12 아코메야
13 이토야
14 쓰키지 다이와스시
15 아사쿠사 센소지
16 스카이트리
17 신바시 비스트로 우오킨
18 옛 영친왕 저택
19 다이칸야마 쓰타야 서점
20 일본민예관
21 고토쿠지 아메코야
22 고엔지 아마추어의 반란
23 신주쿠 브루클린 팔러
24 몬자야키 스즈네
25 와세다대학교 연극박물관

시그널
여행이라는

　남쪽에서 벚꽃 소식이 들리면 떠나려는 마음이 불쑥불쑥 솟아오른다. 일상에 몰두할수록 여행의 그리움도 짙다. 어째서 이토록 자주 떠나고 싶을까? 여행, 유랑, 방랑…… 어떤 이름이어도 좋다. 인간이란 태생적으로 여행하는 족속이므로, 두 다리가 튼튼하게 지탱해줄 때까지는 가능한 한 멀리 떠날 것이다. 그리고 고무줄이 늘어난 탄성만큼 재빨리 제자리로 돌아오듯 그렇게 집으로, 일상으로 돌아오게 될 것이다. 여행이 아름다우면 일상도 풍부해진다.

　"벚꽃 구경도 못 하고 봄이 가버리겠어."
　오랜만에 만난 언니들이 나른한 눈빛으로 봄타령을 한다. 지난겨울이 좀 지겹긴 했다. 언니들은 헬렌, 미키, 손짱 그리고 유짱(이건 나다)을 부르는 별칭이다. 오늘따라 진득하고 와글거리는 수다는 자취를 감추고 벚꽃 이야기에 열을 올린다. 들끓는 마음이 그리운 시절임에 틀림없다.

"이렇게 손 놓고 있다가 어렵게 배운 일본어 몽땅 까먹겠네."

"그거 알아? 히라노 게이치로가 국립서양미술관 특별전을 기획했대."

"소설가가 전시회를? 근사한데?"

손짱이 얼른 검색을 하고, 심드렁하던 언니들도 머리를 맞댄다.

"전시 제목이 '비일상으로 부르는 목소리'래."

"엄청 거창하네. 히라노 상답게."

"히라노 상은 참 멋진데…… 소설은 좀 어려워."

다시 도쿄 이야기가 이어졌다. 헬렌이 도쿄에 사는 친구 이야길 꺼내고 손짱이 새로 찾아낸 이자카야를 설명하고……. 그러다보니 가보고 싶은 곳들이 점점 일치한다. 진보초 갔었어? 아니. 기치조지는? 아직 못 가봤어. 작가들이 집필 장소로 애용했다는 야마노우에 호텔은? 그런 멋진 곳이 있었단 말이야? 가보고 싶어!

"그럼 도쿄 여행이라도 갈까?"

농담처럼 꺼낸 말이었다. 사심 가득한 바람을 담아서 툭 던진 것에 불과했다. 그런데 미키가 기다렸다는 듯이 말을 이었다.

"미나 센세가 곧 샌프란시스코로 떠난대요. 가면 한참 못 볼 텐데 가기 전에 꼭 만나고 싶다고 연락 왔어요."

세 언니들의 목소리 데시벨이 확 높아졌다.
"미나 센세가?"
"그렇다면?"
"가자, 도쿄!"

미나 센세는 언니들의 일본어 선생님이다. 몇 해 전 연남동에 있는 내 작업실에 모여서 일주일에 한 번씩 일본어 수업을 해보자고 하니 제법 사람이 모였다. 미키의 직장 선배인 재일교포 미나가 강사로 합류했다. 그녀는 일본에서 대학을 마치고 한국으로 돌아와 직장을 다니고 있는 서른 살의 싱글이었다. 미나 센세를 떠올리면 귀여운 눈웃음과 명랑한 하이톤의 목소리가 먼저 생각난다. 축 처진 어깨라도 번쩍 들어 올릴 것 같은 기운찬 웃음과 쩌렁한 목소리로 그녀의 일본어 수업은 늘 생기가 넘쳤다.

우리는 얇은 책을 함께 강독하는 시간을 좋아했다. 첫 책은 무라카미 하루키의 『후와후와ふわふわ』라는 짧은 이야기였다. 통통하고 나이 든 암고양이에 대한 하루키의 예찬론인데, 귀여운 삽화가 곁들여져서 읽는 맛이 좋았다. 미나 센세는 예쁜 얼굴에 희한하게도 잘 어울리는 호탕한 웃음을 터트리며 우리에게 삽화가의 이름을 알려주었다.

"안자이 미즈마루安西水丸. 이름이 좀 독특하네요. 으하하핫."

때론 안자이 미즈마루의 멋진 그림을 보는 일이 하루키를 읽는 것보다 더 중요한 일이 되었다. 미나 센세의 도움으로 한 줄 한 줄 읽어

언니들을 작은 테이블로 모이게 한 『후와후와』.
'후와후와'는 '폭신폭신'이라는 뜻이다.

가다보면 검은 글자가 총천연색으로 펼쳐지며 하나의 세계가 둥실 떠올랐다. 일본어로 읽는 하루키는 좀 달랐다. 담담하다가도 감정을 쿵, 흔들어대는 하루키의 글은 무심하게 그린 삽화와 어울려 묘하게 기분 좋은 장면을 연출했다. 하루키의 글도 일본어의 한 가지 방식이었고, 미즈마루의 그림도 일본어의 한 가지 방식이었다.

미나 센세가 다니던 회사를 그만두고 도쿄로 떠나면서 이 년 가까이 계속해온 언니들의 일본어 수업은 끝이 났다. 그 미나 센세가 곧 샌프란시스코로 갈 것이고 거기서 영어를 배울 거라고 한다. 영어와 일본어, 둘 중 어느 것이 한국어와 가까울까? 어느 것이 우리 마음과 더 닮았을까?

열정이 있다면 '비일상으로 부르는 목소리'를 듣고도 모른 체할 수 없다. 여행은 비일상의 유혹을 떨치지 못한 후회와 기대가 집결되어 들끓는 세계이므로. 게다가 아직은 벚꽃의 꽃망울을 볼 수 있는 봄, 도쿄가 가장 아름다운 시기다. 히라노 게이치로가 보여주는 비일상의 장면들도 궁금해졌다. 깊이 푹 빠져들 그림을 본 지도 꽤 오래되었다. 소설가, 벚꽃, 그리고 미나 센세……. 일상에서 벗어나라는 복잡한 시그널을 수신한 언니들은 여행가방을 꾸리고 도쿄 행 비행기에 올랐다.

언니들이 처음 함께 여행한 것은 일본어를 배우기 시작할 무렵이었다. 고작 1박 3일의 올빼미투어로 바쁘게 다녀온 그 순간이 무엇과도 바꿀 수 없을 만큼 좋았다. 그 이후로 자주 떠났느냐 하면 그렇지는 않다. 언니들 모두 각자의 인생을 충실하게 살아가는 바쁜 사람들이었으므로. 하지만 일상의 빈틈이 필요할 때 '언니들'이라는 이름으로 언제든 떠날 수 있다는 약간의 바람기는 갖고 있었던 것 같다. 빈틈이 생긴 것을 어찌 알고 달콤한 바람은 팽팽한 일상을 뚫고 우리 넷에게로 불어닥쳤는지.

언니들의 여행은 무작정 여행이 아니다. 오히려 혼자 하는 여행보다 준비할 게 더 많다. 우선 도쿄에 대한 기대와 감상을 충분히 나누고, 그다음엔 가고 싶은 장소나 보고 싶은 행사, 각자가 이 여행에서 원하는 것 등을 문서로 정리해서 공유한다. 일정을 취합하고 동선을 짠 후엔 여러 차례 만나서 함께 할 일과 각자 할 일을 체크한다. 여행에서 소외되는 사람이 없도록 하는 게 원칙이다. 대신, 미처 생각하지 못했던 일정이 툭툭 끼어들어도 기꺼이 함께 해준다. 혼자 하는 여행이라면 가볼 일 없는 장소, 먹을 생각도 하지 않을 음식이라도 함께 즐겨주기. 그러나 다른 스케줄을 원한다면 따로 떨어져 혼자 여행해도 기꺼이 용서해주기. '따로 또 같이' 여행법은 함께하는 여행에서 가장 중요한 미덕이다.

때론 넷이란 숫자는 무척 요긴하다. 이인용 객실도, 패밀리룸도 가능하며, 4인을 위한 식탁을 예약해서 아쉽지 않을 만큼 요리를 즐길 수도 있다. 혼자라면 쉽게 하지 못할 일들도 선뜻 할 수 있다. 예를 들면 택시도 요금 걱정 없이 마음 편히 탈 수 있고, 애프터눈티타임도 즐겁게 가질 수 있다. 무엇보다 동서남북의 각 방향을 보는 것 같은 넷의 팽팽한 취향이 합쳐지면 중심의 유연함이 생긴다. 넷은 참 멋진 숫자다. 어쩌다 우리는 셋도 다섯도 아닌, 넷이 되었을까? 기특하게도.

언니들에게는 각자의 도쿄가 있지만, 도쿄를 여행한 후엔 늘 이런 생각을 한다. 가능한 한 자주 도쿄를 찾아와야겠다고. 한때, 이 도시는 새로운 브랜드와 근사한 쇼핑몰과 사지 않고는 못 배기는 아름다운 물건들로 채워진 쇼핑의 천국이었다. 국내에서 보지 못했던 유럽산 물건이나 눈에 띄는 디자인 제품을 사들이고 세련된 쇼핑몰과 가장 앞선 형태의 건축물을 보느라 지치도록 다녔다. 그런데 언제부터인가 이 도시를 여행하는 방법이 확연히 달라졌다. 우리가 살아가는 모습을 비춰보게 된 것이다. 어떻게 살아야 할 것인가, 우리의 삶은 이대로 좋은가, 이런 질문들을 떠올리며 도쿄를 걷는다.

이 도시는 나름의 해답을 들려준다. 삶의 지속성을 보여주는 장소들, 오래된 것을 재발견하고 드러내는 방식들, 새로운 유행에 휩쓸리지 않은 일본다운 삶의 풍경이 우리의 마음을 미세하게 움직인다. 이 도시의 한쪽에서는 급격한 시류에도 흔들리지 않고 묵묵히 이어져온 삶의 방식이 있었다. '도쿄가 달라졌다'고 느끼는 건 동일본 대지진 이후 도쿄 사람들의 삶이 크게 바뀐 탓일 수도 있지만 여행자인 우리들의 생각과 삶의 태도에 변화가 생긴 까닭은 아닐까? 여행은 여행자의 눈높이에 따라 달라지므로. 도쿄에 가면 자꾸 삶을 되돌아보게 된다.

늘 그렇지만 이번에도 언니들의 여행은 함께 시작하지도, 함께 끝나지도 않았다. 이번 여행에서는 휴가를 길게 낸 헬렌이 가장 먼저 도쿄로 출발했고, 며칠 후에 손짱과 내가 비행기에 올랐으며, 주말에만 겨우 짬을 낸 미키는 미나 센세와 하루 온종일 함께 보낸 뒤에 합류할 예정이었다.
"헬렌 혼자서 잘 지내고 있을까? 도쿄 여행이 고작 두 번쨀데. 지리도 잘 모를 테고……."
"어딜 가나 친구 사귀는 데는 도가 텄잖아. 경륜과 연륜이 있는 언니니까!"
손짱과 나는 하하 웃으며 넘겼지만 걱정 반 긴장 반이었다. 우리가 모두 함께 묵을 숙소 '호메이칸'으로 가는 길이 멀기만 하다. 헬렌은 무사할까? 약속한 혼고산초메 전철역을 빠져나오니 멀찍이서 낯익은 얼굴이 보인다. 귀에 이어폰을 끼고 서울에서와 마찬가지로 후드티와 청바지 차림으로 서 있는 헬렌을 발견하자, 그제야 긴장이 풀린다. 일단 반가운 웃음부터 터진다.
"도쿄에서 만나니까 더 반가운 거 있지!"
우에노 공원 내의 스타벅스까지 걸은 뒤 커피를 주문하고 자리에 앉을 때까지 헬렌은 믿을 수 없을 정도로 재미난 일이 많았다며 흥분을 감추지 못했다. 내가 도쿄 사람 같은가봐. 허여멀끔한 캐나다 청년이 길을 물어보지 뭐야? 그래서 지도 찾아가면서 데려다줬지. 난 맨날 이 동네 산책만 했어. 도쿄대 학생식당도 갔는데 말이야, 거긴 한번 먹어봤으니 이제 됐고……. 헬렌이 쏟아놓은 분홍색 벚꽃 같은 이야기들에 도쿄의 낯설음이 순식간에 사라진다.
한참 웃고 떠들다보니 전 세계적인 만남의 장소인 스타벅스 중에

미쓰비시이치고칸 미술관의 붉은 벽돌, 아사쿠사
거리의 고풍스런 커피집, 킷테에서 바라본 도쿄 역.
언니들이 좋아하는 풍경이다.

구 이와사키 저택 옆으로 난 오솔길.
울창한 나무가 큰 그늘을 만드는 우에노 공원.

서도 가장 멋지다는 우에노점을 구경할 겨를도 없었다. 커피는 다 비었고, 이제 여행자의 하루를 시작할 시간이다.

"히라노 게이치로의 전시회부터 봐야겠지?"

"난, 기치조지에 사는 제이를 만나기로 했어. 이노카시라 공원에 들렀다가 영화 보러 갈 예정! 나중에 저녁 6시에 나카메구로 역에서 만나요."

헬렌이 싱긋 웃으며 말한다.

"제이랑 다 같이 만나보면 어때? 그녀도 글 쓰는 거 좋아하니까 언니들과도 이야기가 잘 통할 거야. 약속 잡아볼게!"

헬렌은 자신감에 찬 표정으로 손짱과 나의 뒤에서 바이바이 손을 흔든다. 만나자마자 각자의 스케줄이라니, 이래서 언니들의 여행이다.

혼고 호메이칸

호메이칸
심야 술집

　벚꽃이 한창인 철을 넘기긴 했지만 그래도 봄은 봄이다. 벚꽃 여행에 어울리는 색다르고 멋스런 데 없을까, 하고 물어보니 늘 말없이 조용하기만 한 친구 하나가 좀 흥분해 들뜬 목소리로 응답했다.
　"옛날식 료칸 어때요? 언니들도 좋아할 만한 곳이 있어요!"
　그녀가 적어준 홈페이지 주소에 '호메이칸'이라는 이름이 등장한다. 도쿄대 캠퍼스가 있는 혼고 지역에 자리 잡은 도심 료칸이다. 혼고 지역은 시간이 쌓인 예스런 골목길이라 걷기 좋을 테고, 료칸이라는 고색창연함과 합리적인 숙박비도 맘에 든다. 가장 좋은 건 언니들 넷이 한방에 들 수 있다는 점이다. 이번 여행에서는 숙소를 옮기지 않고 호메이칸에서만 보내기로 마음먹었다.

혼고산초메 역에서 도로를 따라 올라간다. 도쿄대의 그 유명한 아카몬赤門(붉은 문)을 건너편에 두고 조금 더 올라가면 흰 바탕에 검은색 글씨로 '鳳明館(봉명관)'이라고 쓰인 표지판이 나온다. 여기가 끝은 아니고 좁은 골목길을 좀 더 걸어 들어가야 한다. 오래된 서민 주택들과 고민가古民家(오래된 목조가옥)들이 골목길에 촘촘히 들어서 있다. 이 집들은 담도 대문도 없이 조그만 현관문이 좁은 골목을 향해 곧장 드러나 있다. 저 문을 열고 들어가면 어떤 공간이 나올까? 낯선 도시의 평범한 삶이 궁금해진다. 우리와 닮은 듯 다른 이 도시의 삶이.

한자로 '鳳明館別館(봉명관별관)'이라고 적힌 현관이 걸려 있는 큰 목조가옥이 나타났다. 겉보기에는 오래되고 아담한 집이어서 이곳이 여관이 맞나 싶다. 낮은 문을 밀고 들어가니 작은 꽃나무로 살그머니 가려둔 입구가 나왔다. 신을 벗고 마루로 올라섰다. 유리문 너머로 푸른 정원이 펼쳐졌다. 짙푸른 이끼로 둘러싼 조그마한 연못이 있고 꽃나무가 화사하게 피어 있다. 졸졸 물소리가 기분 좋게 울린다. 여관 주인이 우리를 맞으러 나왔다. 영화에서처럼 기모노를 입은 나이 지긋한 오카미 상(안주인)을 기대했는데, 짧은 파마머리에 안경을 쓰고 평상복을 입은 중년 여인이었다.

주인이 방으로 안내하면서 내부 시설을 두루 구경시켜주었다. 반질반질한 계단을 따라 올라가니 복도가 여럿 등장한다. 복도는 어두웠지만 크고 작은 방들이 계속 이어져 있는 것 같다. 방문 앞에는 손님의 이름이 적힌 종이가 문패처럼 붙어 있다. 우리 방에는 예약자인 손짱의 이름이 알파벳으로 적혀 있었다. 주인이 미닫이문을 열었

다. 널찍한 다다미방이다. 도톰한 침구가 깔끔하게 정리되어 있고 도코노마(방바닥보다 한 층 높여 만든 벽면) 앞에는 커다란 상이 놓여 있었다. 세면실, 욕실, 화장실은 따로 있었다.

"한 백 년은 된 건물일까?"

창문 밖으로 이 집만큼 오래돼 보이는 고민가들이 눈에 들어왔다. 길가에는 벚나무도 조금 하늘거렸다. 도쿄는 동네마다 색깔이 달라도 참 많이 다르다. 혼고에서 머무는 동안은, 이전과 완전히 다른 여행이 될 것 같다.

오래된 여관에서 보내는 첫날 밤, 언니들은 유카타를 차려입고 다다미방에 조심스럽게 나타났다. 익숙지 않아서인지 유카타는 자꾸 앞섶이 벌어진다. 낯선 옷차림만큼 언니들의 첫날 밤도 어색하다. 밤이 된 후에도 한 공간에 있는 건 아무래도 적응할 시간이 필요하다. 수줍은 신부마냥 부끄럼 가득한 얼굴로 다소곳이 자리에 앉으려는 찰나, 우리는 그만 웃음을 터트리고야 말았다. 유카타는 가운 걸치듯 했을 뿐 청바지와 티셔츠 차림 그대로인 헬렌을 발견했기 때문이다.

"이게 편해서……."

멋쩍은 분위기를 바꾸려는 듯 손짱이 외친다.

"이럴 땐 맥주가 필요하죠!"

미키가 근처 편의점에서 골라온 맥주(냉장고에 시원하게 넣어두었다)를 꺼낸다. 역시 알코올의 힘. 차가운 맥주 캔을 쨍, 부딪히니 어색함은 스멀스멀 흩어지고 이 색다른 밤에 폭 젖어든다. 한참 언니들의 여행을 자축하고 달콤한 기대감을 나누다보니 그간 털어놓은 적 없는 저 먼 곳의 이야기들까지도 술술 풀려나온다. 언니들은 까르륵거리다가도 얼른 입을 가렸다. 누군가의 휴식을 방해하고 싶지는 않으니까. 오늘 밤은 적당한 선에서 불을 끈다. 폭신한 요에 몸을 뉘고 착 감겨오는 묵직한 이불에 파묻혔다.

　오래된 나무 냄새와 마른 건초 냄새가 감돈다. 다다미의 부드러운 쿠션 느낌이 평온하고 따뜻했다. 옛날식 문살이 그대로 남아 있는 창문으로 바깥의 어둠과 빛이 절반씩 섞여드는 것을 보면서 잠 속으로 빠져들었다. 이 방에선 그동안 어떤 일들이 있었을까? 창밖의 달빛이 연인들을 비추며 황홀경을 선사한 일도 있었겠지? 이 방에서 재회한 연인들을 꿈에서 만나게 되는 건 아닐까……. 하지만 호메이칸에서의 밤은 꿈도 없이 깊은 잠으로 이어졌다.

　여행은 낯선 곳에서 아침식사를 하는 일이다. 나른한 상태로 아침상을 받고선 따뜻한 음식으로 속을 데운다. 따뜻한 음식이란 얼마나 다정한가. 여행자의 무거운 몸을 거뜬히 일으켜 세울 만큼.
　호메이칸의 아침은 특별했다. 미리 식사시간을 알려주면 일인용 소반에 차린 밥상을 방으로 가져다주거나 작은 다다미방에 따로 아침상을 차려놓고 손님을 기다린다.
　일인용 소반에 차려진 아침식사는 작은 우주 같았다. 밥과 된장국, 채소절임, 간장과 기름이 들어간 무침, 푸딩 같은 연두부, 바삭한 닭튀김이 작은 종지에 조금씩 담겨 있었다. 조그만 화로에는 도자기 팬이 올려져 있는데, 뚜껑을 열어보니 조리용 종이 위에 얇은 햄 두

東京

장과 달걀프라이, 양배추채가 익어가고 있었다. 녹차를 가득 담은 주전자는 따뜻했다. 고슬고슬한 밥이 입맛을 돋운다. 늘 아침을 건너뛰는 손짱도 이런 아침상만큼은 마다할 수 없다. 천천히 공들여서 음식을 먹었다. 따뜻한 녹차도 충분히 마셨다.

식사를 끝낸 후에는 볕이 느리게 들어오는 정원에서 물소리를 듣고 꽃나무를 구경했다. 이끼가 자란 돌에서 촉촉한 기운이 올라왔다. 이 조그만 정원에는 불필요한 것도 넘치는 것도 없이 모든 게 편안하고 자연스럽다. 가지런한 풍경이 한없이 온화하다.

호메이칸은 모두 세 채의 건물로 이루어져 있다. 우리는 다이마치 별관에서 묵었는데, 골목 맞은편에 있는 본관은 1897년에 지어졌는데 문화재로 지정되었다고 한다. 본관은 수리 중이어서 잠정 휴업 상태였다. 조금 떨어진 곳에 다른 별관이 하나 더 있다.

호메이칸의 첫날은 우리에게 주어진 공간을 느끼는 것만으로도 충분히 낯설고 재미있었지만, 하루 이틀 지나니 점차 익숙해지면서 계단과 복도 저편의 어두운 공간도 궁금해졌다. 바깥에서 볼 때는 아담한 저택처럼 보였지만, 들어와보니 내부 공간이 제법 넓다. 우리 방은 첫 번째 계단으로 올라가서 두 번째 복도 끝에 있었는데, 계단에 오를 때마다 첫 번째와 두 번째가 늘 헷갈렸다. 두 번째 계단으로 올라가면 어떤 곳이 나올까? 우리는 호기심 많은 고양이처럼 살금살금 여기저기 기웃거린다.

어두운 복도 안쪽에도 방들이 있고, 한자로 적힌 이름이 문패처럼 방문 위쪽에 걸려 있다. 연회를 할 만한 큰 다다미방과 식사를 하

東京

는 작은 다다미방도 여럿 발견했다. 분명 많은 사람들이 투숙하고 있는데, 복도에서는 사람들과 거의 마주치지 않았다. 2층에서 물소리를 따라 밝은 쪽으로 걸어가니 정원을 향해 창이 나 있는 복도가 있다. 창밖으로 정원을 내려다보며 물 냄새를 맡았다. 시원하고 맑았다.

복도를 거닐다보니 무늬를 내어 뚫은 뒤 나뭇가지를 넣어 장식한 창이 곳곳에 보였다. 고급저택에나 있을 법한 장식이었다. 복도의 바닥에는 정원의 돌길처럼 자잘하게 돌이 깔렸다. 복도는 복잡해서 자칫 길을 잃을 것 같았지만 그게 또 신기하고 재미있었다. 하늘색 타일이 붙어 있는 공동 세면장은 먼 시대를 떠올리게 하는 유품이었다. 이곳에서 묵은 며칠은 언니들의 여행에서 가장 특별한 기억을 선물해주었다. 오로지 우리의 이야기로 채웠던 밤들이 있었기 때문이다.

호메이칸의 밤은 물과 술의 향연이었다.

우선, 뜨거운 욕탕의 축복. 어두운 조명이 켜진 욕탕의 뜨거운 물에 몸을 담그면 머릿속의 모든 생각을 다 흘려보낸 것처럼 개운했다. 다이마치 별관에는 두 개의 욕장이 있는데 여럿이 이용하는 대욕장보다 아담한 탕이 있는 작은 욕장이 더 마음에 들었다. 나무로 된 출입문에 빗장을 걸어두면 누군가 사용하고 있다는 뜻으로, 다른 이용자들이 방해하지 않는다. 뜨거운 물이 솟아오르는 욕탕에 몸을 담그니 자르르르 하고 마치 전류가 흐르는 듯 온몸이 풀린다. 지친 여행자가 다음 날 거뜬하게 일어날 수 있었던 건 물속의 휴식 덕분이었다.

언니들이 순서대로 입욕 시간을 기다리는데 미키가 새하얗게 질린 얼굴로 되돌아왔다.

"무슨 일이야?"

깜짝 놀란 언니들의 물음에 미키가 조심조심 말을 꺼낸다.

"저…… 좀 무서워요. 혼자 목욕하기가…… 너무 컴컴해요!"

그러고 보니 천장이 높은 옛날식 욕장은 조명이 은근해서 좀 으스스하기는 했다. 그렇다고 뜨거운 입욕을 그만둘 수는 없고……. 좀 부끄럽긴 하지만 둘이 짝을 지어 목욕을 하기로 했다. 미키는 도수 높은 콘택트렌즈를 끼고 있고 손짱과 나는 어두운 데 가면 눈이 영 흐려지긴 하지만, 그래도 우리는 손가락을 걸고 약속했다. 절대 서로의 몸을 보지 않기! 그런데 어찌 된 일인지 혼탕을 경험하고 나선 다 마신 찻잔에 남은 가루 같은 어색함이 싹 자취를 감추었다.

둘째, 목욕 후 이어지는 심야술집의 마법. 목욕을 끝낸 후 발그레한 얼굴로 시원한 맥주와 차가운 사케를 들이켜는 것만큼 완벽한 휴식이 있을까! 예스런 한편 기괴한 그림자가 지는 널찍한 다다미방에 넷이 모이니, 이야기는 술이 되고 술은 이야기가 되어 밤이 끝없이 길어졌다. 호메이칸에 머무는 동안 매일 밤 다른 술과 안줏거리를 올린 술상이 차려졌다. 심야 '식당'이 아니라 심야 '술집'이다. 심야술집의 마담은 당연히 손짱이었다. 그녀는 술과 안줏거리를 챙겨 술상을 차리고 언니들이 욕탕에서 돌아오기를 기다렸다. 언니들은 탄성을 지르며 예쁜 천이 깔린 조그만 술상 주변으로 모여들었다.

〈심야식당〉의 장면이 떠올랐다. 고바야시 가오루가 출연한 드라마 〈심야식당〉은 낡은 식당과 맛있는 음식을 따뜻하게 보여주었다.

온갖 기상천외한 직업을 가진 도쿄 뒷골목 사람들의 복잡한 삶과 비밀을 가진 식당 주인의 묘한 앙상블. 어떤 이야기도 받아들여지고 따뜻하게 포용해주는 심야식당과 언니들의 심야술집이 어딘가 모르게 닮았다.

일본 맥주를 골고루 준비한 날에는 아삭아삭한 채소 안주들과 달콤한 디저트로 상을 차리고, 사케에는 신선한 과일과 짭조름한 채소 절임을 곁들였다. 편의점과 슈퍼마켓은 주당들의 천국이었다. 혼자서도 분위기 있게 한잔 마실 수 있는 작은 사이즈의 술과 안줏거리들이 차고 넘쳤다.

주종도 다양해서 고르는 재미가 있다. 사케만 해도 스파클링 사케와 니고리자케(일본 탁주), 맑은 프리미엄 사케 등이 브랜드마다 진열되어 있다. 맥주는 이맘때만 마실 수 있다는 아사히 벚꽃 한정 패키지가 눈에 띈다. 기분 탓인지 훨씬 더 상쾌해 보인다. 일본 와인은 저렴하면서도 맛이 훌륭하다.

무엇보다 곁들임 채소가 풍부하다. 팩에 포장된 잘게 썬 채소볶음, 조그마한 통에 담긴 썰어놓은 과일, 무·배추·오이·가지 등의 채소 절임과 부드러운 달걀말이, 가마보코(판에 붙인 찐 어묵)와 치쿠와(대롱 모양의 구운 어묵), 생크림롤과 푸딩 등. 술맛을 돋우는 귀여운 패키지를 구경하다보면 선택이란 참 어려운 일이란 걸 또 깨닫게 된다.

"여긴 혼자서 한잔하고 싶을 때 궁색하지 않게 마실 수 있겠어."

아무렴, 도쿄는 혼자 사는 사람들을 위한 최적의 도시니까. 심야술집에서 터득한 방법으로 나 혼자 여행하더라도 호텔에서 기분 좋게 한잔 즐길 수 있겠다. 하지만 서울에서 혼자 마시고 싶을 때 도쿄가 자꾸 생각나면 어떡하나?

톡 쏘는 스파클링 와인, 부드럽고 깊은 맥주, 청량감 있게 넘어가는 사케와 술맛을 돋우는 채소들. 시간은 흐르고 잔도 거푸 비워지며 이야기를 쌓는다. 오래된 목조가옥의 얇고 섬세한 창틀 밖으로 검은 어둠이 밀려온다. 우리의 이야기도 어디론가 흘러간다. 누군가는 지나간 사랑을 이야기했고, 누군가는 흘러간 책을 이야기했고, 누군가는 아주 오래전…….

그 맛, 아삭한 채소절임 같은, 달고 뭉근한 즙과 현란한 촉감의 채소 같은, 끈끈한 촉수를 뻗친 낫토 같은, 한 알 한 알 탱글탱글한 밥알 같은 이야기가 끝없이 이어진다.

호메이칸 鳳明館
A. 東京都文京区本郷5-10-5(본관, 다이마치 별관)
W. www.homeikan.com
홈페이지에서 예약할 수 있다.
T. 03-3811-1187(본관)

 ## 도쿄대 학식 완전정복

　호메이칸 숙소를 나와 길을 건너니 바로 도쿄 대학(혼고 캠퍼스)의 상징인 아카몬이 보였다. 아카몬은 도쿄대 졸업생의 대명사이자 일본 엘리트의 상징이다. 한때는 지나친 권위주의와 폐쇄주의에 반발한 실력 있는 교수들의 이탈이 잦아 학력 붕괴를 심각하게 우려한 시기도 있었다고 하나 아직은 건재(?)한 모양이다. 원래 아카몬은 도쿠가와 시대에 지방 영주였던 마에다 집안의 저택 정문이었다고 한다. 이 일대가 도쿄대의 부지가 되면서 도쿄대 출입문의 하나가 된 것이다. 혼고 캠퍼스에는 나쓰메 소세키의 소설『산시로』의 배경인 산시로 연못도 있다는데 나는 아직 그 책을 읽지 않아서 책을 읽은 다음에 연못을 봐야만 감흥이 일 것 같다는 이유로 연못을 찾지 않았다.
　캠퍼스를 돌아다니다 다리가 지칠 때쯤 공학부 근처에 스타벅스가 보이기에 냉큼 들어갔다. 매장이 퍽 좁았다. 테이블 자리는 빈 곳이 없어서 여럿이 함께 앉는 창가 쪽에 앉아 커피를 마셨다. 스타벅스 커피 맛은 우리가 익히 알고 있는 바로 그 맛이니 별다른 설명은 필요치 않을 테고, 다만 옆자리에 준수한 외모의 남학생이 하도 조용히 공부하고 있어서 할 수 없이 나도 열심히 일만 하다 왔다는 슬픈 이야기나 해볼까.
　커피를 마시면서 도쿄대 학생들은 무슨 이야기를 하는지 귀 기울여 들으려 했건만 친구들과 도란도란 이야기를 나누는 이들은 보이지 않고 모두들 책을 들여다보거나 노트북 자판을 두드리고 있었다. 이렇게 아카데믹한 분위기라니, 어쩌면 좋아. 만에 하나 여유가 생기면 작업을 계속하려고 번역 중인 책의 PDF 파일을 휴대폰에 저장해 오길 잘했다. 이왕 이렇게 된 거, 블루투스 무선 키보드와 휴대폰 거치대를 꺼내 연결했다. 옆자리 남학생이 이를 눈여겨보는 것 같았다. 아주머니의 소지품치고는 범상치 않았던 모양이다.

그런데 와이파이 속도가 어찌나 느린지 하릴없이 화면에 집중하다가 그만 멋진 아줌마 코스프레를 하고 있다는 사실을 망각, 진짜로 열심히 일을 해버리고 말았다. 주변의 인물들에 초연한 듯 카페에 오면 늘 이렇게 열심히 일하는 사람인 양 작업을 시작한 것까지는 좋았는데 목이 뻐근해서 잠시 쉬려고 고개를 들어보니, 어랏! 옆자리의 잘생긴 남학생은 이미 가버렸네? 결국 도쿄의 첫날 오후는 해 질 녘까지 카페에서 열심히 일만 한 꼴이 되었다. 그러다 하마터면 저녁 먹을 시간도 놓칠 뻔했다. 일정상 도쿄대를 구경할 수 있는 날은 오늘 하루뿐인데 학생식당이 문을 닫으면 어쩌나 싶어 얼른 휴대폰으로 운영 시간을 확인해보니 오케이! 평일은 11시부터 저녁 9시까지다.

도쿄대에는 학생식당이 두 곳 있는데, 도쿄대 생활협동조합에서 운영하는 중앙학생식당은 도쿄대의 상징인 야스다 강당의 지하에 있다. 건물 외관을 미리 인터넷으로 검색해서 눈에 넣어두었더니 한결 찾기 쉬웠다. 아, 이런 추세로 나가다가는 나도 이제 진화해 길 찾기 부문의 떠오르는 샛별이 될지도 모른다. 식권 자판기에 적힌 음식 이름을 일본어 공부하듯 꼼꼼하게 읽어가며 최종적으로 선택한 메뉴는 볶음국수. 게시판에 적힌 설명과 화살표를 참조해서 배식 창구에 식권을 내밀고 음식을 받았다. 그릇이라도 뚫을 기세로 맛있게 먹는 것이 평소 나의 식사 예절이기도 하지만 대형 학생식당에서 나오는 음식치고는 상당히 만족스러웠다. 황홀한 맛까지야 기대하지 않는다면 가격 면에서나 깔끔함에서 한 끼 식사를 즐기기에 충분할 듯하다.

어리바리한 관광객처럼 보일까봐 식당에 들어서자마자 식권부터 척 뽑았던 나와는 달리 식당에 들어오는 사람들은 대부분 그날의 메뉴를 진열해놓은 모형 음식 진열대 앞에서 메뉴를 살핀 다음 식권을 구입했다. 정식, 라멘, 카레, 덮밥 등 가짓수도 상당했고 마치 실물 같은 모형 음식들이 다 맛있게 보여서 만약 나도 다른 사람들처럼 진열대를 둘러보며 음식을 골랐다가는 식당 영업이 끝날 때까지도 메뉴를 결정하지 못했을 것이다. 왜 그런 사람 있잖은가. 자장면을 시키면 짬뽕이 먹고 싶고, 볶음밥을 주문하면 비빔밥이 더 맛있어 보여서 옆자리 친구의 음식을 '한입' 먹어봐야 흐뭇해지는 사람 말이다.

아무튼 이제 됐다. 모르는 사람들 틈에 한 자리 차지하고 앉아 들며나는 식객들을 계속 관찰하느라 살짝 흥분한 상태로 식사를 마친 뒤 식판을 정리하고 퇴장하는 것으로 도쿄대 학식^{學食} 완전정복!

내가 도쿄대를 가보겠다고 하니 나의 본업이 사서라는 사실을 아는 사람들은 도서관 근처를 어슬렁거리다 올 것으로 짐작했을지 모르겠다. 도서관 사서인 어머니와 아이들에게 늘 책을 읽어주던 아버지의 영향으로 어린 시절부터 이야기 만들기에 매혹되었고, 공상하며 글쓰기를 즐겼다던 요 네스뵈, 그리고 역시 도서관 사서였던 엄마의 영향으로 집에는 늘 엄청난 양의 책이 있었고 그로 인해 자연스럽게 독서를 많이 하며 자랐다는 기욤 뮈소와 발랑탱 뮈소 작가형제 이야기를 최근에 들었다. 사서인 나를 엄마로 둔 우리 아이들은 과연 어떤 어른이 될까? 아직은 작가가 될 기미가 보이지 않지만 뭐라도 되겠지. 그러기 위해서는 우선 내가 사서 노릇을 열심히 해야겠다.

    사실 도쿄대 도서관이 어떻게 생겼는지 궁금하기는 했다. 도쿄대 담당자에게 이메일이라도 보내 견학을 가고 싶다고 미리 문의해 볼 생각도 했었다. 여행을 떠나기 직전까지 정신 놓고 있다가 서둘러 비행기를 타고 오는 바람에 까맣게 잊어버려서 그렇지. 도쿄대를 구경하고 온 지인의 말을 들어보니, 강의동 건물에 들어가려면 오토록 시스템이라 번호를 눌러야 하므로 어쩌다 가끔 열려 있을 때가 아니면 거의 들어가기 힘들단다. 도서관도 학생증이 없으면 못 들어간다고. 그래서 도쿄대 방문 과업은 오로지 학생식당으로 끝낼 수밖에 없었다는 이야기다.

도쿄의 동쪽, 시타마치 동네 산책

야나카긴자 시장
야나카레이엔 · 아사쿠사

우연이었을까?

야나카⣄를 걸을 때는 늘 봄날이었다. 그 동네를 걸을 때마다 진분홍 겹벚꽃이 검은 가지에 맺혀 있었다. 도쿄가 봄날의 도시라고 생각되는 이유도 야나카에서 본 화사한 벚꽃 때문일 것이다.

도쿄답지 않다고 생각하면서도 가장 도쿄다운 동네를 떠올리면 또 야나카다. 이 동네는 유난히 나무와 숲이 많다. 다들 사찰이랑 신사가 많다고 하는데 나는 짙푸른 고목의 냄새가 먼저 생각난다. 오전에 비라도 뿌린 후에는 물 머금은 나무의 냄새가 더욱 그윽하다. 오래된 목조가옥에서 흘러나온 묵직한 냄새가 숲의 냄새와 섞인다.

물기를 머금고 반들거리는 햇살과 나른한 골목길이 이어진다. 집들은 최근 것도 있긴 하지만 백 년 이백 년은 되었을 법한 것들도 제법 있다. 우리 것과는 다르게 생긴 일본식 사찰은 웅장하고 범접할 수 없는 느낌이 들게 한다. 사찰 출입구의 큰 장식인 가라하후唐破風 때문일 것이다.

야나카는 카페도, 식당도 분위기가 다르다. 세련된 감성이 시선을 자극하는 아오야마青山나 다이칸야마代官山와 달리, 한 걸음 뒤처진 시간에 머물러 있다. 센베를 덜어서 파는 가게, 기모노 천으로 만든 데누구이(그림이 그려진 손수건)와 에도 시대 느낌의 채색 종이를 파는 가게, 문을 드르륵 밀고 들어가야 하는 오래된 커피점들이 이 동네에서는 흔하다. 유유히 흐르는 물길이 도쿄의 서쪽과 동쪽은 시간의 속도가 다르다고 말하는 것 같다. 고양이 한 마리가 보드라운 발로 조용히 몸을 움직여서 골목 안으로 사라진다. 낯선 시간이 여행자의 발길을 잡는다.

넷의 그림자가 도로에 그려진다. 그림자들은 넷이 함께 재빨리 움직이다가 제각각 다른 속도와 방향으로 흩어졌다가 다시 만난다. 그림자가 움직이는 속도는 점점 느려진다. 손잡고 걷는 사이는 아니지만 보이지 않는 실로 묶여 있는 것 같다. 언니들의 그림자는 어느새 천천히 나무그늘 사이로 사라진다. 야나카에서는 숨바꼭질하듯 무언가 숨고 무언가 불쑥 나타난다. 우리는 길이 이끄는 대로 걸어가본다.

야나카 골목길로 가는 길은 여러 갈래다. 네즈根津에서 북동쪽 경사로를 걸어 올라가는 길도 있고, 우에노 공원을 가로질러 우에노 사쿠라기를 거쳐 야나카에 이르는 길도 있다. JR 야마노테센 닛포리 역에 내려 철로를 건너서 곧바로 야나카로 진입하는 방법도 있다. 그중 닛포리 역에서 북쪽 출구로 철길을 건너 야나카긴자 시장을 지나 마을을 크게 한 바퀴 돈 다음 야나카레이엔(谷中霊園, 야나카 묘지공원)에 도달하는 길을 권한다. 그곳에서 철길을 건너면 다시 닛포리 역이다. 반대로 돌아도 좋다. 회색빛 긴 담장을 만나면 야나카라는 희한한 동네에 들어온 것이다. 이 동네는 신기하게도 마을 안에 묘지가 있고, 어디로 가든 도쿄답지 않은 도쿄가 펼쳐진다.

골목 초입에는 '르누아르'라는 중후한 이름의 커피점과 꽃다발이 가득 놓인 편의점이 있다. 한 다발씩 예쁘게 포장되어 있는 국화꽃을 보니 묘지가 가까이 있음을 알 수 있다. 골목을 틀어서 북쪽으로 십여 분 걸어갔을 때쯤, 야나카긴자 시장이 나타난다. 사실, 야나카긴자 시장보다 동네 안의 옛 목조가옥에 자리 잡은 특이한 가게들이 더 재밌다는 걸 알고 있지만 일부러 긴자 시장부터 기웃거린다. 여행에는 전이공간이 필요하다. 목적지에 도착하기 전에 마음을 가다듬어주는 전야제 같은 공간, 프롤로그 같은 공간을 살짝 기웃거리며 감정을 상승시키는 것이다.

야나카를 고양이 마을이라고 하더니 시장 주변에서부터 어슬렁거리는 고양이들이 출몰한다. 고양이 간판, 고양이 장식도 곳곳에 보인다. '야나카谷中'라고 크게 적힌 빨간색의 동네 투어버스가 도로를 천천히 회전한다. 은빛으로 부서지는 햇살 속에 연분홍 겹벚꽃이 살살 흔들린다.

네즈의 작은 신사, 고양이빵으로 유명한 도넛가게 싯포야, 무토 서점, 목욕탕을 개조한 스카이 쟈 바스하우스.

東京

　야나카 골목길에 들어서면 처음 경로와는 완전히 다른 곳으로 가게 될 확률이 높다. 골목길을 걷다보면 근대 조각가 아사쿠라 후미오朝倉文夫의 아틀리에 박물관인 아사쿠라 조형관도 만나고, 가죽이나 천으로 작업하는 공방도 불쑥불쑥 마주친다. 오래된 민가를 손봐서 상점이나 재미난 공간으로 바꾼 곳들은 특별한 매력이 있다. 거무스름해진 낡은 목조가옥의 미닫이문을 드르륵 열면 트렌디한 감성을 지닌 듯한 마스터가 커피를 내리고 있는 카야바 커피점, 각각 다른 주인의, 상호도 모두 다른 네 가게—맥주하우스, 갤러리, 옷가게, 베이커리—가 함께 모여 있는 우에노 사쿠라기 아타리上野桜木あたり, 옛 가옥의 장점을 그대로 살린 호텔 하나레hanare도 있다. 오래된 목욕탕을 개조한 갤러리인 '스카이 쟈 바스하우스SCAI the bathhouse'를 찾아봐도 좋다. 보통의 주택들 틈에 새초롬히 자리 잡은 작은 상점과 예술 공간들을 발견하다보면 어느새 골목길 산책의 중반에 이른다.

　엷은 벚꽃이 가득 수놓인 유카타 앞에서 미키가 한참 넋을 잃었다.
　"중고 기모노를 파는 가게인가본데……."
　도쿄에 오면 늘 리사이클 숍을 찾는 미키는 낡았지만 깔끔하게 손질된 유카타가 맘에 든 모양이다. 어쩌면 천에 그려진 겹겹의 꽃송이에 맘을 빼앗긴 건지도. 진분홍의 겹벚꽃은 담벼락에도, 옷감에도, 공책에도, 포장지에도 수놓아져 있다. 이 다소곳한 꽃송이에 담긴 봄이라는 계절. 활짝 피었다가 금세 떨어지는 벚꽃이 아쉬워 여기 사람들은 벚꽃 잎을 소금에 절여 다디단 단팥빵에 넣어 먹거나 뜨거운 물을

東京

야나카 덴노지, 가마쿠라 막부 시절에 지어진 사원.
야나카레이엔은 동네와 인접한 곳에 공원처럼 자리 잡고
있다. 수백 그루의 벚나무가 놀라운 풍경을 만들어낸다.

부어 차로 마신다.
"벚꽃 좀 봐!"
야나카레이엔부터는 벚꽃이 지천이다. 벚꽃은 언제나 우리를 설레게 하며 일본으로 떠나도록 부추긴다. 이제 만개한 벚꽃은 보기 힘들지 않을까 생각했는데 도쿄를 대표하는 벚꽃 관광지답게 화사한 벚나무들이 꽃망울을 터트린 채 하늘거린다. 살림집 바로 옆에 거대한 묘지가 있다는 것도, 꽃을 보러 묘지를 찾아온다는 것도 이상야릇하게 들리지만, 여기 야나카레이엔에서는 모든 게 자연스럽다.

반듯한 골목을 따라 형성된 주택가에 10만 제곱미터에 해당하는 묘원이 펼쳐진다. 사찰 덴노지天王寺의 소유지를 메이지 시대에 민간에 불하하면서 묘원으로 쓰기 시작했다고 한다. 묘지는 살풍경하기는커녕 수백 그루의 벚나무가 만개한 산책로가 놀라운 풍경을 만든다. 진분홍의 물결에 휩쓸리면서 달콤한 꿈에 빠져들 것 같다.

오가와 이토의 소설 『초초난난』이 생각난다. 야나카에서 오래된 기모노 천으로 새로운 기모노를 만드는 가게 주인 시오미의 소소한 일상과 로맨스가 담담하게 흘러간다. '초초난난喋喋喃喃'은 '남녀가 작은 목소리로 다정하게 속삭이는 모습'을 뜻하는 말이라고 한다. 젊은 안주인과 가게를 찾아온 남자 손님의 아슬아슬한 연애담 속에 시간을 거스르는 야나카의 아기자기한 풍경이 겹쳐진다.

지금은 멀리서 구경 온 관광객들이 더 많아 보이지만, 밤이 되면 벚나무 그늘 아래 조붓한 길을 걷는 시오미와 그의 애인 같은 사람들이 속속 등장하리라. 낭만인 분홍 장막은 둘만 있을 장소가 필요한 연인들에게 좋은 꽃그늘을 드리웠을 것이다. 살림집과 곧장 이어진 묘원의 골목은 죽음의 흔적이 아니라 삶의 배경이다.

언니들은 생전 처음 보는 풍경에 한창 기분이 들떠 있다. 걸음도 점점 느려지고 서로 속삭이고 웃는 소리가 햇살 아래로 쏟아진다. 남녀의 정담은 아니지만 언니들의 속살거림도 '초초난난'이라고 할 수 있지 않을까?

가까이에 사찰이 있는지 향냄새가 흘러나온다. 우리는 글자가 적힌 길쭉한 나뭇조각으로 둘러진 돌무더기와 반쯤 무너진 석판과 애처로운 석등롱, 꽃으로 장식된 가족묘들을 지나쳤다. 막부 시절의 무사도, 에도 시대의 금속공예가도, 메이지 시대의 문인과 학자도, 가부키 극장의 극작가와 다카라즈카宝塚의 여배우도 이곳에 잠들어 있다. 우리는 안내판의 사진과 설명을 들여다보며 아는 이름이 있는지 한참을 기웃거렸다.

"어쩜 도쿄는 변하지 않고 이렇게 그대로일까?"

한때 도쿄는 가장 변화무쌍한 곳으로 여겨졌다. 그러나 오랜만에 찾아온 도쿄는 여전한 풍경으로 우리를 맞았다. 과거를 느끼게 하는 풍경이었다. 내가 어렸을 적 살았던 남쪽 항구 도시의 시내 풍경과도 닮은 듯하다. 지금 그 도시는 익숙한 건물들이 모두 리모델링되거나 사라졌고 새로 지은 아파트 단지와 초고층 빌딩들로 해안선이 완전히 바뀌었다. 사라진 가게와 골목도 부지기수였다. 우리의 도시는 오랫동안 불려 온 동네 이름조차 버리고 새 주소를 갖지 않았던가. 도시에 기댈 수 있는 기억은 참으로 미약하다. 도쿄의 번화가에 와서 예전 기억 속의 풍경을 떠올리게 될 거라곤 생각지 못했다. 우리가 버렸던 풍경이 그리울 때 찾게 되는 도시가 여기 도쿄가 될 줄이야.

혼고, 네즈, 야나카, 우에노, 아사쿠사, 간다, 오차노미즈, 마루노우치…… 언니들과의 여행에서 주로 시간을 보낸 곳들이다. 지도에 점을 찍어보니 도쿄의 동쪽에 몰려 있다. 한동안 신주쿠, 오모테산도, 아오야마, 시부야, 다이칸야마, 나카메구로, 롯폰기, 지유가오카 등 도쿄의 서쪽에서만 놀던 시절이 있었다. 트렌디하고 화려한 장소에서 멋진 건물을 구경하고 쇼핑하던 그 시절이 무색할 만큼 이제는 동쪽이 재미있어졌다. 도쿄의 동쪽에 무슨 일이 일어난 걸까?

옛 기억을 부르는 장소가 많다는 것이 도쿄 동쪽 동네의 특징일 것이다. 여행자들에겐 아련한 향수를 불러일으키는 정도지만 도쿄 사람들에게는 이 동네에서 느끼는 기억의 저편이 제법 진할 듯하다. 이른바 쇼와 후기, 전후 복구시대와 재건시대를 거치며 희망차게 살아온 시대, 즉 눈물 없이 회고할 수 없는 어린 시절을 지나 하면 된다는 신념으로 열심히 일해온 시대에 대한 향수라고 할까. 이곳에는 아침 일찍 문을 여는 오래된 커피하우스와 킷사텐(끽다점), 서서 마시는 선술집들이 여전히 많다. 결코 녹록지 않지만 낭만이 있던 시절의 장소들이다. 우리보다 서구문화가 더 많이 깃들였던 도쿄의 60년대, 그리고 70년대.

야나카, 네즈, 센다기千駄木, 이 세 지역을 합쳐서 '야네센'이라 부른다. 야네센은 옛 서민마을의 정취가 남아 있는 동네의 대명사다. 에도 시대에는 도쿄의 중심부 고지대 마을을 '야마노테山手'라 했다. 미나토, 시나가와 일대는 바람이 잘 통하고 침수의 위험이 없는 지역이므로 무사들의 대저택이 세워졌던 곳이다. 반면, 동쪽 일대의 지대가 낮은 곳은 장사를 하고 물건을 만드는 서민들이 살았다. 이곳을 '시타마치下町'라 불렀는데, 야네센을 포함해 간다, 아사쿠사, 니혼바시 등의 지역이다. 야마노테가 주택가로 개발되는 동안 시타마치는 상업지구와 유흥가로 발전했다. 상업 중심지인 니혼바시는 미쓰코시 백화점 등의 본점이 시작된 유서 깊은 곳이며, 간다와 진보초는 오차노미즈와 혼고로 전차가 연결되면서 메이지 시대부터 대표적인 학문의 거리를 형성해왔는데, 그에 비하면 야네센은 시타마치의 정직한 옛 모습을 갖고 있다.

요즘 도쿄에도 옛 정서를 좋아하는 '레트로 여행족'들을 위한 시타마치 여행가이드가 서점에 다수 등장했다. 전후 쇼와 시대를 추억하는 낭만 여행에서부터 메이지 시대 여행, 에도 시대 여행까지 골목을 찾아다니며 당시의 지형도를 그려보는 섬세한 여행이 붐을 이룬다. 골목 여행자들은 백 년 가까이 나이를 먹은 건물들의 현황을 찾아다니고, 현 지도 위에 옛 지도를 겹쳐가면서 도시가 어떻게 변화했나를 촘촘히 따져 묻는다. 그때 도시는 다양한 시간의 켜를 보여주며 여행자를 역사 속으로 끌어당긴다. 이런 여행을 하다보면, 개인적 영역에 머물던 인간이 어느새 역사적 인간이 된다.

한편 전통도 현대도 아니기에 기념하기 어려운 시대를 한껏 추억

옛 정취가 남아 있는 아사쿠사 거리.
2012년에 완공한 스카이트리. 세계에서 가장 높은
전파탑으로 높이는 634미터다. 도쿄 주변의 옛 지명인
무사시에 빗대 6(무쓰)3(산)4(시)로 정했다고 한다.

하기도 한다. 우리에게 '응답하라' 시리즈가 있고, 서촌과 연남동, 성수동, 문래동이 있듯이, 도쿄의 여행자들은 시타마치에서 예스런 풍경을 상상하며 재미있어 한다.

도쿄의 동쪽은 계속 변화하고 있다. 센소지浅草寺를 구경하는 여행자들로 일 년 내내 시끌벅적한 아사쿠사 동쪽으로 도쿄타워보다 높은 634미터짜리 스카이트리가 세워졌다. 디지털 전파송신탑이자 전망대인 이 타워가 등장한 후로 스미다 강 동쪽 풍경은 이제 스카이트리가 장악하게 되었다. 스카이트리는 이름부터 신화적인 데가 있다. 일본에서 가장 오래된 신령스런 삼나무 조몬스키가 연상되기도 한다. 한편 아사쿠사의 남쪽 구라마에 쪽은 오래된 건물을 되살리고 작은 공방들이 생겨나면서 조금씩 활력 있는 장소로 바뀌고 있다. 갤러리, 디자인 숍, 문구점, 패션 잡화점, 식당들은 개성적이면서도 손맛이 느껴진다.

야네센을 추억하는 사람들이라면 변화하는 풍경이 달갑지 않을 수도 있겠지만, 도시는 늘 꿈틀거리며 어떤 방향을 찾아 움직인다. 사람도, 건물도, 물건도, 분위기도. 하지만 이 동네는 천천히 걷는 속도만큼은 변하지 않았다. 걷는다는 건 골목을 즐긴다는 것이다. 건물과 물건뿐만 아니라 건물 틈으로 보이는 삶의 정경, 물건 사이로 보이는 마음의 풍경에 기꺼이 걸음을 멈춘다.

서쪽에서 동쪽으로 관심이 옮겨졌다는 건, 천천히 걸을 줄 알게 되었다는 뜻이다.

네즈 동네 산책

혼고本鄕와 네즈. 도쿄대를 사이에 두고 왼편과 오른편으로 나뉘는 이 동네는 오래된 집들 사이에 드문드문 작은 찻집과 식당과 편의점 등이 있는 조용한 동네다. 오래된 동네답게 시대를 거스르는 목조 가옥들이 오묘하다. 언니들의 여행에서 여러 번 이 근처에 숙소를 두었기 때문에 혼고와 네즈의 골목길에 제법 익숙하다. 그해 봄엔 혼고에 있는 도심 료칸인 '호메이칸'에 머물렀고, 가을에는 네즈에 있는 셰어아파트 겸 게스트하우스인 '그라피네즈Graphy Nezu'를 찾았다.

두 곳 모두 도쿄다운 무언가가 있었다. 문화재 고민가를 여관으로 개조해 전통을 존중하면서 지금의 라이프스타일에도 충분히 어울리는 방식으로 운영하는 호메이칸에서는 옛집의 정취를 체험할 수 있었다. 한편 그라피네즈는 혼자 사는 사람들끼리 거실과 주방을 공유하면서 나름대로 개인 생활을 영위하는 무척 합리적인 생활공간이었다. 장기 거주자와 여행자는 숙소가 분리되어 있지만 거실, 주방 등의 영역은 서로 뒤섞이기도 했는데, 여행자도 거주자도 그런 점을 불편해하지 않았다.

그라피네즈를 찾아가는 길은 쉽지 않았다. 좁은 골목이 수십 개나 흩어져 있는 만큼, 자칫 골목을 잘못 들기 쉬웠다. 스마트폰의 구글지도를 켜고 골목을 확인하면서 걷는 동안, 뜻하지 않게 네즈의 면모를 속속들이 구경하게 되었다. 외관상 보이는 것보다 훨씬 더 오랜

東京

장기 거주자의 아파트와 게스트하우스가 결합된
독특한 숙소인 그라피네즈. 자유분방하고 유쾌한
분위기가 흐른다.

역사를 가진 곳 같았다. 먼저, 도로를 지나가는 마쓰리 행렬이 우리의 시선을 사로잡았다. 좁게 몸을 감싼 기모노와 흰색 고깔을 쓴 여인들이 전통음악에 맞춰 천천히 팔을 휘둘렀다. 손에는 딱딱 소리를 내는 조그마한 악기를 쥐었다. 한 골목 뒤에서는 어른 아이 할 것 없이 게다를 신고 커다란 무늬가 그려진 남색 저고리를 입은 한 무리와 마주쳤다. 그들 뒤엔 꽃장식된 커다란 수레(오미코시)가 따르고 있었다. 사람들 얼굴은 흥분으로 붉게 물들었다. 어떤 행사일까? 말로만 들어본 네즈 마쓰리◆인가?

그들에 대한 호기심을 뒤로하고 골목으로 들어서자 향나무가 멋진 전통가옥들이 여러 채 등장했다. 그 주변으로 다양한 시대를 보여주는 건물들이 이어졌고 사이사이 조그마한 식당들이 숨어 있었다. 케첩소스로 만든 나폴리탄 스파게티나 달걀을 넣은 사라다샌드를 먹을 수 있는 경양식집 같았다. 이런 식당은 색유리가 들어간 노란 조명을 켜두곤 해서 한껏 그리운 분위기를 자아냈다. 동네 사람들이 참새방앗간처럼 드나드는 선술집(손짱은 〈고독한 미식가〉에 소개된 '스미레'를 발견하고 쾌재를 불렀다), 나무문을 밀고 들어가는 소바집이나 우동집, 대문이나 담 없이 곧바로 도로에 접해 있는 좁고 정갈한 가정집들, 그런 일상적인 건물 주변에는 자투리 공간조차도 앙증맞게 꾸민 정원이 있었다. 주민들이 일상적으로 이용하는 공간은 여

◆ 네즈진자에서 주관하는 마쓰리로 매년 9월 21일에 행해진다.

행자들을 의식하지도 않고 배려하지도 않는다. 마치 사는 사람들과 여행자들이 다른 시간대에 있는 것처럼 서로 무심하게 지나친다.

그라피네즈는 조그만 집들로 빼곡한 골목에서 발견한 크고 반듯한 3층짜리 건물이었다. 외관이 심플해서인지 큰 건물이 위압적으로 보이진 않았다. 고층 호텔이 아닌 까닭에 창문을 열면 단층 혹은 이층에 불과한 이웃 살림집들이 가까이 보였다. 누군가의 마당, 누군가의 창문, 누군가의 골목, 누군가의 옥상, 누군가의 계단이 가까이 다가왔다. 이 풍경 또한 낯설지 않았다. 옥상이 있는 단층집과 이층집이 뒤섞인 동네에서 살 때, 계단에 앉아서 다른 집의 옥상과 계단과 안방을 넘겨다보던 기억들이 슬그머니 떠올랐다. 옆집에 살던 그 아이의 이름은 무엇이었더라. 얼굴도 이름도 잊은 유년을 기억나게 하는 풍경들이 거기 있었다.

숙소를 나와 해 질 녘까지 골목을 산책했다. 방금 마쓰리를 끝낸 골목은 어느새 어수선함을 털어내고 한가로운 저녁을 맞이하고 있었다. 골목길에서 건초 냄새가 풍겼다. 짭조름하면서도 연기 냄새가 밴 이 냄새도 내 유년의 기억 속 어떤 풍경과 닮았다. 그래서일까? 일상적이어도 너무나 일상적인 이 동네가 무척 마음에 들었다. 나는 분명 여기에 있으나 마치 다른 시간 속을 걷고 있는 것 같았.

"이 지역은 야네센(야나카, 네즈, 센다기)으로 불리며, 메이지 시대의 유명한 문인과 예술가들이 머물렀던 장소로 잘 알려져 있습니다. 모리 오가이, 나쓰메 소세키, 히구치 이치요 같은 작가와 관련된 박물관과 살림집도 많이 남아 있습니다. 도쿄라는 도시 속에 있지만

도로에 인접한 낮고 단아한 가정집들과
소박한 가게들. 누군가의 대문에 걸린
가도마쓰 장식.

옛 것에 대한 노스탤지어를 느끼게 하는 오래된 건물들이 여전히 남아 있습니다."

네즈에 자리 잡은 우동집 '가마치쿠'의 메뉴판에 적힌 내용이다. 메이지 43년(1910년)에 지어진 벽돌 창고를 개조한 가게답게 예스런 풍치를 가진 동네에 대한 자부심이 가득했다.

여긴, 새해를 맞이할 때면 집집마다 가도마쓰(門松, 소나무와 대나무를 엮어 만든 장식)가 놓이고, 계절이 바뀔 때마다 동네방네 흥겨운 마쓰리가 펼쳐진다. 아이가 태어나고 자랄 때마다 특별한 의식을 행하고 선물을 주며, 벚꽃이 피는 4월에는 남녀노소, 공적 사적 모임을 막론하고 공원에 모여 벚꽃놀이를 한다. 모두가 함께 축하하고 즐기는 풍습이 도쿄에는 여전히 남아 있다. 우리의 세시풍습은 불필요하고 번거롭다는 이유만으로 잊히고 사라지지 않았던가. 그래서 이 모습들이 조금 부럽다.

그라피네즈 Graphy Nezu
A. 東京都台東区池之端4-5-10
W. www.hotel-graphy.com

홈페이지에서 직접 예약할 수도 있고, 일반 호텔 예약 사이트를 통해서도 예약할 수 있다.
T. 03-3828-7377

고독할 틈 없는 미식가

쓰키지 시장 다이와스시
신바시 우오킨・고토쿠지 아메코야
유라쿠초 카지야 분조

　식당이건 술집이건 손짱의 의견을 따르면 실수가 없다. 다른 언니들이 먹고 마시는 일에 무색무취한 건 아니지만 일본 음식과 술 문화를 꿰고 있는 그녀의 의견에 이견을 달기가 어려울뿐더러 그럴 필요도 없다. 그래서 그녀가 원하는 식당과 술집은 무조건 간다. 손짱은 일본인들이 운영하는 맛집 리뷰 사이트인 '타베로그'나 현지인의 리뷰를 검색해가며 정보를 찾아낸다.
　"신주쿠에 있는 나카지마에 가야 해. 미슐랭 1스타를 받은 일식집인데, 점심 메뉴가 정어리 정식이야. 파인다이닝이 아니라 손맛 나는 집밥으로 승부한대잖아. 라스트오더가 1시 30분이야."
　"인기 많은 라멘집이래. 독서실처럼 따닥따닥 붙은 개인책상에서 먹는다니까 재밌지 않겠어? 맛있어서 줄 엄청 선대."

"여긴 동네 술집인데, 그렇게 재밌나봐. 싱싱한 사시미를 아주 좋은 가격에 먹을 수 있대."

"일찍 가서 기다려야 해. 그래야 맛있는 걸 먹을 수 있어!"

그것도 모자라 '도쿄 이자카야 10선'을 야심차게 선정했다. 맛있는 곳이 너무 많아 어렵게 골라냈다지 뭔가. 하루에 한 군데만 가서는 열 군데를 모두 채우지 못하므로 낮에 여는 곳은 점심식사를 겸해 이자카야의 재미를 즐기겠단다. 쉽게 맛을 평가하지 않으며 자신만의 확실한 기준을 가진 미식가 손짱이 강조하는 데는 분명 이유가 있다. 언니들은 토 달지 않고 달려가기로 했다.

언니들의 첫 도쿄 여행으로 거슬러가보자. 새벽 비행기에 오르면서 손짱은 못을 박았다.

"호텔 체크인하면 곧바로 나와서 쓰키지 어시장에 가자. 다이와 스시에서 아침 먹어야지."

"도착하면 5시, 6시일 텐데, 그 시간에 무슨 아침이야?"

"그때 가도 줄 선 사람들 많을걸? 늦게 가면 문 닫아버린다니까."

손짱은 "엄청 맛있대"를 연발한다. 그러고 보니 두툼하고 싱싱한 스시가 입맛 당기기도 한다. 그런 스시를 먹은 게 언제였던가! 그러나 새벽 비행기를 타는 것은 정말이지 피로한 일이었다. 공항에서 호텔까지 곧바로 연결되는 송영버스와 이른 아침 호텔로 들어가는 얼리 체크인 서비스를 신청하지 않았더라면 여행을 제대로 하지 못했을 거다. 비몽사몽간에 방을 찾아 들어가 겨우 샤워를 끝내고 침대 위에 젖은 솜처럼 누워 있는데, 문밖에서 가벼운 발걸음 소리가 났다. 쓰키지 시장 가자…… 하는 손짱의 목소리가 환청처럼 들린다.

그녀에게 이끌리다시피 호텔을 나선 언니들은 그새 생생해졌다. 여행지의 아침은 일찍 시작되는 법이다. 희끄무레 밝아지던 하늘이 어느새 새파란 물감을 뿌린 것처럼 투명하게 맑아졌고, 쓰키지 시장에 도착하자 이미 날은 밝았다. 빠른 걸음으로 대충대충 시장을 구경하며 스시집을 향했다. 장내시장의 새벽 일이 끝난 탓인지, 시장은 한산하다. 그러나 다이와스시 앞에는 스시를 먹겠다고 새벽잠을 설친 채 먼 길을 달려온 사람들로 가득했다.

"다른 데는 사람이 많지 않은데…… 꼭 여기여야 하는 거지?"

나는 풀이 죽은 목소리로 말했다.

"이왕 왔으니까 맛있다고 소문난 데서 먹자. 아, 그리고 여긴 카드 안 되니까 현금을 준비해둬!"

다이와스시는 나란히 붙은 두 개의 점포를 운영하고 있었다. 한쪽은 나이 지긋한 어르신이 스시를 쥐었고 다른 쪽은 주방장이 젊었다. 아버지와 아들일 것이다. 대를 물려 하는 일의 긴장감이 전해져왔다. 삼십 분쯤 기다렸던가. 이윽고 언니들 앞에서 가게 문이 스르르 열렸다. 언니들은 나란히 바에 앉았다. 아버지 스시장인이 우리 앞에 섰다. 붉고 도톰한 생선살, 가볍게 바른 간장, 살짝 올린 실파 송송……. 생선살이 부드럽게 녹아들고 밥알이 고소하게 씹혔다. 노란빛 촉촉한 우니도 우유처럼 고소했다. 행복한 아침이었다. 스시와 함께 순식

쓰키지 시장에서 유명한 다이와스시를 찾아갔다. 도마처럼
생긴 나무 그릇에 스시를 한 점씩 올려준다. 살짝 발라주는
소스가 감칠맛을 더한다.

간에 시간이 흘렀다. 스시도 시간도 어디로 가는지 모르게 사라졌다. 식사를 끝낸 우리는 감사의 인사를 전하며 뒷문으로 나왔다. 3천5백 엔. 탈탈 털리면서도 기분이 나쁘지 않았다.

"현지인들에게는 어떤 생선을 줄까 물어도 보고, 특수 부위도 주고 하는데, 오마카세(주방장 추천 메뉴)는 참치나 새우처럼 누구나 좋아하는 걸로 내주는 것 같아. 오토로(참치 대뱃살)는 정말 맛있긴 했지만……."

생선을 무척 좋아하는데다 특수 부위라면 사족을 못 쓰는 손짱은 좀 아쉬운 모양이다. 물론 다른 언니들에게 오늘은 최고의 스시였다.

그다음 여행의 추천 식당은 비스트로 우오킨이었다. '우오킨'이라 말하는 손짱은 사뭇 비장했다.

"한 달 전부터 예약이 찬대. 가격도 괜찮은 곳이니 오랜만에 와인도 마실 겸 비스트로를 선택해보는 건 어때?"

두말할 필요가 있을까? 우오킨은 신바시 근처에 몇 개의 분점을 가지고 있는데, 가게마다 스타일이 모두 다르다. 비스트로도 있고 이자카야도 있고 바도 있다. 미나 센세가 예약을 도와주었다. 시간은 저녁 6시 45분. 조금이라도 늦지 않기를 당부하는 점원은 식사를 1시간 45분 안에 끝내달라는 조건도 달았다.

"정말 손님이 많은가봐. 그런데 45분이라니, 예약 시스템이 대단히 정교한걸."

조금이라도 늦을세라, 숨을 헐떡이며 제시간에 식당 앞에 모였다.

비스트로 우오킨에서는 와인도 사케를 따르듯
찰랑찰랑하게 따라준다.

일요일 저녁 신바시는 오피스타운이 그렇듯 텅 빈 느낌을 주었다. 딱 몇 군데의 가게만이 따뜻한 불을 밝히며 손님을 기다리고 있었다. 우오킨은 이탈리아의 작은 마을에나 있을 법한 모양새였다. 문이 열리자 바처럼 보이는 내부에는 흥겨운 음악이 흐르고 한잔하는 사람들이 가득 모여 흥청거리고 있었다. 우리가 갈 곳은 그 뒤편에 있는 레스토랑이다.

　레스토랑은 바와는 달리, 따뜻하고 오붓한 분위기가 감돌았다. 오랜만에 만난 여럿이 저녁을 함께하기에 적당했다. 우리는 추천 메뉴들을 골고루 주문했다. 음식은 유럽 가정식 분위기에 일본식 메뉴가 살짝 뒤섞인 듯했다. 참치와 아보카도 타르타르, 해산물 스튜, 사슴고기 구이, 문어와 여러 생선의 카르파초, 해물 파에야 등 예쁘게 매만진 맛있는 음식들이 테이블을 채웠다. 화이트와인이 잔에 담겼다. 우오킨에서 글라스와인을 주문하면 조그만 잔에 넘치기 직전까지 찰랑찰랑 따라준다. 사케 잔에 따르듯 '나미나미(찰랑찰랑)'하게 따르는 게 우오킨의 주법이란다.

　"여긴 처음 와봐요!"

　'어쩜 이런 데를 다 알아요?' 하는 눈빛으로 미나 센세는 언니들을 둘러본다. 원래 현지인보다 여행자들이 맛집을 더 잘 아는 법이다. 언니들은 으쓱해졌다. 곧 샌프란시스코로 떠나는 미나 센세의 약간은 들뜬 기대감에 동승하다보니 지금 이곳이 따뜻한 햇살과 포근한 물이 있는 지중해 근처의 작은 휴양지처럼 느껴졌다. 그 순간이 좋았다. 지중해의 음식, 지중해의 와인이 자연스럽게 우리 곁에서 어우러진

東京

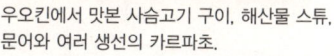

우오킨에서 맛본 사슴고기 구이, 해산물 스튜, 문어와 여러 생선의 카르파초.

시간이었다. 따뜻한 웃음과 격려로 서로를 다독여준 식당. 우오킨은 그렇게 따뜻한 기억으로 남았다.

"'오사카는 우동, 도쿄는 소바'라는데, 괜찮은 소바집에서 사케 한잔 어때? 미슐랭 비브글망에 선정된 집이 있어."

이번엔 도쿄 외곽의 '고토쿠지'에 위치한 소바집 아메코야あめこや다. 신주쿠에서 오다큐 오다와라센을 타고 열 정거장 정도 가야 하는 수고로움은 있지만, 이왕이면 맛있는 음식도 먹고 새로운 동네도 구경하자고 말이다. 미나 센세와 노리코도 합세해 길을 나섰다.

"전 도쿄 잘 몰라요."

논짱이라고 불러주세요, 라며 밝게 웃는 노리코는 헬렌의 소개로 언니들 모두와 아는 사이가 되었다. 노리코는 뒤에 또 등장할 테니 잠시 소개하는 게 좋겠다. 그녀는 런던대학교 언어학 교수로, 미국과 영국에서 오랫동안 생활한 일본인이다. 서울엔 한국어를 배우러 왔는데, 매년 여름이면 서강대, 이화여대의 어학당에서 열정을 불태우는 그녀를 볼 수 있다. 일본을 떠난 지도 오래되었지만 교토 출신이기도 해서 도쿄와는 인연이 없었단다. 이번엔 와세다 대학교에 연구교수로 와 있게 되어 언니들과의 만남이 성사되었다. 매번 편의점 즉석음식으로 끼니를 때웠다니 음식 먹는 일이 최대의 기쁨인 손짱으로선 용납하기 어려웠으리라. 급기야 그녀를 대학 캠퍼스 바깥으로 불러내기까지 한 것이다.

소바 문화가 도쿄에 꽃피우게 된 것은 소바의 고장 나가노 현이

東京

이바라키 현과 군마 현의 두 가지 소바가 나온 모리소바.
사케와 함께 즐기는 건어물 화로구이. 연어포, 시샤모,
꼴뚜기 등이 나온다.

가깝기 때문이다. 나가노 현에서 공수한 질 좋은 메밀과 관동지방 특유의 진한 간장이 쓰유에 찍어 먹는 메밀면의 환상적인 맛을 탄생시킨 것이다. 평양냉면도 메밀의 함량을 높인 순면을 좋아하는 나로서는 납작하고 꼬닥꼬닥하면서 씹을수록 메밀의 향이 고소하게 올라오는 소바가 무척 기대되었다.

아메코야는 고토쿠지 역에서 도보로 5분 거리에 있다. 아담한 가게지만, 문을 열고 들어가면 꽤 널찍한 홀이 나온다. 아직 6시가 되기 전이라 손님은 다행히 우리뿐이다. 우선 식전주를 주문하고 천천히 소바를 고르기로 했다. 손짱은 가게에서 엄선한 니혼슈(일본 술, 청주) 리스트가 마음에 드는 모양이다. 니가타의 지역맥주인 가저리 에스텔라 Gargery Estella 생맥주와 두 가지 니혼슈 세트를 주문했다. 시마네 현의 아오토시치세葦斗七星와 아오모리 현의 무쓰핫센陸奥八仙이 등장하자 손짱이 환호했다. 시샤모와 연어포, 꼴뚜기, 말린 전갱이 등을 화로에 구워 먹는 건어물 화로구이도 식사 전에 즐기는 간간한 재미다.

소바 전문점이니 심혈을 기울여 소바를 고른다. 이 가게에는 두 종류의 메밀로 만든 소바를 맛보는 모리소바 메뉴가 있다. 그때그때 준비되는 메밀에 따라 달라지는데, 오늘은 이바라키 현과 군마 현의 소바가 나온다. 따뜻한 가케 소바와 다누키 소바(튀김 부스러기와 파를 넣은 소바), 오리고기로 육수를 낸 소바 등 종류도 다양하다. 미나 센세는 도쿄 사람답게 매실과 다시마로 육수를 낸 깔끔한 소바를 골랐다. 쫄깃하고 부드러운 면을 기대했다면 텁텁하고 거친 맛이라고 느낄 수도 있겠지만, 장담컨대 중독성 있다. 육수보다는 면의 씹는 맛이 시간이 갈수록 생각나는 그런 음식이 소바다. 니혼슈를 곁들이니 소바 맛이 훨씬 깊어진다.

손짱이 안주 일본어의 대가가 된 사연을 털어놓았다.
"내가 처음 도쿄에 갔을 때 말이야. 딱 내 취향인 이자카야를 발견했는데도 일본어를 몰라서 들어갈 수가 없는 거라. 그때부터 결심했지. 언젠가는 칠판에 또박또박 쓴 '오늘의 오스스메おすすめ'를 완벽하게 읽어내겠다고 말이야."

맛있는 걸 먹지 못한 한이 일본어를 배우게 했다는 그녀. 손짱의 안주 주문 노하우를 한번 들어보도록 하자.

"일본에는 오래된 이자카야가 많은데 그런 데는 메뉴가 다 일본말, 게다가 한자로 적혀 있어. 영어 메뉴도, 사진도 없는데, 뭘 보고 고르느냐! 그럴 때는 '오스스메 메뉴'를 선택하라 그거지. 오스스메가 뭐냐고? 주방장 추천 메뉴야. 일단 자리에 앉으면, 점원이 물수건과 함께 오토시(기본안주, 자릿세 개념이다)를 갖다주거든. 그럼 생맥주를 하나 주문하고서는 시간을 두고 천천히 메뉴를 살펴보는 거야. 오토시가 없는 곳이라면 가장 기본안주인 '에다마메(삶은 풋콩)'나 '히야코(차가운 연두부)'를 주문하면 되고."

손짱에게서는 전문가다운 자신감이 뿜어져 나온다.
"오스스메는 보통 첫 줄에 적힌 것부터 품절되니까, 거기서 가격대가 적당한 걸로 시키면 돼. 한자가 가득 적혀 있다고 겁먹을 필요는 없어. 마지막 한자만 보면 되거든. 사시미(刺身, 회)인지, 튀김(揚げ, 아게)

인지, 조린 것(煮, 니)인지, 구이(燒, 야키)인지를 먼저 확인해봐. 그 앞에는 보통 재료가 적혀 있어. 닭(鷄, 도리), 돼지(豚, 부타), 쇠고기(牛, 규) 등등. 생선은 종류가 많아서 좀 어렵긴 해. 내가 좋아하는 생선의 한자 정도는 알아두면 훨씬 좋겠지? 참치(まぐろ[鮪], 마구로), 전갱이(アジ[鰺], 아지), 꽁치(サンマ[秋刀魚], 산마), 도미(たい[鯛], 타이), 오징어(いか, 이카), 문어(たこ, 타코), 방어(ブリ[鰤], 부리). 가다랑어(かつお[鰹], 가쓰오), 정어리(いわし[鰯], 이와시), 고등어(さば[鯖], 사바)······. 이 정도면 웬만한 건 다 들어가지? 정 못 찾겠으면 이런 방법도 써봐. 문어가 먹고 싶다, 그러면 '타코가~' 하고 말을 꺼내는 거야. 그럼 점원이 재깍 알아듣고 문어 숙회든 타코와사비든 문어요리를 가져다주게 되어 있지."

손짱이 적어온 열 군데 가게를 다 가보지는 못했다. 한번 마음에 드는 가게가 생기면 다른 곳을 굳이 찾아갈 필요 없이 그 가게를 계속 가게 되었기 때문이다.

"거기 또 갈까?"

누군가 그렇게 말하면 우리 모두 같은 기분이 되어 고개를 끄덕였다. 띄엄띄엄 찾아드는 여행자들이지만 몇 번의 여행은 몇 개의 단골집을 만들어냈다. 딱 그 집, 딱 그 음식. 그걸 먹고 싶어서, 그토록 간절해서 비행기에 오를 수도 있지 않을까?

미리 알고 가는 맛집도 있지만 현지에서 급하게 식당을 찾아야 할 때 손짱의 판단력은 빛을 발했다. 일단 동네를 돌면서 슬슬 분위기를 살피며 머릿속에 지도를 만들어놓는다. 여러 개의 식당이 있고, 야키토리 가게 수십 개가 나란히 꼬치를 굽고 있어도 딱 하나 선택하는 데는 분명한 이유가 있었다.

"이 집이 맛있어 보여!"

판단하기 모호한 말이지만 배고픈 우리를 설득하는 데 필요한 유일한 단어였다. 놀랍게도 그렇게 선택된 가게들은 씹고 깨물고 우물거리는 최고의 즐거움을 주었다. 그중 우리가 단골로 삼게 되었다고 자신 있게 말할 수 있는 곳이 유라쿠초에 있는 '분조文蔵'라는 이자카야다. 긴자와 마루노우치를 가로지르는 JR 야마노테센의 철길 아래에 좁고 길쭉하게 자리 잡고 있다. 침침하거나 매캐하기는커녕 노릇노릇 굽는 냄새하며, 기가 막히게 우리의 말을 잘 알아듣고 재빨리 착착 음식을 가져다주는 여자 점원도 마음에 쏙 든다.

가볍게 한두 꼬치와 맥주 한 잔만 하고 숙소로 돌아갈 생각이었지만 분조에 입성한 그날 밤은 그렇게 끝나지 않았다. 손짱은 자리에 앉자마자 메뉴판을 치켜들었다. 메뉴를 읽으며 일본어를 배우고 음식의 품질을 가늠해보는 것은 손짱의 취미이자 즐거움이 아니던가. 분조의 메뉴는 그녀가 환호할 만큼 빽빽하게 글자로 가득 차 있었다.

"세상에! 이렇게 메뉴가 많을 수가!"

닭꼬치는 엉덩이살(본지리), 간, 염통, 구운 파, 소금 뿌린 것, 간장소스 뿌린 것을 골고루 맛보았다. 삶은 풋콩도 야들야들해서 끊임없이 손이 갔다. 오쿠라를 보라. 잘린 단면이 별처럼 귀여운 채소가 다 있다니, 이래서 세상이 넓다고 하나보다. 생맥주는 산토리 프리미엄 몰츠다. 검고 투박한 도자기잔에 담긴 생맥주는 모든 음식과 잘 어울렸다. 생선구이까지 골고루 맛본 후 명란 오차즈케를 곁들이니 더 이상 부족한 것도 바랄 것도 없다. 고독한 미식가라니, 언니들의 미식 세계엔 고독할 여지가 없다.

그 후, 여행 때마다 언니들은 분조를 찾아갔다. 좌석이 만석이라 끼어들 틈도 없는 경우가 다반사였다. 근처 직장인들에게 무척 사랑받는 가게임이 여실했다. 꼬치 굽는 고소한 냄새를 뒤로하고 돌아오는 길이 못내 쓸쓸하다. 도쿄의 직장인들이 목을 축이는 그 한 잔의 시원함이 언니들도 간절한데. 유라쿠초 기찻길을 지나며 누군가 한마디 한다. 모두 고개를 끄덕끄덕.

"내일이 있잖아. 여기 또 오자."

신바시 비스트로 우오킨 びすとろ UOKIN
A. 東京都港区新橋4-6-4
T. 03-3438-1477
Open. 17:00~23:30(토요일, 일요일, 축일에는 16:00~23:00)
미리 예약하는 것이 좋다.

고토쿠지 아메코야 あめこや
A. 東京都世田谷区豪徳寺1-46-14 海倖マンション 1F
W. www.amecoya.com
T. 03-3439-3602
Open. 점심 12:00~14:00
저녁 17:00~23:00(월요일, 제1화요일 휴무)

東京

정성 들여 구운 야키토리도 맛있지만
친근한 매력의 점원 덕분에 더욱 기억에 남는
카지야 분조.

언니들이
추천하는
런치 스페셜

신주쿠 나카지마

언니들과 몇 번의 도쿄 여행 동안 꼭 나카지마에서 점심을 먹어보자고 했건만, 번번이 라스트오더를 놓쳤던 아쉬움의 장소. 쉽지 않았지만 방문하는 데 성공했다. 가장 붐비는 시간을 피해 1시쯤 도착하니 기다리지 않고도 들어갈 수 있었던 것. 점심에는 정어리 요리만으로 8백 엔이라는 값싼 정식을 내놓지만 엄연히 미슐랭 1스타를 받은 고급 일식집이다.

문을 열고 들어가면 바로 보이는 오픈 주방에서 일사불란하게 정어리를 다듬는 요리사들의 손길이 예사롭지 않다. 런치 메뉴는

정어리 튀김 정식, 정어리 사시미 정식, 야나가와나베 정식이 있고 모두 8백 엔이다(단품은 6백 엔). 정어리 튀김은 빵가루를 입혀 바삭하게 튀겼고, 카레 맛이 살짝 나는 숙주와 양배추 절임이 곁들여졌다. 레몬을 살살 뿌리고 머스터드에 찍어 먹는다. 정어리 사시미는 파와 깨를 섞어 가볍게 간해서 무쳤다.

미역과 레몬, 간생강 등 곁들임이 정갈하다. 야나가와나베는 에도 시대에 도쿄 사람들이 여름철 보양식으로 먹던 미꾸라지 전골요리로, 나카지마에서는 미꾸라지 대신 정어리를 넣는다. 정어리를 튀겨서 달걀물을 푼 달착지근한 국물에 넣고 조린 음식인데, 의외로 정어리의 맛이 제대로 느껴져서 깜짝 놀랐다. 정식 메뉴에는 밥과 채소절임, 유부와 쪽파를 넣은 미소시루가 나오는데, 채소절임 하나, 된장국 하나도 허투루 내놓지 않는다. 과연 미슐랭 스타를 받을 만하다 싶다. 밥을 더 시키지 않는다면 손해 보는 느낌이 들 정도다(두 번까지 리필 무료). 평소 연습해 보지도 못했던 일본어, "여기 밥 많이(오오메데) 추가해주세요"가 술술 흘러나왔다.

신주쿠갓포 나카지마 新宿割烹 中島
A. 東京都新宿区新宿3-32-5 日原ビルB1
W. www.shinjyuku-nakajima.com
T. 03-3356-4534
Open. 점심 11:30~14:00
　　　저녁 17:30~21:30(일요일, 축일 휴무)

나카노 다이니치카라슈죠

손짱이 믿음직한 도쿄 맛집 가이드인 『그 자형 술집 안내』를 샅샅이 훑은 후에 골라낸 생선요리집이니, 더 말할 필요가 있을까? '본격적인 생선요리, 노포요리집'이란 문구가 믿음이 간다. 1962년에 창업한 나카노의 터줏대감이다. 이 집은 이자카야를 표방하

고 있지만, 2시부터 영업을 시작하기 때문에 늦은 점심을 먹기에 좋다. 저녁엔 꽤 붐비지만, 이 시간대에는 이것저것 추천을 받으며

여유롭게 식사를 즐길 수 있다.

노포 주점답게 주방 앞 카운터 앞에는 널찍한 ㄱ자형 좌석이 따로 마련되어 있는데, 술꾼들을 위한 전용석인 듯했다. 생선을 다루는 오픈형 주방 위에는 검은 바탕에 흰 글씨, 흰 바탕에 검은 글씨로 쓴 메뉴들이 빈틈없이 붙어 있다. 서빙하는 아주머니 말로는 검은 바탕의 메뉴는 점장의 은근한 비추천 메뉴란다.

히레사케, 아사히 둔켈 생맥주, 우메슈(매실주)를 주문했다. 따뜻한 니혼슈에 태운 복

어 지느러미를 넣어 먹는 히레사케가 유명한데, 아주머니가 뜨거운 술잔의 뚜껑을 열고 성냥을 칙 그어 술잔에 파란 불꽃을 피우는 퍼포먼스를 직접 보여준다. 긴키니즈케(생선조림), 마구로 나카오치동(참치 갈비살 덮밥),

유채와 토란 조림, 안코 미소시루(아귀 된장국), 나메코 미소시루(버섯 된장국) 등을 골고루 맛보았다. 생선 조림은 부드러운 두부와 우엉을 함께 조려서 달금하고 알싸한 맛이 일품이다. 아귀 된장국은 이 집의 추천 메뉴인데, 제철을 맞은 아귀의 하얀 속살은 담백하면서도 게살 같은 감칠맛이 났다. 싱싱한 재료와 심플한 조리법은 군더더기 없이 재료의 맛을 잘 살렸다. 우리는 계속 공기밥을 추가하며 모든 접시를 깨끗하게 비웠다. 일어날 때는 국물 한 방울도 남지 않았다.

다이니치카라슈조 第二カ酒蔵
A. 東京都中野区中野5-32-15
T. 03-3385-6471
Open. 14:00~23:30(일요일 휴무)

긴자 아코메야

매일 먹는 밥이 얼마나 달라질 수 있을까? 아코메야에 다녀오면 쌀에 대한 생각이 달라질 것이다. 일본 전역에서 이름을 걸고 쌀을 생산하고 있는 농장이 특수 재배한 현미를 엄선해 소개하고 있는데, 입맛에 맞게 배합할 수 있다. 딱 원두커피 리필백 크기로 소포장한 쌀(450그램)은 냉장고에 차곡차곡 쌓여 있어 커피나 차를 고르듯 구입할 수 있는 시스템. 쌀뿐만 아니라 사케도 엄선해두었고, 밥 짓는 도구들도 멋과 기능을 살렸다. 그 외에 각종 소스와 식재료, 그릇, 주방용품들도 놓칠 수 없다. 2층에는 커피나 차 용품, 생활용품, 책, 수입 식재료 등이 있는데, 기능성을 갖추고 있으면서도 세련된 아이템이 많아 지갑을 열지 않을 수 없다. 밥 먹으러

왔다가 장 보고 가는 일도 다반사일 듯.

1층 안쪽에 그리 넓지 않지만 편안하게 먹고 마실 수 있는 식당이 있다. 런치와 티타임, 디너로 메뉴가 구분되어 있는데, 런치메뉴는 여덟 가지 계절 반찬과 밥이 나오는 소하치 정식, 쇠고기 스튜 정식, 덴푸라 정식이 있다. 부드러우면서도 야들야들한 밥, 뭉근히 오래 끓여 진한 맛이 나는 스튜, 두 가지 이상의 소스로 양념해서 평범하지 않은 맛을 낸 반찬 등 밥과 조화로운 맛의 지점을 정성껏 연구한 느낌을 준다.

그리 넓지 않고 대기 인원도 많지만 천천히 식사를 즐길 수 있도록 깔끔하게 배려하는 분위기도 좋다. 티타임에는 예약자에 한해 소하치 밥상을 주문할 수 있고, 그 외 덮밥과 뚝배기 밥상으로 식사도 가능하다. 와라비모치(고사리 전분으로 만든 모치, 콩가루를 뿌려 먹는다), 모나카, 캐러멜 푸딩 등이 골고

루 나오는 디저트 플레이트에 차 한 잔을 즐겨도 좋다. 니혼슈, 와인도 구비되어 있다.

아코메야 도쿄 アコメヤ トウキョウ
A. 東京都中央区銀座2-2-6
T. 03-6758-0270(매장)
　03-6758-0271(식당)
W. www.akomeya.jp
Open. 점심 11:30~14:00
　　　(점심에는 예약을 받지 않는다)
　　　티타임 14:00~17:00
　　　저녁 17:00~22:00

네즈 가마치쿠

네즈를 어슬렁거리다가 옛날식 벽돌 창고 겸 주택을 발견했다. 한국에도 일제강점기에 지어진 이런 건물이 간혹 있어서 닮은

꼴을 발견하고 흥미를 가졌던 것이다. 한 바퀴 돌아보니 이곳은 이미 개조되어 식당으로 사용되고 있었고 심지어 우동 전문점으로 제법 유명한 곳이었다. 오사카에서 1985년에 개점한 우동집이 도쿄로 자리를 옮긴 곳으로, 메이지 시대의 문인들이 좋아서 네즈를 선택했다는 안내문이 인상적이다. 건물은

1910년에 지어진 창고를 리노베이션했는데, 활짝 열린 육중한 금고문 안쪽으로 2층 높이의 식당이 있고 홀에는 정원을 바라볼 수 있는 넓은 테이블을 두었다. 통유리 창으로 정갈한 초록빛의 정원을 바라보는 광경이 시원하다.

메뉴는 심플하게 가마아게 우동과 자루 우동 두 가지다. 가마아게 우동은 연수에 담긴 면을 건져 쓰유 소스에 찍어 먹는 것이며, 자루(소쿠리)에 담아 물기를 제거한 것이 자루 우동이다. 여기에 튀김이나 두부, 채소절임 등을 추가한다. 저녁에는 사케 한 잔 하면서 다양한 구이, 조림, 튀김 등을 즐길 수도 있다. 코스요리는 미리 예약해야 한다. 나무 젓가락에 새겨진 가게 이름[釜竹]이며, 음식을 찬찬히 내오는 분위기가 좋다. 한 그릇 우동을 정갈하게 맛볼 수 있는 곳이다.

가마치쿠 釜竹
A. 東京都文京区根津2-14-18
W. kamachiku.com
T. 03-5815-4675
Open. 점심 11:30~14:00
　　　저녁 17:00~21:00(일요일 11:30~14:00)

술 좋아하는
언니가 추천하는
도쿄의 이자카야

유라쿠초 카지야 분조

닭꼬치를 굽는 기가 막힌 냄새와 흥겨운 분위기는 수많은 이자카야 중에서 단연 분조를 외치게 한다. 야키토리도 맛있지만 여름 특선 전갱이 나메로, 나스(가지)절임도 훌륭

하다. 나메로란 어부들의 요리인데, 신선한 전갱이나 꽁치 등을 생강, 파, 백된장 등을 넣고 두드려 다져서 찐득하게 만든 음식이다. 나메로는 '핥다'라는 뜻으로 접시까지 핥아 먹을 정도로 맛있다는 의미다. 따뜻한 하얀 쌀밥과 함께 먹으면 입이 행복해진다.

분조는 단케(だん家)그룹의 체인점 이자카야로 도쿄 곳곳에서 발견할 수 있지만, 야키토리를 전문으로 하는 카지야 분조 마루노우치 국제포럼점이 특히 괜찮다. 해산물 위주로 먹고 싶다면 스시야 긴조(すし屋 銀蔵)를 선택하면 된다.

카지야 분조 鍛冶屋 文蔵
마루노우치 국제포럼점
A. 東京都千代田区丸の内3-7-18
W. www.danke-bros.co.jp
다양한 콘셉트의 가게와 매장 위치를 확인할 수 있다.
T. 03-5220-3928

Open. 16:00~23:30(일요일, 축일 16:00~23:00)

우에노 다이토료

우에노 아메요코(アメ横) 시장에는 서민들이 드나드는 재미난 이자카야와 작은 선술집들이 모여 있다. 의자도 없이 서서 마시는 다치노미 선술집도 북적거리지만, 나란히 앉아서 마시고 싶을 때는 다이토료를 추천한다. 이름도 거창하게 대통령(大統領)이다. 아메요코에서 가장 오래된 노포 주점으로, 낮이나 밤이나 늘 붐비니 얼마간 기다릴 각오를 해야 한다.

다이토료의 명물은 말 내장으로 끓인 다이토료 특제 니코미(국물이 자작한 조림)와 모쓰야키(내장구이)다. 양념구이도 살짝 불맛이 돌아 맛있지만, 규탄(소혀)은 반드시 소금구이로 먹어볼 것을 권한다. 두툼한 벌집 모양의 말 내장과 큼직한 두부가 함께 나오는 니코미는 생각보다 담백하다. 니코미에도 말 내장이 들어가니 당연히 말 사시미도 주문할 수 있다. 말 사시미는 '바사시'라고도 하

는데, 육식을 금하던 시절에는 '사쿠라'(벚꽃처럼 붉다는 의미)라는 은어로 부르며 몰래 먹기도 했다고 한다. 먹어보니 소고기보다 부드럽고 사각사각 씹히는 맛이 괜찮다. 일본에서 바사시는 고급 안주에 속하는데, 다이토료에서도 값은 비싸지 않으나(590엔) 양은 매우 적었다. 술은 홋피(Hoppy) 세트가 재밌다. 맥주 맛이 나는 탄산음료(홋피)를 소주를 섞은 얼음 잔에 부어서 마시는 것인데, 일본에서 맥주가 비싼 술로 여겨지던 시절에 이렇게 섞어 마시던 것이 지금까지 전해지고 있다. '시로'와 '구로'가 있는데, 맥주와 흑맥주의 차이쯤 된다. 추가 주문하고 싶을 때, 소주는 나카(안쪽), 홋피는 소토(바깥쪽)라고 부른다.

다이토료는 본점과 분점이 길 하나 사이에 있는데, 분점이 훨씬 크다. 본점 맞은편에는 야키토리 전문점인 분라쿠(文樂)가 있는데, 이곳 역시 전통을 자랑하는 맛집이다. 모쓰야키가 입에 맞지 않는다면 분라쿠를 들러보시길.

다이토료 大統領
A. 東京都台東区上野6-10-14
T. 03-3832-5622
Open. 10:00~24:00(연중무휴)

긴자 산슈야

뭐든지 비쌀 것만 같은 긴자잇초메의 화려한 명품 매장 사이에 수줍게 비집고 들어앉은 산슈야. 1968년에 창업한 긴자의 대표적인 노포 주점이다. 생선요리 전문점이며 술 한잔하기에도 좋다. 점심에는 근처 샐러

리맨들로 성시를 이루는데 사시미모듬 정식과 튀김모듬 정식이 1,100엔이고, 생선 소금구이 정식이 950엔이라는 비교적 착한 가격 때문이다. 물론 이곳이 긴자 한가운데라는 걸 고려한다면 말이다. 낮에도 생맥주 한 잔 걸치는 것쯤이야 다반사인 곳으로, 4시쯤 들렀을 때도 이미 나이 지긋한 어르신들이 술잔을 기울이고 있었다. 퇴근 시간이 가까워지자 순식간에 샐러리맨들이 들이닥쳐 밥과 술을 주문한다. 이 집의 명물은 계절 한정 메뉴인 돼지기름 맛이 도는 가키후라이(굴튀

김)다. 가키후라이가 없다면 에비후라이(새우튀김)도 먹어볼 만하다. 개인적인 추천 메뉴는 카이센동(해산물 덮밥) 정식과 도리도후(닭고기 두부국). 특히 도리도후는 부드러운 두부와 야들야들한 닭고기의 질감이 잘 어우러진 맑은 국인데, 맛있기도 하지만 양도 비교적 만족스럽다. 긴자잇초메 역에서 도보로 3분 거리로, 길거리에 놓인 입간판을 보고 안쪽 골목으로 찾아가면 된다.

다이슈갓포 산슈야 大衆割烹 三州屋 긴자점
A. 東京都中央区銀座2-3-4
T. 03-3564-2758
Open. 11:30~22:00(일요일 휴무)

간다 오코시

간다 역을 나와 왼쪽으로 조금 내려가면 철로 아래에 오코시 주점이 있다. 1963년에 창업한 곳으로, 쇼와 시대(1926~1989)의 분위기를 물씬 풍기는 노포다. 일본인에게 쇼와 시대는 '격동의 시대'로 두 차례의 세계대전을 겪은 뒤 다시 일어서기 위해 아끼고 땀 흘리며 60~70년대의 고도성장을 이루어낸 시절로 기억된다. 오코시는 개미처럼 일하는 샐러리맨들이 바삐 식사하고 한잔 술로 시름을 달래던 그 시절의 분위기를 담고 있다.

마구로회 정식, 튀김 정식, 그날의 추천 정식 등 푸짐한 정식 메뉴가 500~600엔이다. 정식 메뉴는 미리 돈을 내고 표를 받아 기다려야 하고, 다른 단품 메뉴와 술은 따로 체크해 나갈 때 계산한다. 벽에 붙은 메뉴가 백여 개가 넘을 정도로 압도적이다. 마구로회 정식과 새우튀김 정식, 전갱이 다타키를 주문하고 술과 밥을 곁들였다. 아쉬운 마음에 조개술찜, 시샤모 구이도 추가로 맛보았다. 엄청나게 맛있다기보다 집밥처럼 편안한 맛이어서 계속 다른 메뉴를 주문하게 된다.

요즘은 메뉴 하나 달랑 붙여놓고 원하는 건 가능하면 만들어준다는 〈심야식당〉이란 드라마가 인기를 끌지만, 이와는 반대로 세

東京

상의 모든 메뉴를 갖다 붙인 듯 대놓고 자신감을 보이는 이런 집이 어쩐지 더 신뢰가 간다. 지금까지 일본에서의 경험으론 메뉴가 엄청나게 많이 붙은 집일수록 맛있다는 것.

오코시 大越
A. 東京都千代田区鍛冶町2-14-3
T. 03-3254-4053
Open. 11:00~23:00(토요일은 저녁 10시까지, 일요일, 공휴일 휴무)

네즈 구루마야

네즈 역 뒷골목에는 오래된 동네 주점들이 많다. 〈고독한 미식가〉에도 소개된 바 있는 스미레(すみれ, 제비꽃이란 뜻)를 찾아갔지만 동네 주민들로 늘 만석이라 결국 들어가 보지 못했다. 자리가 있다고 한들 왁자지껄 웃고 떠드는 동네 주민들 사이를 비집고 앉기는 힘들었으리라. 그러던 중 발견한 구루마야(車屋). 실내를 슬쩍 엿보니 손님들도 꽤 많고 오래된 주점의 흥취도 느껴졌다.

문을 열고 들어서자 주방에는 오늘의 오스스메 칠판이 걸려 있고, 각종 술병이 즐비하다. 도쿄에서 공부하는 한국인 점원이 있어서 더 반가웠다. 그는 네즈가 사람들의 인심이 좋은 곳이어서 좀처럼 떠나지 못하고 몇 년째 이곳에서 일하고 있다고 한다. 이곳도 30년이 넘은 토박이 술집이고 근처 도쿄대 교수를 비롯해 유명인사들이 자주 찾는 나름 유명한 곳이란다. 말하자면 뜨네기가

아닌 단골 위주로 장사하는 곳이다.
추천 안주를 물었더니 시메사바 스시(고등어 초절임 초밥)와 생선구이가 좋다고 했다.

1초의 망설임도 없이 그대로 주문했다. 술은 나가노 현의 아즈미노에서 만든 니혼슈 다이세케이(大雪渓)를 선택했다. 다이세케이는 폭설 계곡이란 뜻으로 눈이 녹아 흐른 시원한 물과 사케 양조에 최적화된 쌀이라는 미야마니시키로 빚은 술이다. 시메사바는 누름스시로 제대로 각이 잡혔고, 전갱이 구이는 꼬리가 예쁘게 치켜 올라가도록 솜씨 있게 구웠다. 내친김에 이 집의 대표 메뉴인 듯한 안키모(아귀 간)도 주문했는데, 큼지막하고 고소한 맛이 일품이었다.

구루마야 車屋
A. 東京都文京区根津2-18-2
T. 03-3821-2901
Open. 17:00~24:00(토요일은 16:00~24:00, 일요일, 공휴일 휴무)

헬렌's 칼럼

하루키와 몬자야키

"『위대한 개츠비』를 세 번 읽은 사람이면 나와 친구가 될 수 있다." 무라카미 하루키가 한 말이다. 나는 『위대한 개츠비』를 세 번 읽었다. 내가 좋아하는 멋진 작가가 새로이 번역을 했다고 해서 최근에 또 읽었으니 네 번 읽은 셈이다. 영화로 만들어진 〈위대한 개츠비〉도 세 편 모두 보았다. 하루키가 이 사실을 알게 되면 친구 맺기 제안이라도 하려나.

왜 뜬금없이 개츠비에 대한 이야기를 꺼내느냐고? 그건 바로 지금 읽고 있는 페터 한트케의 소설 『긴 이별을 위한 짧은 편지』에서 세상에서 가장 짧은 『위대한 개츠비』의 요약문을 발견했기 때문이다. 그 책에 이렇게 적혀 있다. "책의 내용은 한 남자가 만灣 한쪽에 위치한 집 한 채를 사서, 사랑하는 여자가 다른 남자와 살고 있는 만 다른 쪽의 집에 매일 밤 불이 켜지는 것을 바라본다는 연애담이다." 『관객 모독』으로 우리 모두를 깜짝 놀라게 한 페터 한트케답지 않은가.

하지만 정작 나의 가슴을 친 것은 내가 지금 다카다노바바에 가보려 한다는 사실이 그 위대한 개츠비가 감행했던 모험(?)에는 결코 못 미친다는 자각 때문이다. 나야 그저 몬자야키 맛이 궁금했을 뿐이고 미나 센세가 추천한 곳이 다카다노바바에 있으니 시간이 되면 무라카미 하루키가 다녔던 와세다 대학교 근처를 얼쩡거려보겠다는 각오로 여기까지 온 거니까.

예전만큼 하루키에게 관심이 많은 것은 아니지만 그가 운영했던 재즈 바 피터캣이 위치했던 고쿠분지를 돌아보겠다는 계획은 아직 유효하다. 신주쿠에서 주오센을 타면 고엔지, 기치조지, 고쿠분지를 지난다. 고쿠분지 역 주변에는 대학들이 밀집해 있어서 작가가 되기 전의 무라카미 류가 당시에 다니고 있던 무사시노 미술대학으로 통학하는 길에 고쿠분지 역에 내려서 자주 피터캣을 찾곤 했다고 한다. 아! 그 시점으로 타임슬립을 딱 한 번만 해봤으면 좋겠다. 무사시노 미술대학은 이와이 슌지의 영화 〈4월 이야기〉의 배경으로 등장하는 학교이니 거기도 둘러봐야 하는데……. 이런, 몬자야키 이야기를 하려다 너무 멀리까지 갔군.

몬자야키 맛이 궁금해서 먹어보고 싶다고 노래를 부르기 시작한 것은 순전히 이시다 이라 때문이었다. 불활성기체 같은 십대의 시간을 보내며 불확실한 미래에 대한 두려움에 떠는 청소년들이 등장하는 그의 소설 『4틴』(포틴)과 『6틴』(식스틴)에 소개된 몬자야키가 도대체 어떻게 생긴 것인지 궁금증을 해소할 길이 없었다. 오코노미야키와 비슷하다는 것은 대충 짐작할 수 있었지만 소설의 주인공인 일본의 남자 중·고생들이 하굣길에 하루도 빠지지 않고 찾아드는 '몬자 히마와리もんじゃ ひまわり'의 분위기를 느껴보기 위해 애꿎은 책만 샅샅이 훑어보기를 여러 번. 그 남자애들이 "심심한데 히마에서 뭉칠까?"(히마와리는 해바라기라는 뜻, '히마ひま'는 심심하다는 뜻)라고 하면 그건 몬자 히마와리에 가자는 의미다.

소설 속에서 '몬자 히마와리'는 살짝 가는귀가 먹은 주인 할멈이

혼자 꾸려가고 있는데, "까칠까칠하니 쩍쩍 갈라진 나무껍질을 꼭 닮은 피부에 어떤 날은 빨갛게 아이섀도를 요란하게 칠하고 연지까지 진하게 발라서, 밤길에 만나면 냉큼 길을 비켜주고 싶은 타입"이라고 소개된 이 사치 할멈 같은 몬자야키 가게 주인이 있다면 꼭 만나보고 싶지 않은가? 소설의 무대인 쓰키시마月島 역에 내리면 실제로도 전부 몬자야키 가게뿐이라고 한다. 그래서 일본인들은 '쓰키시마 = 몬자야키'라고 알고 있다는데 우리는 아직 몬자야키를 모르고 있다니.

미나 센세가 최고로 맛있는 몬자야키 집이라고 안내한 곳은 다카다노바바의 몬자스즈네モンジャスズネ였다. 미나 센세의 가족들이 다카다노바바에 살 때 즐겨 찾던 곳이라고 했다. 스즈네의 몬자야키 맛은 더할 나위 없이 만족스러웠다. 처음 접하는 음식이므로 비교할 대상은 없었지만 가게의 젊은 오빠가 처음부터 끝까지 우리가 주문하는 몬자야키를 정성스럽게 만들어줬으니 맛이 없을 리가.

몬자야키는 오코노미야키보다 수분이 많고, 철판에 굽는 과정이 단순한 오코노미야키에 비해 고품격의 노동을 요하는 음식이다. 오코노미야키가 오사카에서 시작해 일본 전역으로 퍼져 나간 음식이라면, 몬자야키는 도쿄 쓰키시마나 아사쿠사 지역에 전문 가게들이 몰려 있는 것이 특징이다. 불에 달궈진 철판에 기름을 두르고 몬자야키에 들어가는 재료들을 고루 잘 펼쳐가며 볶다가 밀가루 반죽으로 만든 묽은 국물을 부어 수분을 날리면서 어느 정도 익기를 기다렸다

가 삽처럼 생긴, 티스푼보다 조금 큰 주걱으로 떼어 먹는다. 주걱으로 잘 눌러서 누룽지처럼 만들어 긁어 먹으면 파삭한 맛이 일품이다.

우리 테이블의 철판 전속인 오빠가 일일이 재료를 설명해주며 하나씩 몬자야키를 만들어주면 우리는 어미 새가 물어다 주는 모이를 받아먹는 제비처럼 주걱을 열심히 놀려 몬자야키를 긁어 먹기 바빴다. 몬자야키는 반죽에 추가하는 재료에 따라 종류가 무진장이고, 가게마다 특징 있는 메뉴를 내놓고 있으니 골라 먹는 재미도 즐길 수 있다.

네 명의 언니들, 그리고 오랜만에 만난 미나 센세까지 함께했으니 우리들의 이야기는 결코 끝나지 않을 기세였고, 결국 스즈네 몬자야키의 골든 메뉴들을 모두 맛보고서야 식당 문을 나설 수 있었다. 일설에는 에도 시대에 몬자야키 반죽으로 철판에 글자 모양을 만들어 글자를 익히게 하면서 몬자야키를 익혀 먹었다고 하는데 아직 확인을 못 했으니 이 이야기는 못 들은 걸로.

스즈네 寿々音(スズネ)
A. 東京都新宿区大久保3-9-5 都営西大久保
アパート1F
T. 03-5292-2839
Open. 11:30~22:00

단 하루밖에 없다면, 진보초

잇세이도 · 교쿠에이도
오야쇼보 · 산세이도

함께 여행을 하려면 어느 정도 공통점이 있어야 한다. 언니들의 공통점은 책이다. 어느 도시에 가더라도 서점에서 많은 시간을 보내야 한다는 암묵적인 약속이 있다. 각자 다른 이유로 서점에 가서 서로 다른 종류의 책을 고르긴 한지만.

번역가 헬렌은 영어 소설을 무척 사랑한다. 아오야마북센터에 갔을 때도 그녀는 다른 언니들과는 달리, 외국서적 코너를 배회하고 있었다. 그러다가 중고 페이퍼백 소설 박스를 발견하고야 말았다.

"이것 봐. 고작 100엔이야!" 헬렌은 입을 다물지 못하며 책을 끌어안는다. 양껏 사들고 갈 수 없는 여행자의 신분이 한스럽다는 듯 안타깝게 바라보다가 한 권을 집어 들고 의자에 앉는다. "사지는 못하겠고, 좀 읽고 가야겠어." 방해하지 말라는 듯 책으로 눈길을 돌린 헬렌. 그녀의 독서욕을 어찌 막을 수 있을까……

"출판 상황도 들여다보고 분야별 베스트셀러도 보려면 대형서점으로 가야죠." 출판편집자인 손짱은 신주쿠 기노쿠니야 본점을 선호한다. "마루노우치 빌딩에 자리 잡고 있는 마루젠은 서점 내부에 작은 갤러리 공간도 있고 위치가 좋아 직장인들의 독서 취향을 읽을 수 있지요." 하지만 마루노우치 마루젠의 서가는 그녀의 기대에 부응하지 못했다. 역시 기노쿠니야!

미키의 독서는 소박한 편이다. "전 실용서 좀 구경할게요." 한창 손뜨개에 재미를 들인 그녀는 재미난 모티프와 독특한 아이디어를 발견하려고 책을 들춘다. 그러다가 서가 옆에 자그맣게 전시된 팝업 스토어에서 손뜨개 물건들을 한참 구경하다가 결국 책이 아니라 색실을 사버리기도 한다.

나로 말하자면, 서점 탐험을 즐기는 쪽이다. 세상의 모든 책을 채워둔 것 같은 대형 서가도 좋지만, 그보다는 모험심을 자극하는 공간에서 책 냄새를 한껏 들이켜고 살금살금 책을 빼보는 것을 즐긴다. 다이칸야마 쓰타야 서점은 잡지 보기에도 그만이지만 뭐니 뭐니 해도 기획 코너가 재밌다. 기획 코너란 한창 이슈가 되는 한 가지 주제에 맞춰 서가를 꾸며놓은 것이다. 젊은이들이 도시를 떠나 소도시나 시골에서 작은 가게를 꾸리며 색다른 공동체를 만든 이야기, 지금 우리에게 힘이 되어주는 새로운 생활방식을 보여주는 인물이나 장소들 이야기, 새로운 여행 풍속도 등을 이런 코너에서 발견하곤 한다.

東京

서점 탐방은 언니들의 여행에서 필수 코스다. 마루노우치 빌딩의 마루젠 서점, 다이칸야마의 쓰타야 서점, 유라쿠초 무인양품에 최근 리뉴얼해 오픈한 무지북스는 반드시 들른다.

그밖에도 잡화가게나 패션스토어의 팝업 북스토어를 특히 좋아한다. 이를테면 무인양품 유라쿠초 매장 한편에 있는 무지북스Muji Books나 디앤드디파트먼트D&Department의 책 코너처럼 가게나 카페의 한쪽을 서가로 꾸민 숍인숍 개념의 장소들 말이다. 패션 외에도 잡화, 리빙용품, 식품 등이 함께 있는 편집숍에서 책은 진열된 사물들이 어떤 의미를 갖고 있는지, 사람들의 이야기 속에 사물들이 어떻게 어울려야 하는지를 알려주는 중요한 요소다. 그러므로 주인들은 기꺼이 가게 한쪽에 작은 서가를 꾸미고 가게의 취향이나 지향점을 보여주는 책들을 전시하고 판매하는 것이다. 문구점에는 문구와 관련된 책들이 있고 여행용품을 파는 가게에는 여행 서적들이 있기 마련이다. 새로운 라이프스타일을 제안하는 숍에서 선택한 책들은 마치 세련된 오너의 멋진 스카프처럼 그 공간, 그 분위기, 그 취향을 한껏 추어올린다. 가게의 감성이나 콘셉트를 좋아한다면 그 주인장이 자신의 취향대로 골라둔 책이 맘에 들지 않을 리가 없다.

'한 마리 책벌레로 살아도 좋다!' 그런 언니들이다보니 진보초 고서점가에 대한 환상은 상상초월이었다. 먼지투성이로 쌓인 책들이 우수수 넘어지기 일보직전이라든가, 도대체 언제 적 물건인지 가늠하기 힘든 옛날 고서들이 꽁꽁 숨겨진 다락, 오타쿠 같은 사람들이 서로서로 눈빛으로만 거래할 것 같은 은밀함 등등 고서점가에 대한 로망은 과장된 상상으로 더욱 커졌다.

"그런데 우리가 가는 데가 간다야, 진보초야? 간다에도 헌책방 거리가 있다던데?"

"두 군데가 같은 곳 아니야?"
"고서점 거리가 그렇게 넓어?"
"그럼 전철역은 어디서 내려야 해? 진보초? 간다?"
"다자이 오사무 초고가 전시된 서점은 꼭 가볼 테야!"
도대체 우리가 원하는 곳을 찾아갈 수나 있을는지…….

진보초 역에 내리고 보니 괜한 걱정이었음을 깨달았다. 꼬불꼬불 골목이 먼지 날리며 펼쳐져 있을 거라는 상상은 여지없이 무너졌다. 쭉쭉 뻗은 격자형 골목에 깨끗하게 정돈된 거리 양편으로 서점들이 쫙 늘어서 있었다. 고서 전시물을 쇼윈도에 전시한 곳도 있고, 내부에 갤러리를 따로 갖춘 곳도 있어 꼭 책을 사지 않아도 재미있게 둘러볼 만한 서점들이 많았다. 특징별로 서점 정보를 잘 갈무리한 진보초 고서점 지도가 가이드 노릇을 톡톡히 했다. 등록된 서점 수만 모두 156개. 등록되지 않은 곳들도 분명 있을 테니 그 숫자는 훨씬 많아질 것이다. 문학, 고전, 역사, 사상, 종교, 외국어, 사회과학, 자연과학, 예술, 서브컬처 등 주제에 따라 서점들의 이름이 빼곡하다. 문학 서점은 많고 예술 서점은 적은 것이 아니라, 쏠림 없이 골고루 포진해 있다. 지도에는 서점 순례를 즐길 때 꼭 필요한 카페와 식당, 그리고 현금을 인출할 수 있는 은행의 정보까지 꼼꼼하게 담겼다.

서점 하나하나가 각각의 역사를 갖고 있었다. 크고 번듯한 잇세이도가 있는가 하면 낡은 헌책만 다루는 조그만 서점도 그 옆에 바짝 붙어 있었다. 고지도만 판매하는 곳도 있고 외서만 다루는 곳도 있었다.

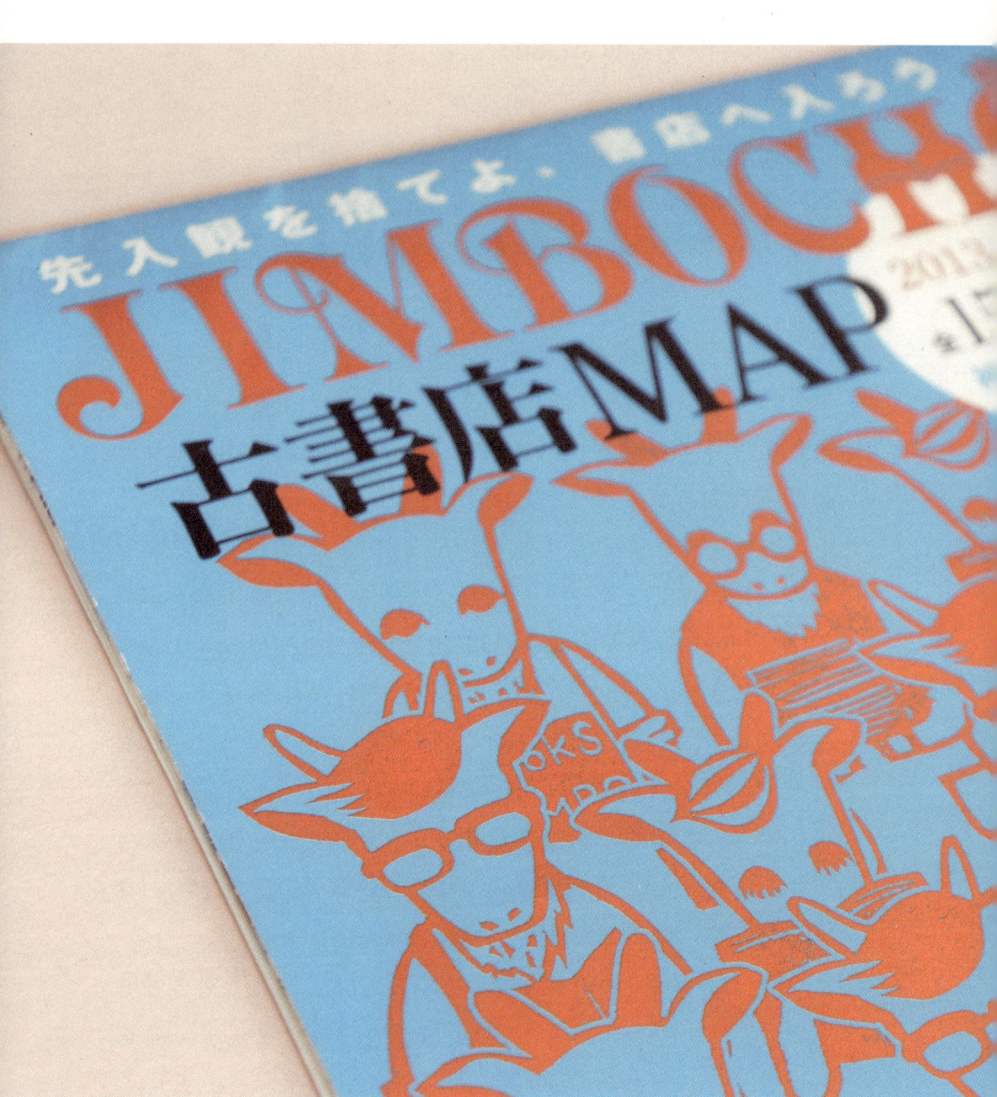

東京

일본어에 정통하거나 일본 문학에 조예가 깊었다면 한층 더 흥미롭게 즐길 수 있었겠지만, 종이와 활자를 좋아하는 언니들은 그저 오래된 책 냄새만으로도 행복해졌다. 옷차림으로 보아서는 평범한 직장인 같은 사람들이 길거리에 서서 헌책들을 뒤적였다. 쇼윈도에 전시된 책을 바라보거나 가판대에 놓여 있는 책들을 펼쳐보는 몸짓에서 여유로움이 넘쳤다.

서점 안의 풍경은 고요하면서도 긴장감이 느껴졌다. 직원들은 책을 분류하고 서류를 작성하느라, 손님들은 특별한 책을 골라내느라 진지한 표정이었다. 고서를 만지는 그들의 몸짓은 마치 박물관 학예사가 예술작품을 감정하는 것처럼 엄정했다. 서점 안쪽에는 점원과 손님이 책에 대해 진지하게 이야기를 나누고 있었다. 원하는 책이 들어오지 않는 모양이었다. 그들을 슬쩍 엿보며 책을 사랑하는 사람, 오래된 책의 가치를 엄격하게 지켜가는 사람들이라는 느낌이 들었다.

부유한 실업가의 고서 수집 취미를 만족시켜줄 만한 곳도 진보초이고, 가난한 고학생이 몇 푼 아끼려고 중고로 나온 교재를 사러 오는 곳도 진보초다. 수많은 일본 작가들이 진보초에 책빚을 졌다. 오에 겐자부로가 즐겨 찾는다는 서점은 어디일까? 일본에서 유학생활을 했던 루쉰과 주은래도 이곳에 족적을 남겼다. 시인 이상이 생의 마지막을 보냈던 곳도 진보초다. 1936년 늦가을 도쿄로 건너와 하숙했던 곳은 진보초 산초메 10-1번지. 이상이 심취했던 잡지『세르팡』을 샀던 곳도, "기림 형, 기어코 도쿄 왔오. 와보니 실망이오, 실로 동경이라는 데는 치사스런 데구려!"라고 푸념했던 곳도 여기 진보초……

맞은편 카페가 은은한 주황색 불빛을 밝힌 것을 보고서야 책방 골목이 문을 닫을 시간이 된 것을 알아챘다. 서점들이 마치 약속이라도 한 듯 매대를 정리하고 문을 닫는다. 아, 보지 못한 책들, 가보지 못한 책방이 아직 많이 남아 있는데…….

진보초와 간다 지역에 서점가가 형성된 것은 메이지유신 이후의 일이다. 간다 지역에는 다이묘들에게 불하된 택지와 사무라이의 저택이 많았는데 메이지유신 이후로 이곳에 사립·관립 학교들이 설립되었다. 학생과 지식인이 점차 늘어나면서 서적에 대한 수요도 증가해 서점이 생겨나기 시작했다. 에도 시대의 출판인쇄업은 주로 교바시나 니혼바시에서 성행했는데, 메이지 시대에는 간다로 옮겨지면서 책방 거리가 생겨나게 된다. 서적에 대한 수요가 폭발적으로 늘고 문예·학술 활동도 활발해지면서 인쇄와 제본 등 출판기술도 함께 발전했다. 진보초 간다 거리는 학술문예의 중심이 되었다.

서점가는 도쿄의 역사와 함께했다. 1923년 관동 대지진이 도쿄를 강타했을 때는 붕괴 직전까지 갔다가, 간다 일대에 주오 대학, 메이지 대학, 니혼 대학이 들어서자 다시 부흥했다. 염가본이 나오면 서점이 울상을 지었고 전쟁 이후 물자가 부족해지자 헌책을 찾아 나선 사람들로 북적거렸다. 지금은 희귀본 수집가부터 일일 관광객, 고전 연구자부터 주머니가 얇은 학생들까지 책이 필요한 사람이면 누구나 찾는 일상의 장소가 되었다.

고서점가 역사의 중심에는 이와나미쇼텐岩波書店이 있다. 1913년

이와나미 시게오가 연 작은 출판사로 시작한 이와나미쇼텐은, 고전을 중심으로 펴낸 이와나미 문고, 문화교양을 소개하는 이와나미 신서 시리즈로 굴지의 출판사로 자리 잡았다. 대중에게 필요한 고전과 교양 서적을 저렴한 가격의 문고본으로 펴내며 작지만 단단한 한 권의 책의 중요성을 소리 높여 알려왔다.

서점가의 최고 행사는 10월 말에서 11월 초에 열리는 간다 고서적 축제다. 찬바람에 옷깃을 여미며 책을 뒤적이는 사람들의 모습을 의도해서 그맘때 열리는 것일까? 올해 간다고서축제는 57년째를 맞는다. 일주일간 열리는데 매년 40만 명쯤 다녀간다고 한다. 고미다락에서 방금 꺼내온 듯한 낡은 책부터 만화책까지 헤아릴 수 없이 많은 책들이 선보이지만, 책을 대하는 사람들의 손놀림은 진지하기만 하다. 내지가 낡아 누르스름하게 변하고 장정이 해지거나 바랬다면 더 조심스럽게 다룬다. 장서인이라도 찍혔다면 책이 겪어온 사연이 더욱 신비롭고 비밀스러워진다. 그런 책을 만날 때면 운명적이라는 단어가 떠오른다. 우리는 각자 그런 시간 속에서 살다가 이렇게 만나게 되었구나!

강상중 선생은 『도쿄 산책자』에서 진보초 고서점가를 이렇게 표현했다. "어딘가 옛날풍의 완고함을 간직하고 있습니다. 가게 안에는 어수선하게 책이 늘어서 있고 '사주세요' 하는 기색도 없습니다."

'사주세요' 하는 기색이 없다는 표현이 무척 마음에 든다. 그건 세상사에 무심하다는 의미가 아니라, 소비자에게 어필해야 하고 무조건 많이 팔아서 최대한 많은 이익을 챙겨야 하는 자본주의 논리에 어굿난 장소라는 뜻이다. 그러고 보면 우리가 안식처라고 생각하는 모든 장소나, 우리의 호기심을 당기는 인물과 사물들은 자본주의의 효율성과는 거리가 멀 때 탄생한다. 비뚤비뚤한 골목길, 길가의 의자와 화분, 별다른 기능도 없으면서 공들여 만들어진 물건, 남들보다 천천히 가려고 마음먹은 사람들……. 그리고 사달라며 애원하지 않는 책과 오랜 세월 그 자리에서 한결같이 문을 열어온 서점.

낡고 먼지 날리는 책들을 시간을 들여 먼지를 털고 복원하여 서고에 넣어두는 일이란 그러므로 우아하고 품위 있는 것이다. 오래되어 누르스름한 책장을 넘기며 인쇄기로 꾹 눌러 찍은 글자의 압인을 손가락으로 만져본다. 그럴 때면 책은 더없이 관능적인 사물이 된다. 책을 펴내고 사는 일을 '시장'이라는 굴레에만 가두어둔다면 이 느리고 우아한 몸짓은 찾아보기 어려울지도 모른다.

언니들은 조심스레 잇세이도 서점의 문을 밀고 들어가 낡은 고서의 향기를 듬뿍 맡았다. 서가를 가득 채운 책들 사이에서 18, 19세기 삽화가 그려진 유럽의 고서들을 발견했다. 쿰쿰한 종이 냄새가 향수 냄새보다 좋다. 수백 년을 묵은 잉크 냄새도 끼어든다. 금박을 찍은 표지의 올록볼록한 장식이 손끝에서 느껴진다. 책의 물질성은 이렇게 귀하다. 이곳이 마음에 든다. 서울의 청계천이, 부산의 보수동이, 인천의 배다리가, 신촌의 헌책방 골목들이 견뎌내지 못한 거대한 물결을 맞서낸 곳이지 않은가.

진보초 고서점가라고 해서 모두 오래된 책만 판매하는 건 아니다.

고서의 먹 냄새, 종이 냄새가 진정 우아하고
향기롭다는 것을 알려준 잇세이도 서점. 진보초
책방거리의 살아 있는 역사다.

신간 서적과 문구, 소품 등을 함께 판매하는 산세이도三省堂 서점이 길모퉁이에서 균형을 잡고 있고, 문고본으로 유명한 이와나미쇼텐, 실용서와 다양한 출판을 겸하는 슈에이샤集英社 등 이십여 개의 출판사들도 곳곳에 자리 잡고 있다. 지도를 좋아하는 나는 고지도만 판매하는 오야쇼보大屋書房에서 흥분을 감추지 못했고, 헬렌은 문학 서적을 다루는 교쿠에이도玉英堂를 탐험했다. 삐걱거리는 계단을 올라 오래된 문을 열면 비밀공간처럼 희귀본실과 전시실이 기다리고 있다. 미시마 유키오의 육필 원고며, 초판들이며…… 이곳의 오래된 서가는 하나하나가 새로운 우주 같다.

산세이도 서점은 꽤 다채로운 서가를 갖고 있어 서가 탐방이 매우 즐거웠는데, 일본 서점가를 대표하는 행사도 기획하는 서점이라고 한다. 2013년 4월 무라카미 하루키의 『색채가 없는 다자키 쓰쿠루와 그가 순례를 떠난 해』가 출간될 때, 그날 하루 '村上春樹堂(무라카미 하루키도)'라고 이름을 바꾸고 하루키 열풍에 합세한 전력이 있었다. 언니들이 산세이도의 서가를 구경했던 그날, 공교롭게도 하루키의 새 소설집인 『여자 없는 남자들』이 출간되어 판매대마다 북적거렸다.

"하루키의 새 소설이다!!"

하루키를 좋아하는 언니도, 하루키를 그다지 좋아하지 않는 언니도 책이 가득 쌓여 있는 특별판매대 쪽으로 얼른 다가갔다. 신간의 내용을 더듬으며 책의 만듦새를 두고 이러쿵저러쿵 논평이 길다. 어쨌건 하루키 상의 새 소설이니까!

잇세이도 서점의 사카이 다케히코 씨

진보초의 고서점에 대한 이야기를 더 듣기 위해 잇세이도 서점의 사장인 사카이 다케히코酒井健彦 씨를 만났다. 110여 년의 역사를 가진 잇세이도 서점은 진보초 고서점가가 걸어온 길을 대변하는 서점이다. 귀한 인터뷰인 만큼 일본어 통역이 필요했는데, 기치조지에 살고 있는 헬렌의 친구 제이의 도움을 받기로 했다.

사카이 씨의 집무실은 2층에 있었다. 주름 깊은 인자한 얼굴로 우리를 맞은 사카이 씨는 두 장의 명함을 내밀었다. 잇세이도 대표의 명함 외에도 '사카이 로쿠잔酒井緑山', 사카이 농장의 주인이라고 적힌 명함이 하나 더 있다. 자세히 보니 농장의 주소가 잇세이도 서점 옥상이다. "서점 옥상에 작은 밭을 일구며 소일하는 게 유일한 취미랍니다." 누런 한지에 빨간 전각을 일일이 찍은 명함에서 소년 같은 순수함이 묻어났다.

잇세이도 서점은 1903년 초대 사장인 사카이 우키치酒井宇吉가 그의 형과 함께 고향인 니가타 현에 '사카이 서점'을 열면서 출발했다. 창업자인 사카이 우키치는 사카이 씨의 할아버지다. 그 후 사카이 서점은 1906년에 도쿄의 간다 지구로 이전했고, 동생까지 뛰어들어 형제 세 사람이 운영하다가 1911년에 각자 분리해 독립했다. 그러나 이 년 뒤 간다에 대화재가 났고, 우키치의 서점 역시 전소되고 말았

책을 보며 열심히 설명해주는 사카이 사장님.
양장본으로 품위 있게 만든 잇세이도의 『고서적 100년』.

다. 이후 그는 다시 시작하는 마음으로 '잇세이도'로 이름을 바꾸고 새로 서점을 열었다. 하지만 십 년 뒤인 1923년에 관동 대지진이 일어나 또다시 모든 것이 무너졌다. 사카이 우키치는 가족을 고향으로 보내고 홀로 도쿄에 올라와 천막을 치고 서점 영업을 계속했다. 다행히 도서관과 학교로부터 주문 물량이 쇄도했다.

모든 재해에도 끄떡없는 건물을 짓기로 결심한 그는 1931년에 지상 4층 지하 1층의 튼튼한 콘크리트 건물을 지었다. 바로 현재의 잇세이도 서점이다. 당시 고서업계에서는 유일한 고층 건물로 화제가 되어 여러 잡지에 소개되었을 정도로 획기적인 근대 건축이었다. 지금 봐도 잇세이도는 단단하고 고풍스런 외관이 진보초의 여러 서점 가운데서도 단연 눈에 띈다.

"저는 1969년에 서점을 이어받게 되었지요. 게이오 대학에서 공부하고 서지학 연구소에서 일했는데, 연구소가 문을 닫는 바람에 서점으로 오게 되었어요."

어쩐지 공부하는 학자 분위기가 물씬 났었다.

"사카이 씨가 가장 아끼는 책은 무엇인가요?"

그는 집무실 한쪽에 놓인 책장을 열어 두꺼운 양장본 전집 중에서 한 권을 꺼냈다. 『국서총목록国書総目録』 제1권이었다. 이 책은 일본의 고대부터 1867년까지 출간된 일본인에 의해 씌어진 모든 저술들의 해제와 소장처를 모아 정리한 것이다. 1963년부터 1976년까지 이와나미쇼텐에서 펴낸 책으로, 전 8권, 색인 1권으로 구성되어 있다. 『국서총목록』은 1939년부터 추진해온 야심찬 프로젝트였다. 유수의 학자들이 대거 참가해 출판 서적 정보와 해제를 모으기 시작했고, 1943년에 제1권이 나왔다. 그러나 태평양전쟁으로 인쇄소가 피해를 입는 바람에 발행이 중단되고 정보 수집 자료도 흩어졌다. 이후 전후 상황을 극복해나가면서 마침내 출간이 재개되었다. 첫 책이 나온 지 이십 년이 지난 뒤였다.

고서적상인 사카이 씨에게는 일본의 고서 목록이 모두 담긴 이 책은 보물이나 다름없어 보였다. 얼마나 들여다보았는지, 두꺼운 겉장이 꽤 낡았다. 누군가에겐 기록이 곧 보물지도인 것이다.

"이 책을 보면 에도 시대에 어떤 책이 가장 많이 팔렸는지 알 수 있어요. 봐요, 여기 『여성 거울의 비전서』라는 책이 보이죠? 여성 교육에 관한 책인데 당시에 베스트셀러를 기록했죠."

사카이 씨는 책을 한 장 한 장 넘겨가며 설명해주었다. 일본 책의 자긍심은 이런 데서 나온다는 표정이 역력했다.

고서적상은 주로 경매에 의해 귀한 책을 사고판다. 희귀본은 일반 대중보다는 대학교와 황실, 도서관이 주요 구매자다. 그러니 좋은 책을 알아보는 안목이 고서적상의 제일 덕목이라 할 것이다. 사카이 씨도 경매에서 아깝게 놓친 책이 꽤 많을 텐데, 그중에 가장 아쉬운 책은 무엇일까?

"십 년 전인가, 교토 대학에서 소장하던 책이 경매에 나왔어요. 삼백 년 전에 일본에서 출판된 책인데 소가 그려진 책이었죠. 아마 『십우도十牛圖』의 일종이었을 거예요. 화려한 책은 아니었기에 8천만 엔 정도면 충분하겠다 싶었는데, 결국 떨어졌죠. 단 천 엔 정도를 더 쓴 어느 교토 서점에 낙찰되었던 거예요. 지금도 그 책이 경매에 나올까 싶어 유심히 볼 만큼 억울한 책이라고 할까요."

이왕 경매 얘기가 나왔으니, 2013년 〈잇세이도 창간 110주년 기념 전시회〉에 선보여 화제가 되었던 『당인절구唐人絶句』에 대해서도 물었다.

"그 책은 일본의 한 스님이 중국에서 어렵게 구해 배를 타고 가져온 책이에요. 스님의 전각이 찍혀 있어서 더욱 귀중하지요."

남송의 문인 홍매가 당나라 한시를 모은 책인데, 두보가 이백에게 보낸 칠언절구 등이 인쇄되어 있다. 남송 시대 인쇄물 중 가장 수려하다는 평가를 받는 희귀본이다. 잇세이도는 총 22책 중 21책을 사십 년 이상 보유해오다가 대중에게 처음 선보였던 것이다. 판매가는 무려 4억 6천만 엔(약 50억 원)에 이른다.

"요즘엔 인터넷으로도 고서를 사고팔기 때문에 예전보다는 경기가 못하지요. 진보초 뒷골목에도 건물 2~3층에는 온라인 위주로 장사하는 가게들이 많아요. 하지만 정말 좋은 책은 경기를 타지 않지요. 아무리 비싸더라도 진정 원하는 사람이 있는 책은 팔리기 마련이에요. 그런 점에서 잇세이도도 그다지 경기를 타지 않는 편입니다. 책을 파는 이들은 돈이 아니라 신념을 좇아야 해요. 책은 있어야 할 곳에 있어야 한다, 그 신념이 오랫동안 고서점을 운영하게 만든 바탕이지요."

문득 방에 걸린 현판에 시선이 머물렀다. 사장님은 잠시 생각에 잠기더니, 잇세이도의 단골이었던 유명한 추리소설 작가 마쓰모토

세이초가 100주년 현판을 써주기로 했는데, 그만 먼저 돌아가시는 바람에 약속을 지키지 못했다고 했다.

    인터뷰가 끝나갈 무렵 사카이 씨는 집무실 안쪽의 비밀스런 문을 열고 들어갔다. 그의 손에는 잇세이도의『고서적 100주년』기념 책자와『110주년 기념 전시 도록』이 들려 있었다. 가격이 없는 책으로 서점의 단골들에게만 주는 귀한 책이었다. 두 책을 감사히 받아들며 잇세이도 서점이 앞으로도 오랫동안 그 자리에 있기를 진심으로 바랐다.

잇세이도 一誠堂書店
A. 東京都千代田区神田神保町1-7
T. 03-3292-0071
Open. 10:00~18:30

책 좋아하는
언니들의
특별한
서점들

유라쿠초 무지북스

언니들이 도쿄에 오면 꼭 한 번은 들르는 유라쿠초 무인양품(無印良品). 무지 본점으로, 일본에서 유통되는 거의 모든 무지 상품들을 볼 수 있는 3층짜리 복합매장이다. 상품 매장 곳곳에 작은 서가도 비치해두어 책 찾아보는 재미가 쏠쏠했던 이 매장이 2015년 9월에 리뉴얼 오픈하면서 무지북스를 확장했다. "생활을 풍부하게 하는 발견과 힌트를 공유한다"는 콘셉트로 2만 권의 책을 엄선했고, 100엔 원두커피 머신, 테이블과 의자도 마련해두었다. 서점이 진화하는 것인지, 잡화점이 진화하는 것인지 모르겠지만 도쿄는 요즘 서점 열풍을 맞이했다.

매장에는 2층과 3층을 휘감아 올라간 독특한 공간구성 때문에 '용(龍)의 책장'이라 불리는 거대한 원목 책장이 우선 눈길을 끈다. 이 서가는 건축가 요시하루 쓰카모토와 모모요 가이지마가 설립한 아틀리에 바우와우(Atelier BowWow)가 디자인했다.

무지북스는 도서 분류가 매우 독특한데, 요리의 기초에 빗대어 사시스세소(さしすせそ)라는 다섯 개의 카테고리로 분류한다. さ는 책(冊, Book), し는 음식(食, Food), す는 소재(素, Root), せ는 생활(生活, Home), そ는 의복(裝, Look)을 의미한다. 이를테면 3층에는 무인양품의 발안자이자 그래픽 디자인계의 거장인 다나카 잇코(田中一光)의 자택에 있던 장서를 선별한 책장이 있는데, 거기에 붙은 카테고리는 さ이고, '책으로 묶어서'라는 부제가 붙어 있다. 또한 무인양품의 상품과 책

東京

을 연결하는 'と本'(~과 책) 기획도 참신하다. '여행과 책', '가구와 책' 등인데, 책도 상품도 서로의 가치를 한껏 끌어올리고 있는 느낌이다. 이 참신한 큐레이션은 마쓰오카 세이고(松岡正剛) 편집공학연구소장의 솜씨다. 일본 최고의 독서 고수라 불리는 그의 감각을 믿고 무지북스의 서가를 탐해보면 어떨까?

A. 東京都千代田区丸の内 3-8-3
　インフォス有楽町
Open. 10:00~21:00

신주쿠 브루클린 팔러

신주쿠 마루이아넥스 백화점 지하 1층에 자리 잡고 있는 북카페 브루클린 팔러. 블루노트 재팬이 '브루클린'을 콘셉트로 프로듀싱한 북카페다. 브루클린 크래프트 생맥주를 마실 수 있고 샌드위치, 파스타 같은 간단한 식사도 가능하다. 언니들이 좋아하는 에시레 버터와 빵도 주문할 수 있다. 신주쿠의

젊은이들 사이에서도 꽤 핫한 플레이스인 듯, 기다리지 않고 바로 앉기는 하늘의 별따기다.

푹신한 소파가 있는가 하면, 타일이 붙은 의자도 있는데, 우리가 앉은 테이블의 큼직한 나무 탁자는 꽤 오래돼 보였다. 이곳의 가구는 대부분 브루클린 지역 공장의 고재(古材)로 만든 것이라고 한다.

한쪽 벽면을 가득 채운 서가는 재미있는 타이틀로 책을 분류했다. '책의 책', '가족과 나', '일해볼까' 등이다. 북 디렉터로 유명한 하바 요시타카 씨가 선정한 책으로 2천5백 권이 넘는다. 서가 한쪽에는 브루클린 팔러의 로고를 활용한 다양한 소품들이 진열되어 있다. 에코백, 파우치, 커피와 컵 등.

브루클린 팔러의 홈페이지에는 이런 문구가 있다. "人生における無駄で優雅なもの, ぜんぶ", 해석해보면 "인생에서 쓸데없지만 우아한 것, 전부"라는 뜻이다. 어딘지 언니들의 취향과 닮은 문구다.

A. 東京都新宿区新宿 3-1-26,
　新宿マルイ アネックス B1F
W. www.brooklynparlor.co.jp/
T. 03-6457-7763
Open. 11:30~23:30

다이칸야마 쓰타야

핫 패션 스트리트라는 다이칸야마라지만, 언니들이 다이칸야마를 가는 이유는 오직 쓰타야 때문이다. 쓰타야는 삼십여 년 전 도서, 비디오, 레코드 대여점으로 시작해 일본 전역에 천4백여 개의 매장을 가진 서점 체인으로 성장했다. 서점의 위기를 걱정하

는 요즘에도 쓰타야는 승승장구한다. 최근에는 가전제품을 망라한 서점까지 오픈했으니 '라이프스타일을 판다'는 이들의 참신한 기획이 어디까지 이어질지 놀랍고도 기대된다. 다이칸야마 쓰타야가 오픈하기 전에는 새벽 4시까지 문을 열고 서점 안에 편안한 의자와 스타벅스 매장까지 입점해 있는 쓰타

야 롯폰기를 애용했었다.

다이칸야마 쓰타야는 'T-site'라 불리는데 세 개의 유리 건물이 구름다리로 연결되어 있고 그 사이 사이에 자전거, 카메라 렌털숍과 레스토랑 등 나지막한 쇼핑 플레이스가 있다. 세 건물은 1층엔 모두 책, 2층엔 영화관, 라운지, 음반 매장 등이 배치되어 있다. 2호관의 2층 라운지(식사도 할 수 있다)는 '안진'이란 이름이 붙었는데, 약 3만 권의 오래된 잡지들(보그, 에스콰이어, 브루투스, 도무스 등)이 창간호부터 진열되어 있다. 고급스런 호텔 라운지 분위기라 격식 있는 미팅에도 어울릴 듯하다. 안진이란 이름은 도쿠가와 이에야스를 섬기던 미우라 안진에서 땄다. 영국인 안진은 나침반으로 배의 항로를 정하는 도선사였다. 쓰타야를 세운 부지가 도쿠가와 이에야스의 유력 가문인 미토 도쿠가와 저택이 있던 자리이기도 하지만, 무엇보다 '문화 내비게이션(Culture navigation)'

을 자처하는 다이칸야마 쓰타야의 방향성을 나타낸다고 볼 수 있다.

다이칸야마 쓰타야는 책 보는 일을 즐겁게 해준다. 여행, 음식과 요리, 인문과 문학, 디자인과 건축, 아트, 자동차 등 쉽게 이해되는 장르 구분과 가까운 것을 묶어가는 방식이 참신하다. 그리고 각 섹션에는 그 분야에 대한 전문적인 지식을 갖춘 컨시어지를 두어 고객이 원하는 정보를 제공해준다. 요리 분야에서는 각종 소스와 요리 도구들을 함께 구성해놓았고, 여행 분야에서는 티케팅과 호텔 예약까지 도와준다.

다이칸야마 쓰타야는 50세 이상의 여유 있는 시니어들을 주 고객으로 삼고 있지만, 쓰타야를 돌아다니다보면 어린이, 청소년, 중장년까지 다양한 세대들이 함께 어우러져 있는 걸 볼 수 있다. 1호관 3층에는 어린이 병원까지 있다. 스타벅스는 물론이고 패밀리마트도 있다. 서점에서 하루 종일 시간을 보낸다는 것, 여기서는 가능하다.

A. 東京都渋谷区猿楽町16-15
W. real.tsite.jp/daikanyama/
Open. 7:00~26:00(연중 무휴)

킷테의 마루노우치 리딩스타일

북카페 마루노우치 리딩 스타일은 옛 중앙우체국을 쇼핑센터로 바꾼 킷테 4층에 자리 잡고 있다. 취향과 취미를 위주로 셀렉션된 북 섹션, 색다른 문구와 독특한 소품들이

東京

있는 스타일 섹션, 그리고 커피와 샌드위치를 먹을 수 있는 카페가 한자리에 있다. 술, 음료, 요리 분야의 책과 물건이 가장 두드러지고 아웃도어, 애완동물, 인테리어 분야도 제법 다양하게 갖추고 있어서 이쪽 분야에 관심이 많다면 마루노우치 리딩스타일에서 원스톱 쇼핑을 해도 충분할 듯하다. 이곳에서 셀렉션한 책만 훌훌 넘겨도 요즘 도쿄가 주목하는 테마가 무엇인지 파악할 수 있다. 낮에는 햇볕이, 밤에는 어둠이 훌쩍 밀려오는 창가 자리에 앉아 커피와 샌드위치로 된

세트 메뉴를 먹는 것도 좋다. 푸짐한 샌드위치와 잘 볶아 향이 좋은 커피 세트가 800엔이라 가격도 괜찮다.

A. 東京都千代田区丸の内2-7-2
W. jptower-kitte.jp
Open. 11:00~21:00(일요일, 축일 11:00~20:00)

긴자 모리오카 서점

모리오카 서점은 긴자의 번화한 거리와는 좀 떨어진 한적한 곳에 자리 잡고 있지만 반드시 가볼 만한 이유가 있는 곳이다. "하나의 서점, 한 권의 책"을 모토로 매주 한 권의 책을 소개하고 그 책만 판매하는 재미난 콘셉트의 서점이다. 독특한 점은 선정된 책

과 관련된 예술작품이나 소품 등을 함께 전시하고 판매한다는 것. '방'을 테마로 했기 때문에 내부도 단출하다. 약방의 서랍장 같은 묵직한 테이블이 유일한 가구다. 이곳이 서점이란 걸 알 수 있는 단서는 유리창 오른쪽 하단에 조그맣게 씌어 있는 서점의 이름과 주소가 전부다.

모리오카 서점이 자리 잡고 있는 스즈키 빌딩은 1928년에 지어진 건물로, 일본의 전설적인 편집디자인 회사인 일본공방(Nippon Kobo)의 사무실로 쓰였던 곳이다. 서점의 주인장 모리오카 요시유키 씨의 안목으로 고른 단 한 권의 책이 궁금하다면 꼭 방문해볼 것!

A. 東京都中央区銀座1-28-15 鈴木ビル1階
T. 03-3535-5020
Open. 13:00~20:00(매주 월요일 휴무)

작고 아름다운 어른의 물건

긴자 이토야 · 아오야마 라운드무지
시부야 디앤드디파트먼트 도쿄
고마마 일본민예관

 긴자 지하철역에서 『타임아웃』이 선정한 '긴자의 베스트숍 50'이라는 핸드맵을 발견했다. '이토야에서 손편지 쓰기'가 첫 번째로 소개되어 있다. 도쿄 문구점의 대명사인 이토야 긴자점이 리노베이션을 대대적으로 감행했다. 원하는 종이를 골라 제본해서 그 자리에서 수첩을 만들어보는 섹션이 생겼고, 만년필과 잉크를 따로 모아둔 펜앤드잉크 바가 눈에 띈다. 2층에는 카드와 편지지를 사서 그 자리에서 편지를 쓸 수 있는 스탠드를 마련했다. 편지를 보낼 누군가가 떠올랐다면 이 장소를 기억해두길.
 '문구의 모든 것'을 표방했던 이토야가 문구로 할 수 있는 경험을 소개하고 공유하는 장소로 바뀌었다. 경험을 공유한다는 것은 요즘

東京

일본 상점의 주요 콘셉트다. 최근에는 아파트 내부를 개조해 숍으로 사용하는 경우도 빈번하다. 패션, 리빙, 푸드…… 분야를 가리지 않고 몇 가지 아이템을 선별해서 전시, 판매하는 라이프스타일 편집숍들이다. 야에카 아파트먼트 스토어yaeca apartment store는 이름처럼 아파트 초인종을 누르고 들어가는 곳이고, 더 풀the pool은 목욕탕을 개조해서 패션, 소품 등을 판매하는 곳이다.

특별한 재미를 주는 장소로 포스탈코postalco와 가키모리カキモリ도 빼놓을 수 없다. 노트패드, 필통, 서류가방 등 몇 가지 품목만 개성적으로 만드는 포스탈코는 디자인이라는 이름으로 요란한 감성을 부여하던 수많은 노트와 다이어리에서 벗어나게 해준다. 얇은 모눈선들로만 채워진 덤덤한 노트 패드에서 '어른의 물건'을 경험한다. 이 여백은 내가 채워야 한다는 책임감이 느껴진달까? 가키모리는 잉크 컬러를 직접 만들어보는 잉크스탠드가 주력 코너다. 노트와 다이어리를 제본해서 나만의 노트를 만들어볼 수도 있다. 만년필에 잉크를 채워서 쓰는 사람들이라면 솔깃하지 않을 수 없다. 이런 가게들은 손으로 만지는 것들에 대한 재미를 추구한다. 기능과 효율은 잊어버리고 나의 독특한 습관이나 취향을 되새겨보라고 권유한다.

가게를 돌아다니다 작은 스틱향들이 나란히 놓인 조그만 향첩도 하나 골랐다. 밀크브라운의 캐시미어가 떠오르는 향이었다. 일본에는 심오한 정신세계를 추구하면서 향을 귀하게 사용하는 풍습이 있다. 다도, 향도, 화도라고 하듯, 차를 마시고, 향을 음미하며, 꽃을 바라보면서 심신을 수양한다. 보통의 향가게에서 향을 고를 때도 기도를 드릴 때의 향과 방 안에서 피우는 향을 따로 추천해준다. 같은 향수도 체취와 섞여 모두 다른 이미지의 향이 되듯이, 향을 피우는 일은 '나'라는 사람의 내면을 드러내는 일과 가깝다.

물건을 세심하게 살피고 보이지 않는 것들을 음미하는 동안 나 자신을 깊이 들여다보게 된다. 내가 무의식적으로 끌리는 것들도 있고 어떤 생각을 이끌어내는 것들도 있다. 보기 좋은 물건에만 집중한 적도 있었지만, 지금은 한걸음 물러서서 내 생활과 이 물건이 어떻게 조화를 이룰까를 먼저 생각해본다. 이 물건이 내 삶에 어떤 변화를 가져다줄까, 그런 질문도 하며.

잔. 언니들이 여행 가면 만지작거리는 물건 중에 잔이 있다. 홍차와 커피를 담는 잔, 맥주와 사케를 담는 잔, 물과 얼음을 담는 잔, 아니면 그 어느 것도 담지 않고 바라보기만 하는 잔……. 일상의 필수품인 잔은 특별하게도 여행지마다 조금씩 독특한 차이점을 보이곤 한다. 어떤 곳은 유리가 특별히 아름답고 어떤 곳은 도자기가 유난히 빛난다. 색채로, 질감으로 우리를 매혹하기도 하지만 때론 그저 이런 이유로 잔을 고르기도 한다.

"커피를 담고 싶어요. 입술에 닿는 부분과 손바닥으로 감쌀 때 느낌이 딱 커피잔이에요."

"얇고 섬세하니까 맑은 사케를 담아야지. 술맛 돋울 것 같지?"

"심플한 게 좋아. 무늬 많은 건 딱 질색이라서."

이 잔들이 우리의 삶에 촉촉한 향기를 심어주길 상상하면서도 언

산세이도에서 구입한 파스텔톤 새 그림의 엽서.
킷테 쇼핑몰 내의 나카가와마사시치쇼텐에서 산
오렌지빛 리넨과 꽃잎이 든 향기로운 입욕제.
쓰타야 만년필 코너에서 찾은 '심해' 빛깔 잉크.

東京

매일 쓰는 물건의 고귀함을 보여주는 숍을 주로 찾아간다.
소규모 지역 상인들의 소박하고 정성스런 디자인을
보여주는 디앤드디파트먼트와 파운드무지.

니들은 나름의 기준을 버리지 않는다. 도쿄에는 언니들의 각자 다른 취향을 충족시켜주는 가게가 몇 군데 있다.

아오야마에 있는 파운드무지found muji는 한두 달 간격으로 주제가 있는 전시를 겸하면서 상품을 소개하고 판매한다. 파운드무지에 소개되는 물건들은 평범하면서도 오랫동안 쓸 수 있는 일상용품들이다. 너무 평범하지 않나 싶어 그냥 스쳐 지나갔다가도 여러 번 생각나게 하는 것들이 많다. 그중에는 인도에서 온 스테인리스 주방용품도 있고, 리투아니아 산 리넨 제품들도 있다. 일본의 작은 마을에서 직접 손으로 만든 제품들도 조그만 자리를 차지하고 있다. 요즘 일본에는 로컬 상품들이 상당히 많이 보인다. 젊은 취향의 가게에서도 무덤덤해서 오랫동안 사랑받고 있는 물건들, 손으로 직접 만든 내추럴한 물건들을 자주 보게 된다.

『디자인하지 않는 디자이너』로 국내에도 잘 알려진 나가오카 겐메이長岡賢明가 디렉팅하는 디앤드디파트먼트d&department는 일본 로컬 제품들의 아름다움과 흥미로움에 초점을 맞춘 디자인숍이다. 이른바 롱라이프 디자인을 모토로 47개의 도도부현(지방자치구역)에서 셀렉션한 상품들을 전시하며 판매도 한다.

갤러리와 숍, 식당을 갖춘 '디앤드디파트먼트 도쿄'는 다양한 감정을 불러일으켰다. 우리 식으로 보자면 각 지방도시에서 만든 특산물들 중에서 디자인과 콘셉트가 흥미로운 것들을 추렸다. 대나무로 만든 광주리, 소목장의 솜씨로 탄생한 도시락함, 금속을 두드려 만든 주전자, 아름다운 병에 든 전통식 사케, 전통적인 패키지의 화과자, 섬세하게 조립한 봉지 녹차 등 각 지역의 솜씨 좋은 물건들에 금세 솔깃해진다. 이곳에서도 역시 일상에서 보기 좋은 물건, 잘 디자인된 물건들을 사용하면서 순간순간을 섬세하게 돌보라는 의미를 읽을 수 있었다. 일본다움이 무엇인가, 라고 묻는다면 이곳을 소개해주고 싶다.

평범한 사람들이 일상에서 사용하는 물건들이 가장 아름답다는 이야기를 어디서 들었더라? 일상적인 물건들의 소중한 가치를 일깨워 예술을 창조하자는 민예운동을 시작한 야나기 무네요시(柳宗悅, 1889~1961)의 목소리가 아닌가? 야나기 무네요시가 세운 일본민예관에는 지금 당장 꺼내 써도 결코 뒤떨어지지 않을 현대적인 감각의 소장품들이 많았다. 생활명품이었다. 야나기 무네요시의 수집품 중에 쓰임새를 잃은 물건은 없었다. 생활수준이 일상에서 사용하는 물건에 있음을 보여주는 전시관이었다.

한때 서구문화에 심취했던 야나기 무네요시는 관심을 일본 전통문화로 옮겨 민예의 세계를 열었다. 그 배경에는 조선과 류큐(지금의 오키나와)에 대한 깊은 열정이 있었다. 그는 조선의 민화와 백자를 접하면서 각 민족들이 오랫동안 품어온 고유의 조형미에 깊이 매료되었고, 이는 민간에서 사용하는 '게테모노げてもの', 즉 재래시장에서 상인들이 사용하고 사고파는 일상의 저렴한 물건들 속에서 미학을 찾아내는 계기가 되었다.

일본민예관은 야나기 무네요시와 그와 뜻을 함께하는 사람들이

생활명품의 가치를 보여주는 일본민예관.

일본민예관 내부의 중앙 계단.
오래된 나무계단이 세월을 듬뿍 머금고 있다.

수집하고 교류한 소장품들을 전시한 박물관이다. 1936년에 개관한 박물관답게 중앙홀의 오래된 나무계단은 세월을 담뿍 머금고 있었다. 전시실에는 도자기와 함, 목기, 복식 등 일상생활 용품들이 나무상자와 장식장에 놓여 있어서 마치 견실한 삶을 꾸려가는 메이지 시대의 중산층 살림집을 들여다보는 것 같았다. 손짱은 조선의 물건이 많다는 데 충격에 가까운 감동을 받은 것 같다.

"이 문갑은 조선 물건이네. 이렇게 예쁜 걸 어떻게 찾아냈을까?"

"예술사조로 설명하지 못하는 독특한 아름다움이 민예 물건의 특징인가봐."

오키나와의 복식과 전통 물건들은 특별전시실에 소개되어 있었다. 많은 색을 쓰지 않았으나 화려하고 화사해 보이는 여성용 기모노와 체크무늬를 연상시키는 직조법이 독특한 남성용 겉옷은 묘한 감동을 주었다. 우리는 가까이 다가가서 보통 사람들이 입었던 백 년 된 옷감을 들여다보았다.

"이렇게 색이 곱고 선명하다니 믿기지 않네요."

"무늬를 직접 손으로 그려서 찍어낸 거래."

"무늬랑 색깔이랑 지금 봐도 전혀 구식으로 보이지 않아서 더 놀라워."

민예관은 언니들에게 고요한 파문을 일으켰다.

야나기 무네요시의 생각은 나가오카 겐메이로 이어진다. 일본민예관에서 만난 백 년 전의 사물들과 디앤드디파트먼트 갤러리에서 본 21세기의 사물이 서로 닮았다. 일상에 대한 연구가 뿌리 깊게 이어

東京

져왔기 때문에 일본의 디자인이 공감할 수 있는 철학과 감성을 갖고 있는 것이라는 생각이 든다. 무엇이건, 시간이 필요하다. 오래가는 무언가를 가지려면 삶을 고민하는 시간들도 길어야 한다.

일본민예관 日本民芸館
A. 東京都目黒区駒場4-3-33
W. mingeikan.or.jp
T. 03-3467-4527
Open. 10:00~17:00(월요일 휴관)
어른 1,100엔, 대학생 600엔

미키's 칼럼

후루이ふるい해서 더 멋지다, 도쿄 리사이클 숍

부산에서 나고 자란 나는 어린 시절 남포동의 구제시장을 누비며 나에게 맞는 옷, 신발, 가방 등을 찾아다니는 걸 좋아했다. 누군가는 모르는 사람이 쓰던 물건이라 내키지 않는다고 하지만, 나는 손이 타서 제법 길들여진 옷이며 가방이 좋았다. 물론 내가 오랜 시간 사용해서 길들인 물건이면 좋겠지만, 왠지 그런 물건들이 더 '어른의 것'이라고 느꼈다.

일본에서는 구제 숍을 '리사이클 숍'이라고 부른다. 처음 도쿄의 리사이클 숍을 방문했을 때 이곳은 리사이클 문화가 잘 정착된 곳이라는 인상을 받았다. 고가의 명품부터 개개인의 취향이 고스란히 드러나는 소소한 물건까지 매우 양호한 상태로 잘 관리되어 있었기 때문이다. 도쿄에는 신주쿠나 다이칸야마, 시모키타자와, 특히 빈티지 마니아들의 천국이라는 고엔지까지, 다양한 물품과 이색적인 분위기를 느낄 수 있는 리사이클 숍이 잔뜩 포진해 있다. 구제 명품, 잡화, 의류, 가구, 옛날 전화기 같은 플라스틱 빈티지 제품 등 가게마다 취급하는 종류도 다양하다.

널리 알려진 곳이 아니더라도 어쩌다 마주치는 동네의 자그마한 리사이클 숍을 구경하는 것도 재미있다. 간혹 이런 곳에서 보물 같은 물건을 만날 때도 많다. 티타임을 좋아하는 나는 다구에도 관심이 많은데, 동네의 조그마한 리사이클 숍에서 '20엔(한화로 무려 200원!)'에 구입한 찻잔 세트는 지금도 소중하게 사용하고 있다. 그 가게는 인상 좋은 노년의 부부가 운영하고 있었는데, 겨우 20엔짜리 물건을 샀을 뿐인데도 하나하나 먼지를 닦고 신문지로 싸서 포장해주는 바람에 감동하고 말았다. 도쿄의 점블스토어에서 내 발에 딱 맞는 레페토를 찾았을 땐 너무나 신이 나서 누가 그 신발을 채가기라도 할까봐 얼른 계산부터 했던 기억이 난다.

『가난뱅이의 역습』이라는 책을 출간한 마쓰모토 하지메가 운영하는 고엔지의 리사이클 숍은 무척 특이한 곳이다. 마쓰모토 씨는 공짜로 살아갈 수 있는 서바이벌 생활기술을 선보이는가 하면, 가난뱅이들의 등골을 빼먹는 사회에 대항하는 엉뚱한 시위를 주도해서 화제가 된 인물이다. 그가 펼치는 데모 기술의 필살기는 '웃겨 죽이기'다. 고엔지의 기타나카도리 상점가 골목 곳곳에서는 "5월 1일 고엔지 초거대 데모 발생!", "지키자, 내가 좋아하는 거리니까" 같은 재미있는 낙서와 포스터를 발견할 수 있다.

2005년에는 '아마추어의 반란'이라는 이름의 리사이클 매장을 시작했다. 뜻을 같이하는 이들이 동참하다보니 지금은 일본 곳곳에 매장이 18개나 된단다. 뭔가 자유분방한 분위기일 거라고 상상했는데, 5호점인 마쓰모토 씨의 가게에 가보니 중고 가구, 가전제품, 시계 등 아직도 충분히 쓸 수 있는 실용적인 제품들이 깔끔하게 분류되어 있었다. 어쩐지 요상한 무정부주의자가 감청색 양복을 입고 있는 느

아마추어의 반란 12호점인 멍청이숙박소.
"지키자, 내가 좋아하는 거리니까"라고 쓴 벽보.
아마추어의 반란 5호점인 마쓰모토의 리사이클 숍.

껌이랄까.

　아마추어의 반란은 중고 가구점(14호점), 빈티지 옷가게(6호점), '멍청이숙박소' 게스트하우스(12호점), '난토카bar' 등 여러 형태를 띤다. '어떻게든 되겠지'라는 의미의 '난토카bar'는 뮤지션인 '나카'라는 주인이 지키고 있지만 사용료만 내면 자신만의 메뉴로 하루 동안 난토카bar를 운영할 수도 있다.

　기껏 찾아갔는데 쓸 만한 물건이 없다고 해도 너무 실망하지는 말자. 마쓰모토 하지메의 정신을 이해하고 돌아본다면 분명히 의미 있을 테니까. 마쓰모토 하지메의 정신이란 간단히 말하면 "하고 싶은 일을 한다 → 좀 곤란한 일에 부딪힌다 → 몸부림친다 → 어떻게든 된다(무슨 수든 쓴다)"는 정신이다.

세컨드스트리트
www.2ndstreet.jp
점블스토어뿐만 아니라 일본 내의 세컨드 아웃도어, 점블키즈 등을 운영한다.

고메효
www.komehyo.co.jp
명품만 취급하는 세컨드핸즈 숍.

래그태그
www.ragtag.jp
고메효보다 좀 더 캐주얼한 제품을 판매한다.

마쓰모토 하지메
hajime.dotera.net
아마추어의 반란 5호점에 관한 소개를 비롯해 점주의 일기 등을 볼 수 있다.

멍청이숙박소(한글판도 있다)
manuke.asia/korean
멍청이숙박소의 숙박 안내, 상세한 지도 등을 한글로 볼 수 있다.

아마추어의 반란
trio4.nobody.jp/keita/
아마추어의 반란과 관련한 여러 정보를 빠르게 접할 수 있는 사이트.

고요한 심연들

옛 영친왕 저택

"프린스 호텔에 간다고? 거긴 왜?"

한 명쯤은 이렇게 반문할 법도 한데, 프린스 호텔을 구경하러 아카사카로 가자고 했을 때 언니들은 아무것도 묻지 않았다. 언니들은 이렇게 말한다.

"우리 중 누가 가고 싶다고 하면 그냥 같이 가는 거지, 뭘 이유를 물어? 일단 가보면 왜 거길 선택했는지 알게 될 테니까."

우리는 아카사카미쓰케 역에 내렸다. 지하철에서 나오자마자 높은 빌딩 뒤편의 한적한 길이 나타났다. 정부청사 뒷길을 따라가니 계단이 보인다. 언덕에 피어 있는 낭창낭창한 꽃나무들이 계단을 살포시 감싸고 있었다. 한참 올라간 후에 공공기관과 고급 비즈니스호텔들이 공존하는 거리를 내려다보았다. 근처에 프린스 호텔이 있을 텐데…… 40층짜리 고층건물이 보이지 않을 리가 없다.

　호텔은 문이 닫혀 있었다. 1천 개가 넘는 객실을 보유한 초대형 호텔은 데코랩이라는 신공법으로 해체하는 중이었다. 건물 내부에서 기둥을 1인치씩 잘라내는 기술인데, 바깥에서는 해체가 진행 중이라는 사실을 모를 정도로 공사의 흔적이 없다. 미세하게 건물이 한 층 한 층 낮아지고 있는 것이다. 프린스 호텔은 일본 버블의 상징이었다. 호텔이 사라진 자리에 더 크고 웅장한 호텔이 등장할까? 이 건물은 도쿄도청 등을 설계한 겐조 단케라는 일본 건축가가 지은 것으로, 1983년에 지금의 자리에 들어섰다.

　내가 언니들에게 보여주고 싶었던 건물은 고층 호텔 옆에 있는 1931년에 지어진 아름다운 대저택이었다. 이 저택은 이 부지에 세워질 호텔에 '프린스'라는 이름을 붙여줄 수 있었던 사람, 영친왕 이은과 영친왕비 이방자, 왕세손 이구가 살았던 저택이다. 조선 왕가가 소유한 건물이라면 우리 문화재가 될 법도 한데 그러지 못했다. 일제 패망 후 일본 왕실로부터 더 이상 지원받지 못했고 이승만 정부도 왕실을 외면했다. 저택은 오랫동안 팔기를 권했던 사업가에게 넘겨져 1955년부터 영빈관, 트리아농 등의 이름으로 호텔, 레스토랑, 연회장으로 운영되었다.

　저택도 공사현장 가림막으로 둘러져 있어 출입이 금지된 상태였다. 가림막에는 호텔의 옛 사진들이 전시장처럼 펼쳐져 있었다. 사진

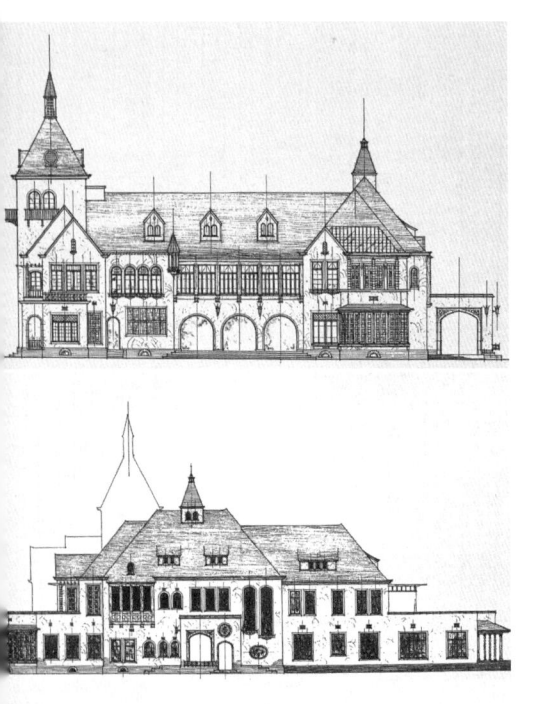

프린스의 위엄에 걸맞은 우아함을 가진 옛 영친왕 저택. 문화재로 지정된 이 건물의 도면과 사진은 일본 궁내청에 소장되어 있다.
실내 사진은 거실, 식당, 당구장이다.

東京

으로 프린스 호텔의 변천사를 더듬었다. 저택과 호텔 별관이 공존하던 시기, 별관을 없애고 40층짜리 신관이 지어지던 시기, 풀장에서 망중한을 보내는 사람들 모습, 복잡한 기하학을 그리며 고가도로가 생겨나던 풍경까지 담겼다. 1930년대에 촬영한 영친왕 저택 앞에서는 눈이 번쩍 뜨이고 가슴 한편이 아련해졌다. 건물의 입면을 살필 수 있는 도면과 층별 도면이 있었고, 중정, 응접실, 식당, 당구대가 놓인 빌리어드룸 등이 설명과 함께 소개되어 있었다. 사진 옆에는 '궁내청 궁내공문서관 소장'이라는 문구가 적혀 있었다.

저택의 처음으로 시간의 페이지를 되돌려보자. 메이지 천황을 도와 왕실을 일으킨 아홉 황족의 일원인 나시모토미야梨本宮 집안에서 태어난 장녀 마사코方子는 황후 후보로 물망에 올랐다가 돌연 조선 왕실과 결혼하도록 결정된다. 황족과 식민지 왕족의 결혼을 성사시키기 위해 궁내청은 종친법을 바꾸었다. 즉 황족 남자는 왕족과 결혼할 수 없으나, 황족 여자는 왕족 남자와 결혼할 수 있다는 조항을 만든 것이다. 나시모토미야 가문은 이 정략결혼을 받아들이는 조건으로, 딸 마사코가 조선에서 살지 않을 것이며 결코 도쿄를 떠나지 않을 것이라는 확답을 받았다. 그와 함께 아름다운 저택과 풍족한 삶을 살 수 있는 경제적 지원도 약속받게 된다. 목재 장식이 아름답고 첨탑과 아치가 있는 튜더 양식으로 지은 저택은 약속의 상징이었다. 왕실 저택을 숱하게 지은 내공의 소유자들이 설계와 시공에 참여했고, 궁내청 장인이 세공과 장식을 맡았다.

東京

두 사람의 삶은 아슬아슬하게 이어졌다. 1945년 8월 일제가 패망하고 황실의 지위가 격하되면서 그동안 일본의 보호를 받아오던 두 사람의 삶은 일본에서도, 한국에서도 잊혀진 존재가 되었다. 큰 충격을 받고 몸져누운 영친왕 이은과 달리, 마사코는 지갑에 돈을 챙겨서 시장을 보러 나가는 일이 그리 슬프지 않았던 듯 사람들과 직접 만나고 살림을 꾸리는 일에 빨리 적응했다. 이십여 년의 결혼생활 동안 겪은 내적 갈등이 오히려 정리되는 듯했다. 그러나 대저택을 운영하는 일은 조그마한 살림을 하는 일과 달랐다. 결국 아름다운 저택을 제값을 받지 못하고 넘길 수밖에 없었다. 성년이 된 세손 이구는 맥아더의 도움으로 미국으로 유학을 떠나 MIT에서 건축가로 성장한다.

1963년에 마사코는 건강이 악화된 영친왕과 서울로 돌아왔다. 창덕궁으로 들어오게 된 그들은 과거의 왕실이 존재하지 않는다는 것을 알게 되었다. 그녀는 마사코라는 이름을 버리고 이방자 여사라 불린다. 그후 이십여 년의 세월을 장애인 교육에 헌신해오다, 도쿄의 아름다운 저택에 다시 가보지 못한 채 1989년 4월 30일 창덕궁 낙선재에서 눈을 감았다.

프린스 호텔에 얽힌 또 다른 사연은 바로 마지막 왕세손인 이구의 죽음이다. 2008년 가을, 이구는 자신이 태어난 바로 그 집이 내려다보이는 프린스 호텔 신관 19층 객실에서 숨진 채 발견되었다. 이혼과 재혼, 사회 부적응과 파산 이후의 자살. 왕실 여인들이 모두 돌아가시고 싸늘하게 식어버린 창덕궁 낙선재에 이구를 위한 애도의 장소가 차려졌다. 조선의 마지막 빈청殯廳이었다.

"이런 곳이 있었구나!"
"사진 좀 봐. 인테리어가 엄청나. 왕실 저택답게 고풍스럽다."
"내부에 들어가보면 좋을 텐데……."
"호텔 공사 후에도 이 건물은 남아 있겠지?"
 언니들은 가림막 틈으로 아슬아슬 드러나는 저택의 실루엣을 조금이라도 더 자세히 보려고 다가갔다. 건물은 흐릿한 안개 속에서 어두운 그림자를 드리우고 있었다.

 조금씩 낮아지던 옛 호텔은 어느새 사라지고 완전히 다른 건물이 더 높이 올라서고 있다. 2016년 7월에 대대적인 개장을 앞둔 이 건물의 이름은 '프린스 갤러리'가 될 것이라고 한다. 쇼핑센터와 업무시설, 호텔과 문화시설이 함께 있는 복합공간이 될 터였다. 그 뒤에 튜더 양식의 고풍스런 저택이 있다. 저택은 옮기지도 사라지지도 않은 채로 여전히 사람들을 만나게 될 것이다. 결혼과 연회를 위한 장소로 새 단장한 저택의 이름은 '아카사카 프린스 클래식 하우스'가 될 거라고 한다. 긴 세월 속에서 여러 이름을 거친 이 저택에 붙여지는 새 이름치곤 깃털처럼 가볍다. 역사는 심연에 잠기고 그림자만 너울거리는 것 같다. 이 건물에 대한 설명은 국가 주요 인물 가족의 저택이었다는 문구가 전부다. 프린스의 인생이 모호한 한 문장으로 압축되어 있다.
 한동안 프린스 호텔의 인터넷 사이트에는 이 장소를 기억하는 고객들의 메시지와 육십 년간의 역사를 담은 영상이 계속 흘러나왔다.

東京

누군가의 기억들이 차곡차곡 모여서 공간을 채운 듯했다. 저택이 레스토랑이었을 때 맛보았던 음식 맛을 잊지 못하는 사연도, 엄마와 딸이 삼십 년의 시간 차를 두고 결혼식을 올렸던 연회장에 대한 기억도. 다시 가보고 싶다는 간곡한 메시지들이 흘렀다. 이 건물에 대한 일본 사람들의 기억이 우리의 기억과 다르다는 게 의아하기도 하고 놀랍기도 했다. 프린스의 기억이 사라진 자리를 새로운 기억이 채웠다. 그게 당연하다고 생각하면서도 마음이 쓸쓸해졌다.

아카사카 프린스 클래식 하우스
赤坂プリンス クラシックハウス
A. 東京都千代田区紀尾井町1-2
W. akasakaprince.com
2016년 7월 개관 예정

우에노 국립서양미술관
우에노 도쿄도미술관

비일상으로 부르는 목소리

 우에노 공원의 스타벅스 커피점은 관광객들로 북적였다. 너른 광장 주변으로 짙은 초목 사이에 불쑥불쑥 건물들이 솟아나 있다. 도쿄도미술관, 국립서양미술관, 도쿄국립박물관, 국립과학박물관, 도쿄문화회관, 국제어린이도서관, 그리고 도쿄예술대학의 캠퍼스와 미술관까지 한데 모여 있어서 문화의 섬 같다.
 제이를 만나러 기치조지로 가는 헬렌과 헤어진 손짱과 나는 국립서양미술관으로 향했다. 히라노 게이치로의 전시회를 보러 가는 길이다. 홈페이지에 올라온 작품 리스트에는 덴마크 화가 빌헬름 함메르쇠이의 그림이 들어 있어 더욱 기대가 되었다. 전시의 세부 주제 내용은 '환시', '망상', '죽음', '에로티시즘', '저편의 눈빛', '비일상의

東京

우에노 공원의 고풍스런 스타벅스.
일본 근대 음악의 발상지인 옛 동경음악학원 소가쿠도.
일본에서 가장 오래된 박물관인 도쿄국립박물관.

잉태' 등이었다. 단어들이 다소 무겁다. 히라노의 소설을 읽은 후에 밀려오는 묵직한 여운도 이런 단어들과 무관하지 않다. 이 전시회는 그림으로 각 장을 구성한 히라노 게이치로의 소설이라고 해도 좋다.

히라노 게이치로는 교토대 법학과 재학 시절 『일식』이라는 소설을 써서 아쿠타카와상을 수상했다. 다작을 하는 작가는 아니지만, 발표하는 작품마다 독창적인 주제를 보여준다. 패셔너블하면서도 탐미적인 취향을 가졌고, SNS를 통해서 사회적 발언도 활발하게 하고 있다. 히라노의 그림 취향은 과연 어떨까?

국립서양미술관이 우에노 공원의 동편에 있다면 서편에는 도쿄도미술관이 있다. '발튀스Balthus'라는 화가의 회고전이 세계 최초로 열린다는 문구가 우에노 전역에 요란하게 붙어 있다. 발튀스 하면 고양이가 자동 연상된다. 날카로운 선으로 자화상을 그리고 '고양이의 왕'이라고 이름 붙인 작품이 있기 때문이다. 잠든 고양이, 웃는 고양이, 응시하는 고양이들. 그러나 발튀스를 떠올리면 소녀 그림이 먼저다. 열한두 살 정도 된 몸은 아직 미성숙하지만 눈빛만큼은 세상을 꿰뚫는 듯한 소녀들의 묘한 기운은 신비로움이 가득하다. 날것 같은 생생한 아름다움 때문에 나는 그의 작품을 좋아한다.

두 미술관의 중간 지점에 걸음을 멈췄다. 히라노 게이치로인가, 발튀스인가! 잠시 머뭇거리다가 원래의 목적지를 향해 걷는다. 볕이 좋을 때는 국립서양미술관이 정답이다. 실내로 스며드는 은은한 빛, 그 밝음을 느끼며 그림을 보기엔 국립서양미술관이 단연 좋다. 그렇게 즐기도록 설계된 건물이니까. 해가 넘어갈 때라면 얼른 도쿄도미

우에노 도쿄도미술관.
신비롭고 미묘한 그림으로 각광받는 화가
발튀스의 대규모 회고전이 열렸다.

술관으로 갔을 것이다. 수장품 없이 대규모 전시만 이루어지는 도쿄도미술관은 전시에 몰입하도록 공간이 짜여 있다.

"히라노 게이치로의 강연도 잡혀 있던데, 날짜가 안 맞아서 너무 아쉽지 뭐야."

핸섬한 외모의 히라노 상과 함께 전시회를 둘러보고 그의 목소리로 해설을 들을 수 있다면 얼마나 좋을까? 우리는 동시에 아쉬운 한숨을 쉬었다. 다음 순간 피식, 웃었다. 알아듣지 못할 거면서 강연을 듣겠다니! 지금 기치조지를 여행 중인 헬렌으로 말하자면, 그녀는 외국 도시에 가면 무조건 영화를 본다. 언어를 이해하지 못해도 그 좋아하는 영화를 보고자 하는 마음을 이길 건 아무것도 없으니까. 미술관에 가는 손짱과 나도 그렇다. 그림을 보고 그림을 엮어주는 이야기를 더듬고 그림을 통해 작가가 하고 싶은 이야기를 듣는 것은, 꼭 내가 훤히 다 이해하는 언어가 아니어도 무방하다. 눈을 맞추고 귀를 기울인다면, 예술에서 흘러나오는 목소리가 내 몸 어딘가로 깊숙이 전달되기 때문이다.

국립서양미술관을 구경하는 일은 정원에 놓인 로댕 조각품에서부터 시작된다. 〈칼레의 시민〉과 〈생각하는 사람〉을 천천히 본다. 손짱은 〈칼레의 시민〉이 관람자의 눈높이보다 높은 곳에 있다고 의아해했고("작품의 의도에 맞지 않는 것 같아. 시민들 속에 파묻힐 수 있어야 하지 않을까?") 나는 귀하디귀한 로댕의 조각들이 외부 정원에 아무렇게나 놓여 있던 파리 로댕갤러리의 정원을 떠올렸다("그런데 여긴 왜 이

국립서양미술관 정원에 전시된 로댕의 〈칼레의 시민〉.
미술관에 입장하지 않아도 누구나 관람할 수 있다.

렇게 로댕이 많지?"). 이 미술관에는 로댕의 조각 작품만 열다섯 점이 소장되어 있는데, 모두 로댕의 오리지널 캐스트로 로댕의 청동작품 중에서도 최고의 것으로 꼽힌다고 한다. 멀리서 〈지옥문〉이 우리를 바라본다. 인물들의 격렬한 몸부림과 내면의 열정은 차가운 청동을 녹일 것만 같다.

르 코르뷔지에가 설계한 미술관은 묵직한 콘크리트 매스와 날렵한 기둥들이 긴장감을 준다. 1959년에 개관했다고는 믿기 어려울 정도로 실내가 정교하게 짜여 있다. 넓은 방처럼 한눈에 파악되는 공간이 아니라 높고 낮으며 어딘가로 끊임없이 이어진 골목 같은 구조다. 어느 전시실이나 빛으로 은은하게 물들어 있다. 전시 동선을 따라가면 두어 점의 중세 그림과 이탈리아, 네덜란드, 스페인의 16, 17세기 그림들이 관람객을 맞는다. 발랄하고 귀족적인 로코코와 담담한 일상을 노래하는 사실주의, 빛나는 태양을 찬양하는 인상주의, 그리고 20세기의 다양한 사조들이 이어서 등장한다. 유럽 회화사를 훑을 수 있을 정도로 골고루 작품을 갖추고 있다.

여성들의 초상화가 특히 아름다웠다. 장 마크 나티에의 귀부인과 클로드 모네의 배를 타고 노를 젓는 여인들, 그리고 후지타 쓰구하루의 금빛 찬란한 드레스를 입은 여인의 초상이 눈에 띄었다. 이 여인들은 어떤 연유로 화가의 모델이 되었을까? 약간의 망설임조차 없이 그림 속으로 뛰어든 그녀들. 붓으로 표현된 육체는 아무런 실체가 없으면서도 영원불멸하다. 예술이란 그런 것일까?

국립서양미술관이 개관하기까지 흥미진진한 이야기가 있다. 이 미술관의 모태가 된 것은 기업가 마쓰카타 고지로松方幸次郎가 제1차 세계대전 전후로 수집한 서양미술 컬렉션이다. 마쓰카타 고지로는 메이지 정부의 총리대신인 마쓰카타 마사요시의 셋째 아들이며, 예일대 법과를 수학한 예술 애호가였다. 그는 가와사키 신문사, 가와사키 가스회사를 거쳐 가와사키 조선소와 가와사키 중공업의 사장으로 취임하며 승승장구했고, 제1차 세계대전 이후의 경제호황기에 큰 부를 축적했다.

마쓰카타 고지로에겐 미술관을 설립하겠다는 큰 꿈이 있었다. 영국과 프랑스를 두루 다니며 화가들과 친분을 쌓으면서 예술작품 수집에 나섰다. 프랑스에 살던 조카 구로키 부부를 통해 클로드 모네의 작품을 구입하게 된 이야기는 과장이 섞인 듯도 하지만 흥미진진하다. 지베르니에 있는 모네의 아틀리에를 방문한 마쓰카타에게 모네는 원하는 그림은 모두 팔겠다고 했고, 그 자리에서 열여덟 점의 작품이 고지로의 손으로 옮겨 오게 되었던 것이다. 모네는 에도 시대의 채색판화인 우키요에 수집에 열을 올리고 있었는데 이 또한 마쓰카타와 맞닿은 점이기도 하다. 그는 유럽으로 방출된 우키요에를 다시 사들였는데, 총 8천여 점에 달한다. 총 1조엔에 가까운 거금이 작품 수집에 투입되었다.

영국과 프랑스에 나뉘어 보관되던 작품들은 관세 문제와 불안한 일본 정세 등으로 일시에 옮겨 오기 어려운 상황에 처했다. 미술관의 꿈도 미뤄졌다. 상황은 계속 악화되었다. 전 세계가 공황에 휩싸이고 가와사키 조선소가 파산한다. 마쓰카타는 회사를 살리기 위해 일부 소장품들을 처분할 수밖에 없었다. 이 작품들은 일본 내 유수의 수집가들에게로 흩어졌다. 곧이어 제2차 세계대전 발발. 전란에 휩싸이면서 런던의 창고에 있던 3백여 점은 전쟁 중 화재로 소실되고 만다.

 마쓰카타의 수집품 중 온전히 남은 것은 프랑스 로댕갤러리에 보관 중이던 4백여 점의 작품뿐이었다. 모네를 비롯해 쿠르베, 세잔, 고흐 등 프랑스 근현대 회화를 망라한 이 컬렉션은 제2차 세계대전 후 전범국의 자산으로 압류되었고, 1951년 샌프란시스코 조약에 의해 프랑스가 국고 환수했다. 후에 마쓰카타 개인의 재산임이 입증되면서 360여 점의 작품들이 일본으로 돌아올 수 있게 되었는데, 프랑스는 작품을 보내면서 국민들에게 공개해야 한다는 조항을 달았다. 프랑스와 일본의 친선의 의미를 담아 미술관이 추진되었고 건축은 르코르뷔지에가 맡았다. 1959년 국립서양미술관이 개관하면서 마쓰카타 컬렉션은 시민들에게 공개되었다.

 이윽고 히라노 게이치로. 특별전 〈비일상으로 부르는 목소리非日常からの呼び声〉는 지하 전시장에서 열리고 있었다. 그는 미묘하고 특별한 아우라를 뿜는 그림들을 선택했다. 미술관이 자랑할 만한 그림들이었다. 알브레히트 뒤러의 세밀한 펜 끝에서 완성된 기사騎士와 에드바르 뭉크의 거친 붓 아래 그려진 노동자와 귀스타브 모로의 몽환적인 여신이 함께 있었다. 탐미적인 그림과 종교화, 르네상스의 판화와 바로크의 검은 그림자가 소설가의 지휘에 따라 움직이고 있었다.

東京

히라노 게이치로가 큐레이팅한 〈비일상으로 부르는 목소리〉 전이
열리고 있는 국립서양미술관.
르 코르뷔지에가 설계한 건축물을 보러 오는 관광객들도 많다.

어떤 전시회건 클라이막스의 위치에 가장 중요한 작품이 놓이는데, 이 전시회에서는 빌헬름 함메르쇠이의 〈피아노를 치는 이다가 있는 실내〉(1910년)가 그 위치에 있었다. 평생 실내에 갇혀 살다시피 하며 회색 톤의 그림을 그린 함메르쇠이. 그의 붓질, 그 회색 톤의 질감을 눈으로 확인하고 싶었다. 그림은 전체적으로 엷은 빛으로 반짝거렸다. 고요하고 나른한 오후, 햇살이 살짝 기울어가는 시간, 북유럽의 흐릿한 빛이 커튼을 통과하며 피아노 앞에 앉은 아내의 뒷모습에 긴 그림자를 남긴다. 꾸밈없이 소박한 이다의 뒷모습을 못 견디게 사랑스럽게 만드는 회색이었다.

짙은 메시지가 있는 그림과, 사조를 벗어나 고요히 스스로를 응시한 화가들의 작품과, 환상문학의 어딘가를 보는 것 같은 작품들이 섞여 있었다. 환시와 망상, 죽음, 저편의 시선…… 각 개념마다 히라노 상은 긴 글을 덧붙여놓았으나 정확한 해독은 어려웠다. 히라노 상의 글 대신 우리가 느낀 감정들과 우리가 만든 이야기들 속에 몇 점의 그림을 살며시 얹어두었다.

빌헬름 함메르쇠이, 〈피아노를 치는 이다가 있는 실내〉
캔버스에 유채, 76×61.6cm, 1910년.

언니들이
여행 전
체크하는
미술관·박물관

미쓰비시이치고칸 미술관

미쓰비시이치고칸 미술관은 도쿄에 올 때마다 반드시 들른다. 휘슬러와 워터하우스 같은 화가가 메인으로 소개되는 영국 탐미주의 전시나 펠릭스 발로통의 회고전 등 전시도 흥미롭지만, 붉은 벽돌 건물 뒤 정원

광장의 카페 테라스에서 잠시 쉬어가기에도 좋기 때문이다. 전시관 바깥을 감상하기 좋은 3층 복도에 의자를 두어 쉬어갈 수 있도록 배려한 점, 전시회에서 영감을 얻은 특별한 디저트를 카페에서 맛볼 수 있는 점 등을 보면 도쿄는 예술의 경험이 체화되어 생활의 일부로 스며들어 있다는 생각이 든다.

건물의 연혁을 살펴보면, 그 이름처럼 미쓰비시 상회의 1호점으로 1894년에 지어진 것이며, 마루노우치에 최초로 설립된 서양식 사무실 건물이다. 영국인 건축가 조시아 콘더의 손길이 닿아 있으며 당시 영국에서 유행한 건축 스타일을 따랐다. 건물은 1968년에 해체되었다가 옛 모습 그대로 2010년에 새로 지어져 미술관으로 개관했다. 개관 당시의 건축도면과 자료들을 전시하고 있는 아카이브관과 우아한 디자인 제품들을 선보이는 아트숍에서 이 미술관의 특징을 살필 수 있다.

미쓰비시이치고칸 미술관 三菱一号館美術館
Mitsubishi Ichigokan Museum
A. 東京都千代田区丸の内2-6-2
W. mimt.jp
T. 03-5405-8686
Open. 10:00~18:00(매주 월요일 휴관)
입장료는 전시마다 다르다.

도쿄도미술관

1926년에 개관한 일본 최초의 공립미술관. 세계적인 명화를 보여주는 특별기획전 외에도 신진 작가들의 창작활동을 장려하기 위한 공모전, 그룹전 등도 정기적으로 개최한다. 낙후된 시설을 보수하고 리뉴얼하기 위해 이 년간 휴관한 뒤 2012년에 다시 문을 열었다. 그해 재오픈 기념으로 열린 '마우리츠하위스 미술관전: 네덜란드, 플랑드르 회화의 보배'에서는 베르메르의 〈진주귀고리 소녀〉가 전시되어 75만 8천 명이 다녀가

는 기록을 세웠다. '발튀스전', '우피치 미술관전', '마르모탕 모네 미술관전' 등을 개최했다. 2016년 10월에는 '고흐와 고갱전'이 예정되어 있으니, 일본인들의 인상주의 사랑은 우리의 상상을 훨씬 넘어서는 듯하다.

도쿄도미술관은 약칭해 '토비칸'이라 불리기도 한다.

도쿄도미술관 東京都美術館
Tokyo Metropolitan
Art Museum
A. 東京都台東区上野公園8-36
W. www.tobikan.jp
T. 03-3823-6921
Open. 9:30~20:00,
　　특별전시 기간 중 금요일 9:30~20:00
　　(매월 제1, 제3 일요일, 축일,
　　12월 21일~1월 3일 휴관)
입장료는 전시마다 다르다.

국립서양미술관

1959년에 마쓰카타 컬렉션을 기반으로 우에노 공원 안에 세워진 미술관. 르 코르뷔지에가 설계한 본관은 2006년 중요문화재로 지정되었다. 마쓰카타 컬렉션의 근간을 이루는 19~20세기 서양 회화와 조각에 르네상스부터 20세기 초까지의 서양 미술품

이 더해진 상설전시관에서는 서양 미술의 역사를 한눈에 개괄할 수 있다. 역시 모네의

〈수련〉을 비롯해 인상주의 회화가 풍부하다. 클로드 로랭의 〈춤추는 사티로스와 님프가 있는 풍경〉, 귀스타브 쿠르베의 〈잠자는 나부〉, 반 고흐의 〈장미〉, 피에르 퓌비 드 샤반의 〈가난한 어부〉 등이 있다.

미술관의 정원에는 로댕의 〈지옥문〉, 〈칼레의 시민〉, 〈생각하는 사람〉, 부르델의 〈활 쏘는 헤라클레스〉 등이 전시되어 있어 꼭 미술관 안으로 들어가지 않더라도 자유롭게 감상할 수 있다.

국립서양미술관 国立西洋美術館
The National Museum of Western Art
A. 東京都台東区上野公園7-7
W. www.nmwa.go.jp
T. 03-3828-5131
Open. 9:30~17:30,
　　　매주 금요일 9:30~20:00
　　　(매주 월요일 휴관)
일반 430엔, 대학생 130엔

모리 미술관

롯폰기힐즈 모리타워 53층에 위치한 미술관. 하늘 높이 있는 만큼 천국에 가장 가까운 미술관이라 불린다. 뉴욕 휘트니 미술관, 베를린 구겐하임 미술관 등을 설계한 리처드 글럭먼(Richard Gluckman)의 설계로 2003년 10월에 개관했다. 모리 미술관은 특히 아시아와 일본의 현대미술에 주안점을 두면서 세계 미술의 맥락을 짚어가는 곳으로, 현대미술에 관심이 있다면 모리 미술관의 기획전에 주목해볼 일이다. 리뉴얼을 마치고 재개관한 2015년에는 한국의 서도호와 미얀마의

포포(Po Po) 합동 전시가 열렸다. 2천 평 규모의 방대한 타원형 전시실을 자유자재로 바꾸며 공간을 연출하는 미술 전시도 볼 만하지만 52층의 '도쿄 시티뷰' 전망대에서 내려다보는 도쿄 시내의 전경도 압도적이다. 모리타워 앞에는 루이스 부르주아의 거대한 거미 조각 작품 〈마망〉이 설치되어 있다.

모리 미술관 森美術館
Mori Art Museum
A. 東京都港区六本木6-10-1
六本木ヒルズ森タワー 53F
W. mori.art.museum
T. 03-5777-8600
개관시간과 입장료는 매 전시마다 조금씩 다르므로, 홈페이지에서 확인할 것.

브리지스톤 미술관

세계적인 타이어 제조회사인 브리지스톤의 창업자 이시바시 쇼지로가 수집한 미술품을 공개하기 위해 1952년에 설립한 미술

관. 인상주의 회화를 알차게 보고 싶다면 최우선으로 꼽는 미술관이다. 이시바시는 요절한 천재화가 아오키 시게루의 〈바다의 풍요〉를 비롯해 일본 근대 회화를 수집했고, 제2차 세계대전 이후에는 서양의 근대 회화를 본격적으로 수집했다. 마네, 모네, 르누아르, 카유보트, 세잔 등 인상주의와 신인상주의 컬렉션이 훌륭하며, 마티스, 피카소, 폴락 등 20세기 서양 회화도 폭넓게 소장하고 있다. 고흐의 〈몽마르트의 풍차〉, 세잔의 〈생트 빅투아르 산과 샤토 누아르〉, 후지시마 다케지의 〈검은 부채〉 등이 소장되어 있다.

2015년 5월부터 새로운 건물을 짓기 위해 장기 휴관에 들어갔다. 2019년 7월 재개관 예정. 그전에는 여러 미술관에 작품을 대여해 전시한다.

브리지스톤 미술관 ブリヂストン美術館
Bridgestone Museum of Art
A. 東京都中央区京橋1-10-1
W. bridgestone-museum.gr.jp
T. 03-5777-8600

도쿄도정원미술관

계절별로 꽃과 나무가 가득한 정원과 아르데코 양식의 귀족 저택을 한꺼번에 볼 수 있는 미술관. 1933년에 지어진 아사카노미

야 저택은 겉은 단순해 보이지만 내부는 품격이 느껴지는 공간이 펼쳐진다. 벽지와 조명, 가구는 아르데코 예술가인 앙리 라팽과 르네 랄리크의 디자인으로 간결하면서도 풍부하게 꾸며졌다. 2014년 신관을 열면서 리뉴얼 오픈했다. 공예와 패션 등의 분야에서 섬세하게 선택된 예술가들이 공간과 어우러진 전시를 연다.

도쿄도정원미술관 東京都庭園美術館
Tokyo Metropolitan
Teien Art Museum
A. 東京都港区白金台5-21-9
W. www.teien-art-museum.ne.jp
T. 03-3443-0201
Open. 10:00~18:00(제2, 제4 수요일 휴관)
일반 100엔, 대학생 80엔

실패해도 괜찮아, 인간이니까

다카다노바바 와세다 대학교
연극박물관

　노리코는 언니들의 친구 중 가장 멀리 있는 사람일 것이다. 시차가 아홉 시간이나 나는 런던에 살고 있으니까. 네덜란드의 리즈도, 도쿄의 제이도, 상트페테르부르크에 사는 서정도 먼 곳에서 언니들과 인연을 맺고 있다. 일 년에 고작 한두 번 만날 뿐이지만, 공감과 동심원은 제법 울림이 크다. 급격히 달아오르지 않지만 한걸음 떨어진 곳에서 오랫동안 응시하는 사이, 가끔 그 누구와도 나누지 못하는 정담을 들려주는 사이, 그런 사이도 참 좋다. 인간관계는 규정지을 수 없는 경우가 더 많다.
　노리코가 있어 언니들의 동심원이 조금 더 넓어졌다. 교토 출신이라 도쿄는 전혀 모른다는 노리코는 일본을 떠나 미국과 영국에서 생활한 지가 꽤 오래되었다. 연말연시에 가족들을 방문하는 것 외에는 일본에서 생활하지 않는다고 하니, 도쿄도 교토도 이미 그녀에겐 낯선 곳이 되었을지 모른다. 노리코가 와세다 대학교에 연구교수로 와 있다니 참 좋은 우연이다. 그녀는 외국 학생들이 일본어를 어떻게 습득하는지를 관찰 연구하는 프로젝트를 수행하는 중이다. 노리코를 보면, 고요히 문헌 연구에만 매달릴 것 같은데 실제 그녀가 하는 일들은 만나고 말하고 관찰하며, 무분별하고 무방비적인 상황에서 어떤 해답을 찾아내는 일이었다. 연구, 공부, 수업 외엔 스케줄이 없는 노리코가 유별하게 시간을 비워두는 일은 언니들을 만날 때다.

つまづいたっていいじゃないか。にんげんだもの。
실패했다고 해도 괜찮아. 인간이니까.
―아이다 미츠오

몇 해 전 여름, 노리코는 언니들에게 아이다 미츠오相田みつを의 시를 가르쳐주었다. 하이쿠처럼 짧지만 마음을 다독이는 독백 같은 시였다. "한국어로 일본어를 가르치는 건 처음이에요." 여름마다 서울을 찾아와 한국어를 배운 지 몇 해가 되었지만 아직 서투르다며 걱정스런 표정을 지었다. 그러나 정작 수업시간이 되자 예의 가르치는 사람 특유의 태도로 자유자재로 수업을 이끌었다. 언니들은 "にんげんだもの、にんげんだもの(인간이니까, 인간이니까)"라고 따라 읊었다. 인간이니까, 라며 안도하거나 위로할 수 있는 일들이 얼마나 많은가. 누군

가를 아프게 하거나 내가 아팠을 때, 기대나 바람대로 되지 않아서 후회가 될 때, 삶이 불공평하다고 느낄 때, 나 자신에게 혐오감을 느낄 때…… 때론 배가 고플 때, 그래, 우린 인간이니까.

일본어로 된 시에서 공감할 수 있는 감정을 느낀다. 어째서 사람의 감정은 이렇게 비슷할까? 사랑도 고통도 비겁함에 대한 속죄도. 시는 국경을 초월한다. 쉼보르스카와 윤동주를 읽고, 엘리엇과 휘트먼을 읽고, 두보와 이백을 읽는다. 겸허함과 엄정함, 아름다움과 눈물겨움으로 읽다가, 현실을 훌쩍 뛰어넘은 어떤 경지를 맛본다. 노리코도 한국어로 시를 읽을까? 그녀에게 한국어는 어떤 감성을 가진 언어일까? 그러고 보니 그녀에게 한국 시인 중 누구를 가장 좋아하는지 물어보지 못했다.

아이다 미츠오는 서예가이기도 해서 멋들어진 필체로 쓴 시가 책으로 묶여 전한다. 시인의 필체를 직접 대하면서 시를 읽는 것은 시 속으로 깊숙이 들어가는 느낌을 주었다. 도쿄포럼 지하에 아이다 미츠오의 전시관이 있다고 하는데, 단언컨대 노리코도 우리들과 마찬가지로 그 사실을 전혀 몰랐을 것이다.

교토 출신이라 도쿄를 전혀 모른다는 이야기는 인사치레인 줄 알았다. 그러나 정말로 와세다 대학교 바깥으로는 지리를 잘 모르는 것 같았다. 일본인에게 도쿄를 관광시켜주어야 할 상황이 될 줄은 전혀 예상하지 못했지만 그것도 꽤 재미있을 듯했다. 노리코라면, 언니들의 여행에 좋은 동행자가 되어줄 것이다.

오쿠마 기념관 앞에 노리코가 서 있는 것이 보였다. 혼고산초메 역 앞에서 헬렌을 만난 것만큼 반가웠다. 우선 오쿠마 기념관 근처에 대학 기념품과 간단한 음식을 파는 카페로 들어갔다. 와세다 캠퍼스를 구경시켜주겠다고 한 건 노리코였지만, 논문 쓰랴 학생 상담 하랴 대학 내 숙소와 연구동만 여태 오갔을 게 불을 보듯 뻔했다. 우리 모두 밀림에 처음 들어온 초보 탐험가처럼 캠퍼스에 첫발을 내디딘 것이다. 와세다는 특이하게도 학교를 둘러싼 담이 없다. 도로와 학교가 곧장 연결되어 있어 시민들이 자유롭게 통과하고 드나든다. 상아탑 같은 느낌 없이, 학문이라는 허세도 없이, 무척 자유롭다.

"와세다 대학교 맥주가 유명한데, 기념으로 한 병?"

손짱이 와세다에 오면 당연히 맥주지 하는 표정으로 돌아본다. 맥주를 좋아하는 헬렌이 맞짱구를 친다.

"아무렴, 맛은 봐야지."

"대학교에서 맥주를 만들어 판다고요?"

노리코가 깜짝 놀란 눈치다. 와세다 맥주는 대학 창립 125주년 기념으로 맥주회사와 콜라보레이션으로 만든 에일 맥주다. 일본이 맥주의 천국이긴 하지만 대학의 창립 기념을 맥주로 한다는 발상이 참신하다. 심지어 와세다 로고가 선명한 예쁜 골판지 패키지에 담아 포장해준다.

오쿠마 기념관은 창립자인 오쿠마 시게노부에게 헌정된 곳이다. 그의 이름에 쿠마가 들어가기 때문에 와세다의 마스코트는 곰(쿠마)이다. 가는 길마다 키 큰 나무들이 우리를 맞았다. 걷는 중에 '學食(학식)'이라고 적힌 안내판을 발견하고 한참 웃었다. 오랜만에 대학 캠퍼스에 오니 모든 것이 반갑고 애틋하다.

"여긴 학생식당 음식이 맛있대요."

손짱의 말에 노리코의 표정이 밝아진다.

"아, 그래요? 이제 편의점 말고 학생식당에서 먹을게요."

이제 막 피기 시작한 것인지 지기 시작한 것이지 알 수 없는 동백꽃이 여기저기서 우리를 맞았다. 핑크색, 진홍색, 하얀색 동백꽃이 새초롬히 얼굴을 내민다. 모두가 만개하면 그야말로 장관일 듯했다. 발걸음은 어느덧 가로수길 저 끝에 서 있는 고풍스런 건물에 닿았다. 예상대로 쓰보우치 연극박물관이다. 일요일이라 박물관을 찾은 이는 우리밖에 없다. 대학박물관인데도 일요일에 개방하다니 무척 다행이다. 튤립 모양의 예스런 전등에서 새어나오는 오렌지색 불빛이 하얀 벽과 짙은 갈색의 마호가니 나무 바닥에 부딪히며 착 가라앉는 묵직한 분위기를 자아낸다. 연극박물관 입구에는 여러 언어로 소개된 팸플릿이 놓여 있는데 한국어도 있어서 반가운 마음에 하나 챙겨 넣었다. 박물관 정면에 새겨진 문구 "Totus Mundus Agit Histrionem"이 "이 세상은 모두 무대"라는 셰익스피어 연극 대사의 라틴어라는 걸 팸플릿을 통해 알게 됐다.

쓰보우치 쇼요坪內逍遙는 일본 근대문학의 태동을 이끈 문예평론가다. 와세다 대학교 문학부 설립자이기도 한 그는 말년에 셰익스피어 번역에 몰두했다. 쓰보우치 연극박물관은 『셰익스피어 전집』 40권

東京   163

와세다 대학교 쓰보우치 연극박물관.
무라카미 하루키가 살다시피 하며 극본을 읽던 곳이다.

연극박물관에 전시된 셰익스피어 초상화.

완역 출판을 기념해서 설립되었으며, 16세기 영국의 포춘 극장을 모델로 했다. 건물 정면에 지붕이 있는 돌출 부분이 무대이고, 그 앞의 광장이 일반 관객석, 현재 셰익스피어 전시실이 있는 건물의 양 날개가 귀빈석이다. 팔십여 년 동안 연극 공연이 펼쳐졌으니 극장 자체가 하나의 역사다. 내부를 둘러보니, 셰익스피어 전시실과 일본 연극사 자료실이 있다. 연극 관련 도서가 3천5백 권, 가부키 포스터가 6천 장, 연극 그림 3만 장 등 백만 점에 달하는 수집품이 소장되어 있다. 대학에서 문예운동을 이끌어왔다는 말은 과장이 아니었다.

"무라카미 하루키가 바로 와세다 대학교 연극과 출신이잖아."

실제로 하루키는 이 연극박물관에 살다시피 하면서 소장본인 극본을 닥치는 대로 읽었다고 한다.

"『해변의 카프카』에 등장하는 고풍스런 고무라 도서관이 이 박물관을 모델로 했다던데?"

역시 와세다에 오니, 하루키 얘기가 빠질 수 없다.

와세다 대학교를 벗어나 전철역으로 걸음을 옮기는데 헌책방들이 눈에 띈다.

"여긴 헌책방이 아주 많아요. 거기라면 소개해줄 수 있어요."

노리코가 자신 있게 길을 나선다. 작지만 오목조목 재밌게 구성된 서가가 눈에 들어온다. 행사도 많은 듯 안내판이 빼곡하다. 따뜻한 노란색 불빛이 새어 나오는 헌책방 르네상스의 유리창 너머 책을 들고 생각에 잠긴 이들의 옆모습이 오랫동안 발걸음을 붙잡았다.

2002년에 문을 연 헌책방 르네상스.

와세다 대학교는 주변의 헌책방도 유명하지만 대학 17호관 지하에 위치한 생협북센터도 꽤 유명하다. 누군가는 대학 내 서점에서 이렇게 책이 많이 팔리고 있다는 것이 부러울 정도라고 했다. 학생들 스스로가 책 읽기 열풍에 한몫한다. 와세다미스터리클럽, 독서추진서클인 '북포털book portal' 등 책모임에서 추천한 책들이 서점 한쪽을 차지한다.

헌책방 르네상스 서가에 아이다 미츠오의 책도 있을까? 노리코가 중요한 걸 가르쳐주었다. 그녀로부터 처음 배운 말, '인간이니까'. 태어나 처음 발화한 말이 어김없이 엄마, 아빠였다면, 어른이 되어 배운 첫 문장은 우리가 살아온 인생과 닮아 있지 않을까?

책을 펼치면 잘 읽지 못하는 글자들이 자꾸 말을 걸어온다. '인간이니까' '사랑하고 있어요' '조금씩 조금씩' '나이 들고 퉁퉁한 암고양이' 같은 말들. 노리코가, 미나 센세가, 하루키 씨가 가르쳐준 말들. 일본어는 말랑말랑하고 물기 많은 초록 이파리 같다. 일본어, 좀 더 배워볼까?

도쿄에서 영화 보기

매주 수요일은 레이디스데이

여행을 왔는데도 출근하던 버릇대로 이른 아침에 잠에서 깼다. 호메이칸의 널찍하고 두툼한 이부자리 위에서 이리 뒹굴 저리 뒹굴 하며 오늘의 동선을 짜는데, 공간 지각력이 떨어지는 머리도 함께 굴리느라 애를 먹었다. 그런데 마침 일본어 번역가인 K가 진보초에 볼 일을 보러 나온다지 않는가. 일단 그녀를 간다 스타벅스에서 만나기로 했다. K를 만나면 진보초의 서점을 둘러볼 생각이었으나 K는 자신이 사는 동네에 새로 생긴 쇼핑몰에 요즘 뜨고 있는 매장들이 즐비한데다가 멀티플렉스인 도호 시네마즈도 있다고 자랑하는 거였다. 게다가 매주 수요일은 레이디스데이라 여성의 관람료가 천 엔이라는 사실을 알려주는 순간 내 마음의 갈 곳은 이미 정해졌다.

K가 사는 곳은 지바 현으로 도쿄 시내에서 수도권 신도시철도 쓰쿠바 익스프레스센을 타면 사십여 분 만에 도착한다. 우리가 갈 곳은 그녀의 집에서 한 정거장 떨어진 나가레야마오타카노모리ながれやまおおたかのもり 역. 이 외우기도 벅찬 역의 이름을 풀이해보면 '늘어선 산의 참매 숲 역'이다. 나가레야마오타카노모리 쇼핑센터의 도호 시네마즈는 오픈한 지 얼마 되지 않아서인지, 온통 반짝반짝 빛났다. 극장 내부 시설은 메가박스나 CGV와 비슷한 분위기다. 팝콘과 콜라를 한 손에 들 수 있도록 담아주는 팝콘 트레이가 몹시 탐났다. 극

장에서 팝콘과 콜라를 사면 극장표를 들고 갈 손이 부족해 입장할 때 엄청 불편하지 않던가. 그렇다고 티켓을 입에 물고 입장할 수도 없는 노릇. 그런데 이 트레이가 있으니 단번에 문제가 해결된다.

우리가 본 영화는 〈캡틴 아메리카〉였다. 일본에 와서도 미국 할리우드 영화라니! 일본 영화를 보고 싶었지만 시간대가 맞아떨어지는 영화가 그것밖에 없었다. 영어로 나오는 대사 들으랴 자막에 뿌려지는 일본어 대사 읽으랴 영화 보는 내내 정신 못 차리는 순간의 연속이었지만 블록버스터 영화를 어디 한두 번 봤나? 척하면 착! 알아듣는 재주가 있어서 영화 줄거리를 따라가는 데는 별 문제가 없었다. 마블 코믹스에 등장하는 슈퍼히어로가 주인공으로 나오는 영화는 재미없게 만들기가 오히려 힘들다는 게 나의 촌철살인 영화평.

쇼핑센터를 둘러보니 로프트Loft 매장과 이토요 식품관에서 사고 싶은 것이 꽤 많았다. 식품관은 무사히 빠져나왔는데 로프트 매장에서는 그게 잘 안 됐다. 새로운 필기구나 노트를 보면 왜 그리 사고 싶은지. 여행가방 부피를 늘리기 싫어 만지작거리다 슬그머니 내려놓은 12색 젤리 펜 세트를 K는 선물이라며 기어코 사서 내 손에 쥐어주었다. 역시 난 착하고 좋은 사람만 사귀는 재주가 있다!

수다 뒤엔 영화 한 편!

매년 일본 젊은이들이 살고 싶어 하는 동네 1위를 놓치지 않는 기치조지. 일본어를 공부하러 도쿄에 왔다가 지금의 일본인 남편을 만난 후배 제이가 기치조지에서 가까운 미타카에 살고 있다고 해서 일단 기치조지에서 만나기로 했다.

　미타카! 와세다 대학교에 입학한 무라카미 하루키가 신주쿠의 와케이주쿠(와세다 대학교 남자기숙사)에 살다가 '행실불량'으로 반 년 만에 퇴소해 이사 간 곳이 바로 미타카다. 하루키가 그곳의 한 아파트에서 이 년 동안 살다가 같은 대학교에 다니는 스물두 살 동갑내기 여학생 다카하시 요코와 결혼하면서 분쿄 구의 센고쿠로 이사 간 것이 1971년. 센고쿠는 우리가 머물고 있는 숙소인 호메이칸에서 두 정거장 더 가면 된다. 하루키와 나의 동선이 사십여 년의 시차를 두고 이렇게 엇갈릴 줄이야.

　미타카의 이모저모를 검색하는 과정에서 다자이 오사무가 살았던 곳이라는 사실도 알게 되었다. 하지만 그가 살던 집을 검색하기는 쉽지 않을 듯했다. 스물한 살에 처음 자살 기도를 해 그 뒤로도 여러 번의 자살 시도를 거쳐, 마침내 서른아홉 살의 다자이 오사무가 투신 자살한 장소가 미타카의 다마 강 수원지이고, 그의 무덤이 있는 곳은 미타카의 젠린지禪林寺라고 한다.

　제이가 알려준 대로 오차노미즈 역에서 주오센으로 환승한 지 이십 분 만에 도호기치조지 역에 도착했다. 완행을 탔다면 한 시간 정도 걸렸을 것이다. 제이와는 이노카시라 공원을 먼저 둘러보기로 했다. 제이는 입을 꼭 다물고 새초롬히 있으면 절대로 먼저 말을 걸어올 것 같지 않지만 책과 영화가 화제에 오르면 사람이 달라진다. 좀 전의 그 여인은 어디로 갔는가 싶게 대화를 주도하는 인물로 탈바꿈해서 끊임없이 이야기를 이어간다. 우리가 이야기를 나누는 광경을 다른 이가 본다면 말이 땅에 떨어져 흙이라도 묻을까 걱정하는 사람들 같다고 할지도 모르겠다.

아무튼 겨우 몇 달 만에 다시 만난 것인데도 어찌나 할 이야기가 많던지! 제이가 자주 가는 베트남 식당에서 점심식사를 했으나 뭘 먹었는지 모르겠고, 홍차를 좋아하는 유짱에게 선물하려고 카렐 차펙 매장에 들렀던 것 같은데 손에는 아무것도 들려 있지 않았다. 어쨌든 영화와 책을 좋아하는 우리는 그날도 영화를 한 편 보기로 의기투합, 기치조지 오데온 극장에서 벤 스틸러 주연의 〈월터의 상상은 현실이 된다〉를 봤다. 기치조지의 오데온 극장은 1954년에 처음 간판을 건 유서 깊은 영화관이다. 여전히 자유석 제도를 유지하고 있기 때문에 옛날 영화관의 흥취를 느낄 수 있다.

"나는 영화관에서 나올 때마다 뒤돌아보지 말라는 명령을 어겨 소금기둥이 된 롯의 아내가 떠올라."

"뒤돌아보면 후회한다는 헬렌의 지론이 그런 무의식에서 나왔나봐요." 어쩜, 제이가 깔끔하게 결론을 내려준다.

영화를 본 다음 시모기타자와를 한 바퀴 돌았다. 〈월터의 상상은 현실이 된다〉의 원작인 제임스 서버의 소설 내용과 영화의 차이점을 비교하느라 그날의 시모기타자와는 거의 기억나지 않는다. 칼디^{Kaldi} 매장에서 고급 원두커피를 착한 가격에 살 수 있었던 것이 그나마 다행이었다. 커피 열매를 처음으로 발견했다고 알려진 에티오피아의 목동 칼디에게 감사를!

긴자의 실론 홍차점

　도쿄는 홍차의 도시다. 커피 맛도 좋지만 홍차는 더욱 맛있다. 한때 홍차를 좀 즐기려면 도쿄에 와야 했던 시절이 있었다. 국내에 홍차가 다양하게 유통되지 않을 때 홍차 마니아들은 기꺼이 도쿄 행 비행기에 올랐다. 갓 수확한 다즐링, 갖가지 맛과 향의 홍차와 녹차, 합리적인 가격의 우롱차와 꽃차, 계절을 알리는 한정품 차들을 풍족하게 즐길 수 있는 곳이 바로 일본이다. 홍차가 좋아 도쿄로 온 적이 여러 번이었고, 폭풍처럼 섭렵한 티룸과 티숍들도 제법 된다. 차에 대한 호기심에 눈을 반짝이며 다니던 기억이 지금도 생생하다.
　여행지에서 귀하게 가져온 차들로 내 일상이 얼마나 풍요로워졌는지. 차를 좋아하는 사람들, 차를 처음 접하는 사람들과 함께 은밀

하고 따스한 물기로 목을 적실 때 우리는 하나의 꿈속에 있는 것 같았다.

혼자 하는 홍차여행에서 가장 아쉬웠던 건 애프터눈티를 제대로 즐기지 못했던 일이다. 커다란 찻주전자에 가득 담긴 홍차와 3단 트레이에 예쁘게 담긴 디저트를 앞에 두고 오후의 여유를 즐기는 것 말이다. 언니들과 여행에서 가장 해보고 싶은 일 중 하나도 티타임의 꽃이라 불리는 '애프터눈티타임'이었다.

함께 차를 마신다는 것은 그 시간을 공유하는 것만이 아니다. 같은 향과 온기 속에서 혼곤하게 적셔진 느낌, 함께 목욕을 한 것 같은 감각적인 공감대가 생긴다. 홍차가 매혹적인 건 이런 관능성 때문이다. 게다가 차의 맛과 향은 섬세하게 더듬고 느껴야 그 차이를 변별해낼 수 있다. 적당한 격식과 지식이 있어야 차를 마시는 일도 즐거워진다. 차를 알고 배우는 과정은 취향을 알아가는 과정이기도 하다. 그러므로 단순하기보다 복잡하고 쉽다기보다 애써 노력해야 하는 일이다.

우리가 애프터눈티를 마시기로 낙점한 곳은 베노아 티룸이었다. 긴자 마쓰자카야 백화점 4층에 있는 티룸에는 쇼핑하다가 잠시 들른 중년의 여인들이 찻잔을 앞에 두고 담소를 나누고 있었다. 조명은 살짝 어두웠고, 음악은 은은했다. 티룸은 아주 세련되지도 아주 고풍스럽지도 않으며 적당히 편안했다. 떠도는 공기 중에도 차향이 따스하게 스며들어 있었다. 빈 테이블은 없었지만 테이블마다 혼자거나 둘

정도의 소규모 인원들만 있었다. 여유로운 한편 가벼운 수런거림이 기분 좋은 흥분감을 주었다. 언니들의 테이블은 넷이 꽉 찬 만석이었다.

도쿄는 해로즈, 포트넘앤드메이슨, 마리아주 프레르 등 유럽 홍차 브랜드의 티룸도 오래전부터 붐볐고, 루피시아라는 대중적인 홍차 가게도 자주 보인다. 다즐링 전문점도 있고 디저트가 홍차보다 더 유명한 곳도 있다. 그중에서 베노아 티룸은 적절한 격식을 갖추고 있고 홍차 리스트가 다양해서 선택하는 재미도 있었다. 기본에 충실한 맛을 보여주는 베노아 홍차를 언니들과 함께 나누고 싶었다.

오전 나절부터 긴자 거리를 구경하다가 이제야 겨우 쉴 틈을 찾은 데다 이십여 분을 기다려 자리에 앉은 터라 홍차로 목을 적시고픈 생각이 간절했다. 얼른 메뉴판을 받아 들고 첫 페이지부터 살펴보았다. 실론 홍차가 여럿 눈에 띄어 천천히 메뉴판을 읽어갔다. 실론 홍차는 스리랑카에서 생산된 홍차를 말한다(실론은 스리랑카의 옛 지명이다). 홍차 애호가들 사이에서 실론은 크게 인기 있는 메뉴가 아니다. 부드럽고 섬세한 맛의 우바나 누알라 엘리야, 딤불라 등 특별한 산지에서 출하된 다원차들이 특별히 거래되기는 하지만, 인도와 히말라야 사이의 고원지대에서 생산되는 다즐링의 특별한 맛에 비하면 특징이 덜한 것이 사실이다. 언니들은 실론 우바를 선택했다. 우바는 스리랑카 홍차 산지 중에서 고도가 높은 곳에서 생산되는데 부드럽고 우아한 홍차로 알려져 있다.

받침 위에 얌전히 놓인 도자기 찻잔이 고풍스럽다. 스테인리스 주

東京

전자에 따끈하게 우러난 차가 담겨 나왔고, 반짝이는 3단 트레이에 스콘(베노아 티룸의 자랑거리다), 몇 가지 달콤한 과자, 과일이 골고루 담겨 나오자 작은 환호가 일었다. 스콘과 클로티드 크림이 나오는 크림티 세트, 그리고 로열 밀크티 등 언니들이 선택한 메뉴들이 테이블을 가득 채웠다.

"우바 맛 좀 볼까?"

발그레한 찻물이 기분 좋은 소용돌이를 만들고 있었다. 맑은 버건디 컬러의 딱 예쁜 홍차색이다. 커피처럼 탁하지 않고 우유처럼 점도가 높지 않으며 가볍게 입술을 적시고 목을 타고 내려가 온몸으로 퍼져 나가는 그것이었다. 우바는 확실히 부드러웠다. 실론 홍차에서는 특유의 날카로움을 느끼곤 하는데, 가볍고 산뜻하게 넘어간다. 베노아라서 맛있는지, 언니들과 함께여서 맛있는지 확신할 수 없지만, 이런 실론이라면 매일 아침 마셔도 좋겠다.

우리는 우아한 손짓으로 찻잔을 집어 들었다. 홍차는 지친 여행자들의 눈빛을 회복시켜주었다.

"따뜻하고 맛있어!"

"우리 넷이서 애프터눈티타임, 처음이지?"

우리는 대체로 일상에서 왕성한 대화의 촉매제로 차를 사용할 뿐이지 차 자체의 맛에 오롯이 빠져드는 시간을 갖지는 못한다. 차는 사회적 음료라고 하는데, 그때는 분명 대화를 하도록 테이블에 둥글게 모여 앉게 하는 역할을 의미할 것이다. 그런데 나는 사회적 음료라는

東京

역할의 또 다른 모습도 이야기하고 싶다. 둘러앉은 사람들이 동시에 차에 집중하면서 서로의 차 취향을 묻고, 고요히 찻물의 파문을 즐기는 것 말이다. 이때 차는 분명 우리 모두에게 어떤 변화를 가져다줄 것이다.

베노아 티룸의 실론 홍차를 마신 날, 특별할 것 없다고 폄하했던 홍차에서 우아한 품격을 재발견한 것은 큰 깨달음이었다. 언니들의 여행이란 이런 것이 아닐까? 여행이란 누구나 계획하고 실행할 수 있지만 언니들만의 우아함과 부드러움으로 여행의 모서리들을 매끈하게, 여행의 중심을 더 풍부하게 만들어주는 것 말이다.

실론 홍차의 매력은, 홍차라고 생각되는 딱 그 지점을 갖고 있다는 것이다. 발그레한 물빛, 달금하면서도 풋풋한 향, 혀뿌리에서 느껴지는 수렴성, 어딘가 톡 건드리는 듯한 느낌……. 묵직하고 향이 깊은 기문이나 운남전홍, 푸릇함과 달금함이 깊은 다즐링이나 아쌈 등과 비교하면 특성이 무난하다고밖에 할 수 없다. 그러나 바로 이 지점이 실론 홍차의 미덕이다. 우리가 마시는 대부분의 브렉퍼스트 홍차나 블렌디드 홍차, 가향 홍차의 베이스로 스리랑카 홍차가 널리 쓰이고 있다는 것을 알게 된다면 실론 홍차를 폄하하지는 못할 것이다. 실론은 자신을 드러내지 않으며 다른 향과 맛의 특별함을 부각시켜주는 그런 홍차인 것이다.

도쿄에서는 늘 실론 홍차를 주문했다. 하브스에서 과일 크레이프 케이크를 먹을 때도, 다급하게 아이스티를 주문할 때도, 루피시아 홍

東京

차가게에서 홍차를 구입할 때도, 마가렛 호월 카페에서 비를 피하면서 뜨거운 차를 주문할 때도.

마쓰자카야 백화점이 리노베이션하면서 베노아 티룸은 문을 닫았지만, 긴자 거리에 서면 실론 홍차가 자연스레 떠오른다. 도쿄는 실론 홍차의 도시다.

東京

언니들이 추천하는 도쿄의 티숍·티카페

루피시아

루피시아는 일본 여행 중에 자주 보일 만큼 대중적인 홍차 브랜드로, 홍차, 녹차, 우롱차, 허브 등을 가리지 않고 다양한 차종들을 선보인다. 매장에 들어서면 수많은 차들이 정신을 아찔하게 한다. 작은 통에 담아 향을 맡고 고를 수 있도록 샘플 코너가 따로 마련되어 있고 점원들이 조그만 컵에 담긴 시음용 차도 내어주므로 천천히 차를 즐기면서 고르면 된다. 시즌별로 다즐링 다원차들을 재빨리 내놓는가 하면 품질 좋은 우롱차도 준비해놓기 때문에 복잡한 취향을 가진 사람들부터 홍차 입문자까지 모두의 입맛을 충족시킬 수 있다.

루피시아의 장점은 지점마다 특색 있는 한정제품이나 숍블렌드들을 내놓는다는 것. 다양한 샘플을 담은 커다란 책 모양의 북티, 연말연시에 등장하는 이어즈티, 계절마다

벚꽃, 레몬, 밤 등을 형상화한 다채로운 계절 가향차들이 홍차를 즐기는 재미를 더해준다. 최근 스카이트리 지점에 들렀더니, 루이보스를 베이스로 한 '제크와 콩나무'라는 이름의 숍블렌드가 있었다. 스카이트리와 절묘하게 맞아떨어지지 않는가? 시간이 된다면 지유가오카 본점을 들러보길. 원하는 차

를 맛보고 싶다고 요청하면 티 마스터가 단정한 나무 테이블로 안내해서 정성껏 차를 준비해준다. 2층의 정갈한 티룸에서 쉬어가도 좋다.

루피시아 Lupicia Tea 지유가오카 본점
A. 東京都目黒区自由が丘1-25-17
W. www.lupicia.com
T. 03-5731-7370
Open. 08:00~21:00(휴무일은 홈페이지 참조)

베노아

홍차라고 하면, 유럽 귀족풍의 화려한 장식과 특별한 매너를 떠올리며 낯설어하거나 어려워하는 경우가 많다. 나는 홍차를 둘러싼 유난한 분위기가 썩 마음에 들지 않는다. 공주풍의 아기자기한 소품들이나 귀족 저택의 거실처럼 꾸며놓은 티룸은 내 취향이 아니다. 차는 일상적으로 즐기는 음료다. 그러므로 티룸은 편안하면서도 간결해야 하고 차에 집중할 수 있도록 꾸며져야 한다. 적절한

판타지는 휴식에 도움을 주지만 과하면 곤란하다. 무엇보다 차 맛이 좋아야 하고 서비스하는 사람들이 품위가 있어야 할 것이다. 그런 면에서 베노아 티룸은 추천할 만한 곳이었다. 그러니 마쓰자카야 백화점이 리노베이션하면서 베노아 티룸도 사라져버린 건 안타까운 일이 아닐 수 없다. 다행히 베노아 홍차는 온라인숍과 몇 군데 매장에서 구입할 수 있다.

베노아 홍차는 맛과 향이 모나지 않고 편안한 게 장점이다. 사과향이 물씬 풍기는 애플티와 실론 우바, 정파나 다원의 파인 다즐링, 다즐링 찻잎을 베이스로 한 다즐링 얼그레이가 인기가 많다. 홍차 외에도 스콘과 클로티드 크림도 베노아의 대표 메뉴다. 일상적으로 애프터눈티를 즐기도록 군더더기를 제거한 브랜드이기에 하루빨리 티룸을 다시 만나기를 고대하는 중이다. 홍차 매장은 도쿄 북서쪽의 이타바시에 있으나, 스콘과 클로티드 크림은 다이칸야마 테노하 2층, 린코스 리버시티 지점, 롯폰기 지점에서 구입할 수 있다. 때때로 백화점 행사가 열리므로 홈페이지를 참고할 것.

베노아 Benoist 산토쿠 도키와다이점
A. 東京都板橋区前野町2-17-6
W. www.benoist.co.jp
T. 03-5994-3109

카렐 차펙

귀여운 일러스트가 그려진 홍차캔과 패키지로 인기가 높은 홍차 브랜드다. 일회용 패키지의 티백 제품과, 다구와 티를 예쁘게

구성한 세트 상품들이 다양해서 선물용으로도 인기가 높다. 귀여운 패키지 때문에 유명세를 타다보니 차 맛에 대해서는 그다지 기대하지 않는 사람들이 많은데, 단언컨대 카렐 차펙의 홍차는 충분히 맛있다. 무엇을 개

봉해도 즐겁게 한 잔 마실 수 있는 홍차이기에 믿고 사는 편이다. 바나나트로피칼과 레모니레몬이 단종된 건 무척 아쉽지만 새해맞이 홍차인 이어즈 티와 벚꽃 다즐링은 손님들께 내놓아도 반응이 좋다. 기치조지의 카렐 차펙 스위트 티룸은 홍차 애호가들의 성지순례지였는데, 최근 책을 꺼내듯 차를 고르는 티숍 개념의 '티 라이브러리'로 바뀌었다. 개별 포장된 티백을 하나씩 골라 담을 수 있어 재미있다. 꿀벌 버찌와 무당벌레 코티의 사랑스런 느낌은 그대로다. 지유가오카 트레인치 2층에도 홍차 매장이 생겼다.

카렐 티 라이브러리 Karel Tea Library
기치조지 본점
A. 東京都武蔵野市吉祥寺本町2-17-5
W. www.karelcapek.co.jp
T. 0422-23-0488
Open. 11:00~20:00

마리아주 프레르

도쿄에서 가장 우아한 티타임을 원한다면 마리아주 프레르 긴자 본점을 추천한다. 차향에서 영감을 얻은 디저트를 맛볼 수 있고 식사도 할 수 있다. 정장을 입은 멋진 청년이 직접 차를 따라주는 서비스도 받을 수 있다. 프랑스 파리와 같은 시스템으로 차를 구입하는 것도 재미있다. 커다란 차통이 나란한 매장에서 점원에게 원하는 홍차를 알려주면 차통에서 꺼내 담아준다. 미쓰코시 백화점 긴자점 지하 푸드홀에서도 마리아주 프레르의 홍차를 만날 수 있다. 대표 블렌드와 선물용 세트들이 모여 있어 긴자 매장까지 찾아가는 수고를 덜어준다. 마리아주만의

진정성이 느껴지는 검은색 홍차캔은 일단 합격점. 마르코폴로와 웨딩 임페리얼은 누구나 좋아할 만한 홍차이며, 파리 브렉퍼스트와 프렌치 브렉퍼스트도 추천한다. 은은한 단맛이 감도는 우롱차인 밀키 블루와 크리스마스 시즌을 위한 에스프리 드 노엘도 빼놓을 수 없다. 시즌별로 가장 먼저 다즐링이 출하되므로 봄 여행에서는 다즐링 다원차를 맛보기 위해서라도 마리아주를 반드시 방문할 것.

마리아주 프레르 マリアージュ・フレール
긴자 본점
A. 東京都中央区銀座5-6-6
W. www.mariagefreres.co.jp
T. 03-3572-1854
Open. 11:00~20:00(연중 무휴)

시부야 마가렛 호웰 숍 앤드 카페

시부야 뒷골목에 이렇게 근사한 숍들이 많을 줄이야! 보물을 발견하기 딱 좋은 곳이다. 마가렛 호웰은 내추럴한 스타일의 패션과 가방으로 국내에도 인기가 많은 브랜드다. 시부야에 마가렛 호웰만의 느낌을 잘 살린 카페가 운영 중이라 가게도 볼 겸 차도 마실 겸 구경을 나섰다. 덤덤한 디자인의 셔츠와 팬츠를 보니 한동안 잊고 있던 리넨 애호가로서의 기질이 마구 샘솟는다. 호리호리 마른 체형이 아니라면 언감생심, 꿈도 꾸지 못할 스타일이건만……. 그래서 바로 옆에 마련된 카페에서 홍차와 스콘으로 마음을 달랬다.

발그레한 홍차가 담긴 흰색의 담백한 찻잔이 참 마음에 든다. 찻잔에는 흰색 유산지에 동그랗게 싼 고체 설탕이 귀엽게 놓여 있다. 별것 아니지만 이런 디테일이 오랫동안 기억에 남는 법! 스콘, 브라우니, 샌드위치도 곁들일 수 있으므로 가벼운 식사도 가능하다. 커피나 드링크, 맥주도 구비되어 있지만 영국식으로 홍차를 주문해보는 건 어떨까? 특별히 선별한 소규모 다원으로부터 찻잎을 가져온다. 하이티(손으로 채취한 다즐링두물차), 라이트그레이티(인도산 홍차에 이탈리안 베르가못오일을 섞은 얼그레이), 야쿠시마 녹차(세계문화유산에 속한 야쿠시마 지역의 녹차)가 있고, 카페에서 잎차를 구입할 수도 있다. 패션 플레이스인 만큼 편안한 차림이지만 자세히 보면 머리에서 발끝까지 완벽하게 스타일링한 패션 피플들을 구경하는 것은 덤이다.

마가렛 호웰 숍 앤드 카페 Margaret Howell Shop & Cafe 진난점
A. 東京都渋谷区神南1-13-8, パークアヴェニュー神南1층
W. www.margarethowell.jp
T. 03-5459-3723

도쿄 메트로 뤼미에르

간다 마치 에큐트
도쿄역·킷테

　대만 출신인 허우 샤오시엔 감독이 찍은 〈카페 뤼미에르〉에는 도쿄의 전철에 대한 지극한 관심이 엿보인다. 헌책방에서 일하는 하지메가 전철 소리를 녹음하러 다닌다는 설정도 그렇거니와, 여주인공 요코가 걷고 멈추고 잠들고 말없이 무언가를 응시하는 순간에도 전철이 스쳐 지나가기 때문이다. 순수하게 철로를 미끄러지는 전철은 한낮의 햇볕처럼 삶으로 쏟아져 들어와 도시 사람들에게 인연을 만들어준다.
　차창 밖으로 두 개, 세 개의 선로가 서로 갈라졌다 만난다. 그것이 복잡한 삶의 은유처럼 보인다. 이러다보면 전철철학자도 생기지 않으리란 법 있을까? 도쿄의 전철은 유난히 길가의 건물들과 바짝 붙어서 달린다. 아파트 베란다에 내걸린 이불과 빨래가 보이고, 겹쳐진 건물의 틈이 좁아졌다 넓어지기도 한다. 먼지는 없나, 소음은 어떡하나, 염려스런 시선에 새하얀 빨래만이 나부낀다. 창밖을 내다보는 사람이 있다면 눈이 마주칠 수도 있을 것 같다. 하지만 바깥을 보는 사람은 아무도 없다.

도쿄는 전철 없이 다닐 수 없다. 복잡한 지하를 관통하는 수많은 전철에 오르건, 지상으로만 달리는 JR 야마노테센이나 교외선을 타건, 여행자들은 말없이 이동하는 긴 여행을 하게 된다. 공항에서 게이세이혼센이나 나리타 익스프레스를 타면서부터 전철 여행은 시작된다. 여행자는 전철의 속도로 도시와 만난다.

도쿄의 전철은 언제 처음 생겼을까? 언니들이 지금 타고 있는 JR 야마노테센을 보면 그 연원이 1885년에 닿아 있다. 야마노테센은 도쿄 시내를 둥글게 연결하는 순환선인데, 처음부터 그런 모양은 아니었다. 1885년 시나가와에서 도쿄 시내를 연결하는 철도가 시작된 후로 조금씩 철로가 연결되어 1903년 시나가와에서 우에노까지 가는 야마노테센이 시작되었다. 1919년에는 도쿄 역까지 연결되었고, 1925년 동그란 순환선이 완성되었다. 도시 철도는 노면전차와 환승되면서 시민들을 직장과 집으로 이동시켰고, 1930년대부터 지하철의 역사가 시작되었다. 그러니까 언니들을 어딘가로 데려가는 이 열차들은 예상보다 훨씬 더 많은 이야기를 품고 있는 것이다.

간다 강이 흐르는 운하 옆에 자리한 렌가아치(レンガアーチ, 붉은 벽

돌 아치) 상점가 '마치 에큐트mAAch ecute'에 들어가보고서 세련된 공간미에 깜짝 놀랐다. 1912년에 건설된 붉은 벽돌로 된 고가철로 아래를 개조해서 멋진 상점으로 변신시킨 것이다.

야마노테센이나 주오혼센이 지나는 고가철로 아래는 자투리 공간을 음식점이나 상점으로 개조한 경우를 종종 보게 된다. 도쿄 역과 유라쿠초 역 사이의 철교에 멋지게 자리 잡은 언니들의 단골집 카지야 분조를 떠올려보면 될 것이다. 아키하바라 역과 오카치마치 역 사이에도 '2k-540 아키오카 아티잔'이라는 이름의 상점가가 문을 열었다.

마치 에큐트는 주오혼센의 종착역인 간다만세이바시神田万世橋 역이 있던 곳이다. 간다 강을 건너는 철교가 생겨나자 종착역의 의미를 상실한 만세이바시 역은 1938년 철도 영업을 중단했다. 이후 오랫동안 교통박물관의 전시실로 사용되다가 박물관이 시즈오카로 이전하자 상점가로 탈바꿈했다.

겉은 붉은 벽돌로 치장되어 있지만 문을 열고 상점 안으로 들어서면 높은 층고로 시원하게 아치형을 그리는 노출 콘크리트의 내부를 만나게 된다. 지금도 상부에는 중앙선 전철이 왕복으로 지나다니는데, 소음이나 진동을 전혀 느낄 수 없다. 상점가를 지나면서 물건들을 구경한다. 손맛 나게 만든 오브제와 소품들, 소규모로 제작한 문구, 옛 만세이바시 역과 철교의 기념품, 지역 산지에서 올라온 특산 식품들, 탄탄한 천의 느낌이 좋은 아주 기본적인 디자인의 옷과 가방……. 한편에는 구수한 커피 향을 풍기는 카페가 있고 맞은편에는 식사할 수 있는 레스토랑이 있다.

東京

만세이바시 역의 오래된 철교가 붉은 벽돌 상점가로 변신했다.
마치 에큐트는 길게 이어진 상점들이 간다 강의 시원한
물줄기를 향해 있어 독특한 전망을 자랑한다.

숍 중에서는 소품과 잡화, 카페 레스토랑을 함께 운영하는 '후쿠모리'가 가장 크다. 야마가타 산 싱싱한 채소를 이용한 채소 정식과 생선 정식이라고 설명되어 있다. 신선해 보이는 음식들이 먹음직스럽다. 그러나 야마가타 현이 어디인지 퍼뜩 떠오르지 않는다. 후쿠시마 원전 사태 이후로 일본 여행에서 채소와 생선을 먹는 일이 여간 조심스럽지 않다. 무엇을 선택해도 실패하지 않는 이 미식의 도시에서 원료의 산지를 따져야 한다는 건 참 괴로운 일이다.

건물 안으로 끝까지 걸어가면 아치형을 그리는 유리 테라스 너머로 간다 강 운하가 보인다. 만세이바시 철교의 변천사를 보여주는 책 한 권과 어느 아티스트가 만든 집 모양의 조그만 오브제와 매실 맛의 전통과자를 사고서 테라스 앞에 놓인 의자에 앉아 강물을 바라본다. 여름밤이면 시끌시끌한 술자리도 벌어지리라. 검푸른 물이 출렁대는 걸 보니, 도쿄가 물의 도시임을 알겠다. 간다 강 운하를 따라 소형 유람선으로 투어도 하는 모양이다. 좁은 운하를 따라 도시를 관람하는 건 어떤 느낌일까 궁금해진다. 후쿠모리(북쪽 숲)의 검은 초록색과 간다 강의 짙푸른 색, 곳곳에 자리한 붉은 벽돌의 색, 이 세 가지 색은 도쿄 어디서든 선명하게 느껴진다. 이 세 가지 색이 도쿄의 색깔이 아닐까?

언니들은 지하철 도쿄 역에 내렸다. 지하건 지상이건 도쿄에서 가장 복잡한 곳이다. 마루노우치로, 니혼바시로 가는 통로, 다른 전철로 환승하는 통로, 동북, 관서 등으로 떠나는 열차로 연결된 통로가 복잡하게 얽혀 있다. 이 길들과 좌우에 포진한 각기 다른 백화점과, 이름도 위치도 잘 파악되지 않는 지하상점가에서 사람들이 끝도 없이 쏟아져 나온다. 보기만 해도 먹음직스러운 오미야게(선물용 토산품)와 디저트를 파는 가게들과 식당이 어딘가로 떠나는 사람들을 붙잡는다. 혼잡한 역사 바깥으로 빠져나오려고 해도 역은 쉽사리 길을 열어주지 않는다. 도쿄 역은 아직 공사가 끝나지 않아 임시설치물이 여기저기 발길을 막는다.

공사 중인 좁은 임시통로를 지나니 갑자기 확 트인 천장이 나온다. 레몬옐로와 징크화이트, 에메랄드그린으로 장식된 고풍스런 천장은 천장에서 쏟아져 들어오는 빛으로 시선을 사로잡는다. 조금 전까지 사통팔달의 통로와 플랫폼으로 이루어져 있던 도쿄 스테이션이 아니라, 여행자의 낭만과 세계의 끝을 향한 기대를 품은 도쿄 역이 펼쳐진다. 고풍스런 옛날 장식들을 보고서야 도쿄 역 복원 공사 소식을 감지할 수 있었다. 돔형 천장이 3층 높이의 공간을 감쌌다. 1층은 지하철과 기차 이용자들이 지나다니고, 2층은 역무시설과 상점가처럼 보였으며, 3층은 옛날 장식을 되살린 창문과 문들이 꼭 닫힌 채 엷은 노란빛 커튼이 처져 있었다. 새로 리노베이션했다는 도쿄 스테이션 호텔의 객실이다.

바깥으로 나오니 환한 햇살이 새빨간 벽돌 건물로 쏟아지고 있었다. 붉은 벽돌로 촘촘하게 채운 화려한 외관이 거리를 장악하고 있다. 화강석 석재로 된 창틀과 기둥 장식이 율동감 있게 배치된 붉은 건물은 한층 더 장엄하고 비장했다. 왼편에는 도쿄 스테이션 호텔 출입구가 있다. 철도역 건물 내부에 자리 잡은 호텔은 1914년 도쿄 역이 처음 문을 열었던 그때처럼 최고급 등급을 보유했다.

여행잡지『타임아웃』이 선정한 도쿄에서 꼭 해야 할 88가지의 첫 번째는 "도쿄의 아이콘, 백주년 기념하기"였다. 도쿄의 아이콘이라는 글자 옆에 2014년, 백주년을 기념해서 리노베이션을 완료한 도쿄 역 사진이 실려 있었다. 1914년 도쿄 역은 신세계로 향하는 시작이었다. 조선을 거쳐 만주로, 다시 시베리아를 거쳐 유럽으로 향하는 철도의 시작점이었다. 도쿄 역의 맞은편으로 마루노우치의 고층 오피스 빌딩들이 은근한 자부심을 풍기며 서 있다. 마루노우치는 일본을 움직이는 경제의 심장이다. 금융기관이 밀집되어 있으며 재벌들의 본사가 모여 있다. 도쿄 역의 정면에 서면 오피스 빌딩이 도열한 중앙의 산책로 끝에 해자와 공원으로 둘러진 황거(일황과 그 가족들이 살고 있는 궁성)가 있다.

에도 시대에는 저지대 시가지인 동부 시타마치와 달리 고지대 넓은 주택가를 야마노테라 불렀다. 그러나 1925년 이후로 황거와 근접한 마루노우치(丸の内, 원 안이라는 의미다)가 도시의 심장이 되고, 그 주변을 해자처럼 동심원을 그리는 국철 야마노테가 들어서면서 도심과 그 바깥으로 이 도시를 분명하게 나누었다. 2016년의 도쿄는 어떤 선들로 구분되고 연결될까? 여행자들은 어떤 길을 걸어서 도쿄라는 정밀한 숲을 헤매게 될까?

"도쿄 여행이 이렇게 끝나는구나."

"난 이번에도 무사시노 대학에 못 가봤네. 그래도 괜찮아. 도쿄대

東京　　　　　　　　　　　　　　　　　　　　　193

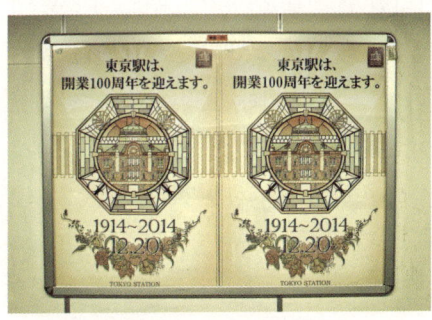

도쿄 역의 고풍스런 실내.
2014년 방문했을 당시는 '도쿄 역 백주년 기념하기'가
한창이었다. 도쿄 스테이션 호텔의 객실 창도 보인다.

와 와세다대에 갔으니까."

다음에는 꼭 가야지⋯⋯ 하고 중얼거리는 헬렌의 눈빛이 아련하다. 여행을 떠나기 전에 몇 차례나 만나서 각자 가고 싶은 곳들을 모아 일정을 짰다. 알찬 계획표라며 별과 동그라미를 그리며 여행을 꿈꾸던 시간이 이 마지막 여행지에서 불쑥 떠오른다. 그러나 계획대로 되지 않았다. 동선이 어긋나 배제된 곳도 있었지만, 그저 동네 산책이 좋아서, 마음에 드는 골목을 발견하고 거길 걷느라, 그러다 눈에 띄는 식당에서 배를 채우고 다시 느릿느릿 걷느라 넘겨버린 장소들도 제법 있었다. 예전 같으면 몹시 안타까워했겠지만, 이것이야말로 언니들의 여행법이라며 웃어넘겼다. 놓쳐버린 장소들이 많아질수록 더 많이 느긋했고 더 많이 웃었다는 뜻이니까. 우리 넷은 걷는 속도가 비슷해졌다.

여행이란 삶을 이해하려고 노력하는 행위가 아닐까? 서로의 역사, 취향과 태도의 오랜 감각을 더듬어보는 일 말이다. 우리는 서로에게 폐를 끼치지 않고 어느 정도의 선 바깥에서 살아갈 수도 있었다. 하지만 단순한 관계를 넘어서려면 그 선을 문질러 지우고 마음을 여는 노력이 필요하다. 언니들의 여행은 그 선을 지우는 일이었다. 함께하기 때문에 포기할 것이 있다면, 서로를 위해 그렇게 할 수 있다고 생각했던 시간이었다. 설령 포기하더라도 우리 각자의 다른 감수성이라면 더 대담하고 재미난 일들이 기다리고 있을 거라는 낯선 기대도 했었다.

"심야술집에서 노느라 자정의 서점을 경험하지 못했지만 뭐."

東京

도쿄 역과 중앙우체국. 중앙우체국은 '킷테'라는 쇼핑센터로
바뀌었지만, 건물 1층에서는 여전히 우편 업무를 본다.

"이자카야 10선을 못 채웠지만, 괜찮아. 이걸로 충분해!"
미키는 피크닉 갈 때 쓰려고 샀던 돗자리를 떠올렸다. 여행지에서 돗자리를 사다니, 그녀의 여행법도 특이하다.
"어제 신주쿠 교엔에 갔는데 거긴 또 가고 싶어요. 비 올 때 가면 좋을 것 같아서 가장 안쪽 연못은 가지 않고 아껴두었어요."
도쿄 역. 어디든 떠날 수 있는 이곳에서 언니들은 걸음을 돌려 오래된 중앙우체국을 향한다. '킷테^{KITTE}'라는 쇼핑몰로 바뀐 이 오래된 건물의 1층은 여전히 우편업무를 본다. '킷테'는 우표라는 뜻이다.

우표를 붙여 저 멀리 보낸 엽서처럼,
언니들의 여행은 다시 시작된다.

마치 에큐트 mAAch ecute
A. 東京都千代田区神田須田町 1-25-4
W. www.maach-ecute.jp
T. 03-3257-8910

킷테 KITTE
A. 東京都千代田区丸の内 2-7-2
W. jptower-kitte.jp
T. 03-3216-2811

東京

02

가루이자와, 밤이면 밤마다

軽井沢
よなよな

맑은 산물 한 모금, 분홍 벚꽃 한 입.
여우가 놀던 산마루 같은 가루이자와는
밤이면 밤마다 신비로운 전설이
시작될 것만 같았다.

軽井沢

1	가루이자와철도역기념관
2	아틀리에 드 프로마주
3	사와야 잼
4	매로드 호텔
5	만페이 호텔
6	고바야시 주점
7	테니스 코트
8	쓰치야 사진점
9	프렌치 베이커리
10	델리카트슨
11	성바오로 성당
12	타리아센
13	센주히로시 미술관
14	시나노소바
15	리잔보 카페

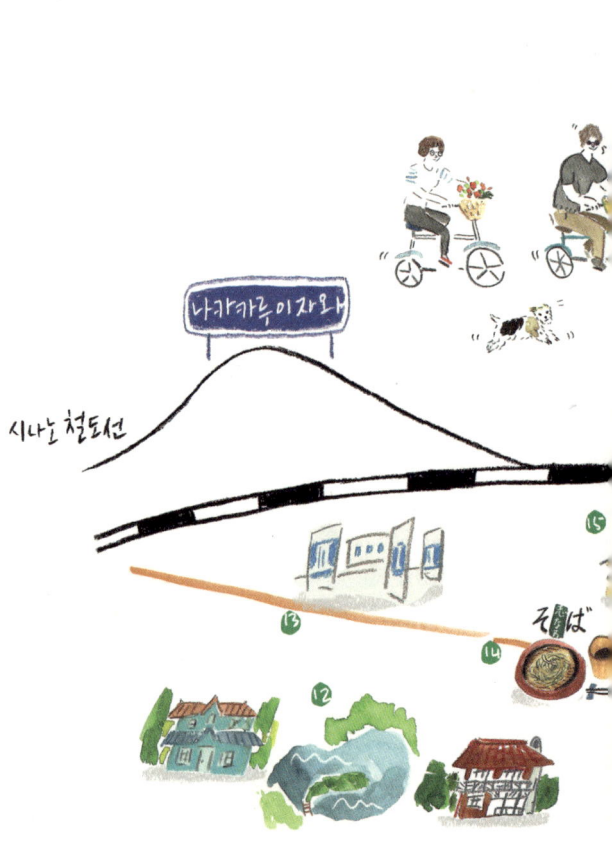

휴양지의 호텔

가루이자와철도역 기념관 매로드 호텔

    도쿄에선 4월도 중순이었거늘, 가루이자와는 터널을 빠져나오니 3월이었다. "터널을 빠져나오니 눈의 고장이었다"라고 시작되는 유명한 소설, 가와바타 야스나리의 『설국』의 첫 문장이 떠오르는 풍경이었다. 도쿄는 이미 만개했다 져버린 벚꽃이 여기선 아직 시작도 하지 않았던 것이다. 계절이 다시 뒷걸음질 쳤고 태양은 구름 뒤로 숨었다. 멀리 있는 산은 깊고 높았다.
    세이부버스西武バス는 산으로 향하는 경사로로 천천히 올라갔다. 주변이 높은 산들과 점점 시야가 비슷해진다. 고도가 꽤 높아진 모양이다. 이윽고 평평한 지대가 시원하게 펼쳐졌다. 격자형으로 쭉 뻗은 도로 주변으로 낮고 넓은 집들이 드문드문 펼쳐졌다. 단단하게 지

어진 콘크리트 양옥인 것을 보니 농토 주변의 시골마을은 아닌 모양이다. 아무렴, 에도 시대엔 막부 귀족들의 영지였고, 메이지 시대부터 귀족들의 별장지로 화려했던 가루이자와가 아닌가?

'가루이자와'라고 나직하게 말하는 버스 운전기사의 말에 얼른 가방을 챙겨 들었다. 사방팔방으로 뻗어 있는 널따란 길에 달랑 우리 여섯 명만 하차했다. 이번엔 여섯이다. 함께 움직이는 네 언니들 외에도 도쿄에 사는 두 여자, 미나 센세와 제이가 합세했다. 제이는 나가노와 무관하지 않다. 시댁의 작은 별장이 나가노에 있어서 가끔 이 고원지대를 넘어가곤 한단다. 그러나 가루이자와는 공평하게도 모두 처음이었다.

해발고도 천 미터! 고원도시는 서늘하고 맑았다. 태양이 드러날 때와 숨을 때가 느낌이 전혀 다르다. 가루이자와는 겨울 스포츠의 도시이자 여름 피서지로도 유명하다. 그 사이의 4월은 비수기라도 한참 비수기다. 도시는 나른한 적요가 감돈다. 관광객이 적어서 여행하긴 좋지만, 가루이자와가 가장 좋은 때를 놓치고 가는 건 아닐까 하는 괜한 생각도 들었다.

도쿄의 좁은 골목에 촘촘하게 들어앉은 집들과 달리, 가루이자와는 집이고 도로고 산이고 훌쩍 뒤로 물러나 있었다. 줌렌즈에서 광각렌즈로 바꾼 것처럼 시야가 시원하게 넓어졌다. 공기가 맑아선지 가늠하기 어려운 먼 곳까지 훤히 다 보인다. 그 자리에서 한 바퀴 돌아보니 높은 산들이 한참 멀리서 긴 병풍처럼 둘러져 있다. 겹쳐진 산맥들이 여러 겹의 선으로 너울거린다. 그중 유난히 흰 머리

멀리 잔설이 남아 있는 아사마 산이 보이는
가루이자와 호숫가. 삼나무가 빼곡한 가로수 길에는
드문드문 예쁜 별장과 교회가 눈에 띈다.

軽井沢

털을 휘날리며 위풍당당하게 솟은 산은 아마도 아사마淺間산일 터이다. 여전히 화산재를 날리는 웅대한 산이다. 나무, 나무…… 깊은 숲의 냄새를 쿵쿵 들이마신다. 축축하고 서늘한 공기가 머릿속까지 시원하게 해주었다.

가루이자와가 있는 나가노 현은 일본 본토의 중심에 자리 잡고 있으며, 해발고도 3천 미터가 넘는 산지로 이루어져 '일본의 알프스', '일본의 지붕'이라 불린다. 히다 산맥, 기소 산맥, 아카이시 산맥으로 연결되는데, 산세가 웅장할 뿐만 아니라 빙하 지형의 절벽과 거대한 호수 등 절경 중의 절경도 품고 있다. 나가노 현의 동쪽 끝에 가루이자와가 있다. 아사마 산의 풍요로운 기슭에 있고 많은 별장들이 산장의 형태를 띠고 있긴 하지만 가루이자와를 산속 마을이라고 하자니 제대로 설명하지 못한 느낌이다. 자연의 혜택을 듬뿍 받고 있지만 필요한 건 다 갖춘 도시이기 때문이다.

도쿄에서 북서 방향으로 세 시간 반 거리를 달려왔지만, 신칸센이라면 한 시간 반이면 충분하다. 도쿄올림픽 마장마술 경기를 개최하느라 신칸센은 1964년에 개통되었다. 1998년 나가노 동계올림픽 시즌에는 컬링 경기가 열렸으니, 하계·동계 올림픽을 모두 개최할 만큼 스포츠와 레저로 각광받는 도시다. 2020년에 열리는 도쿄 올림픽에서도 가루이자와의 문이 활짝 열릴지 모를 일이다. 가루이자와는 유랑하는 방랑자보다는 흰색 이지웨어를 입은 여유 있는 중산층이 더 잘 어울리는 도시다. 승마, 테니스, 사이클, 골프 같은 스포츠를 즐기

가루이자와철도역기념관.
이곳은 관광안내소 역할도 겸하고 있어서 가루이자와
일대의 관광지도도 얻을 수 있다.

는 사람들 말이다.
　호텔에 미리 연락을 해두면 시간에 맞춰 미니버스가 손님을 태우러 나온다. 버스를 기다리며 주변을 둘러보니 자그마하고 오래된 목조건물이 있어 들어가보았다. 1910년에 지어진 옛 철도역사였다. 철도역 관람자는 우리뿐이다. 역사는 플랫폼과 연결되어 있는데 지금은 쓰지 않는 오래된 철로 위에 전기기관차가 한 대 놓여 있다.
　달리지 않는 기차일지라도 그 앞에 서니 여행자의 기분이 든다. 역시 여행의 상징은 버스가 아니라 기차다. 그 빠르다는 신칸센을 아직 타보지 못했으므로 언젠가 훗날을 기약해본다. 일본에서 기차 여행을 하고 싶은 이유는 역마다 특색 있는 에키벤 때문이기도 하다. 민폐 끼치는 일을 질색하는 일본 사람들조차도 음식 냄새를 풍길 수밖에 없는 에키벤을 밀폐된 기차 안에서 먹는 걸 즐기고 용인하는 게 신기하다.

　미니버스는 우리를 매로드 호텔 앞에 내려주었다. 호텔은 단단하게 잘 지어진 별장 같았다. 낮게 펼쳐진 2층짜리 건물은 외관에서부터 휴가지의 여유로움이 풍겨 나왔다. 낯선 여행지의 긴장감이 스르르 풀렸다. 현관 바닥돌을 수건으로 닦고 있던 메이드는 우리 일행이 들어서자 허리를 숙여 환영의 인사를 했다. 바닥이며 테이블이며 모든 것이 깨끗하고 매끈했다.
　리셉션 홀은 스테인드글라스로 새어든 달콤한 빛으로 물들어 있었다. 우아하고 조용한 어른들의 공간이라고 할까? 카운터에서 4인

軽井沢

일본의 목조가옥을 떠올리게 하는 매로드 호텔. 휴양지의
숙소다운 여유로움이 풍긴다. 이 호텔 역시도 일본과
서양의 이색적인 조합을 느낄 수 있다.

용 객실 하나와 2인용 객실 하나를 배정받고 다음 날 먹을 조식을 선택했다. 조금 더 알아보았더라면 이 호텔이 서양식 조식으로 유명하다는 것을 파악했을 텐데, 언니들은 고슬고슬한 밥과 국이 있는 일본식 아침식사를 선택했다. 유니폼을 입은 여성 직원을 따라 객실로 올라갔다. 방문이 열리자 일본이라고 생각되지 않을 만큼 널찍한 방이 나타났다. 두 개의 방이 연결된 구조인데, 카펫 위에 트윈베드가 놓여 있는 방 옆에 도톰한 침구가 깔린 다다미방이 딸렸다. 다다미방은 널찍해서 여럿이 모여 도란도란 놀기에도 좋아 보였다. 휴양지의 숙소다운 여유로움이 물씬 풍겼다.

헬렌과 제이는 2인실로 향하고, 나머지 네 사람은 4인실에 여장을 풀었다. 나와 손짱이 침대를 차지하고 미나 센세와 미키는 다다미방에 짐가방을 내려놓았다. 창문으로 잘 자란 나무들의 초록빛이 새어 들었다. 공기도 공간도 건강했다. 시원한 공간감. 보는 것만으로 어깨가 느슨해지고 다리가 가벼워졌다.

매로드 호텔은 교양 있고 나이 든 부부 같은 호텔이었다. 서비스는 정중하지만 한 템포 느렸고, 방이며 복도며 홀이며 널찍널찍했다. 라운지 바에서 한잔하기보다는 이른 아침에 산책로를 따라 슬렁슬렁 걸어보는 게 이 호텔에는 더 잘 어울릴 것 같았다. 주변 주택가에는 살림 사는 소리가 들리지 않았고 설령 복작거리며 사는 사람들이 있다고 해도 생활 소음이 들리지 않을 만큼 멀찍이 있었다. 넓은 창문 밖으로 낙엽송이 마치 숲의 장막처럼 두르고 있었다.

가루이자와에 대해 알게 된 것은 메이지 시대를 배경으로 한 만화에서였다. 숲 속에 자리 잡은 고급 별장촌으로 묘사된 이 도시가 과연 어떤 분위기일지 궁금했다. 서양문화가 일찍이 뒤섞여 이국적인 휴양지를 형성하고 있다는 설명도 모험심을 불러일으켰다. 언니들의 가루이자와 여행에 가장 환호했던 사람은 일본 여행 전문 여행사를 운영하는 친구 린지다. "일본 여행기를 쓴다면 나가노 현만 다루고 싶을 정도예요"라고 말하는 그녀는 나가노 열혈 예찬론자다. 나가노 그리고 가루이자와에 대해 그녀가 들려준 자분자분한 설명을 공유하고자 한다.

"나가노는 말이죠! 여름에는 푸르른 자연에 안겨 있는 듯하고 겨울에는 눈 덮인 설경이 인상적이죠. 일본 어디든 자연이 풍요롭다는 생각이 들지만 나가노의 자연은 손때가 묻지 않아 야생적이면서도 근사해요. 계절의 변화가 진하게 느껴지는 것도 이곳의 매력이죠. 접근성이 떨어지긴 하지만 그 때문에 더욱 이국적으로 느껴져요. 어딘가 모를 자유로움이랄까? 소박한 정서와 맞닿은 온천마을이 많은데, 일본인 듯 아닌 듯 양면적인 매력이 있죠. 마냥 자연 속에만 있다면 무료해질 수 있는데 즐길 거리도 다채롭고요.

가루이자와는 예부터 도쿄의 부호들이 조용히 찾아든 곳인 동시에 자연을 찾아온 서양인들이 먼저 알아보고 자연스럽게 외인촌을 만든 곳이거든요. 서양문물이 현지의 역사와 문화에 자연스럽게 스며들어 어디서도 보기 어려운 분위기를 갖고 있어요.

가루이자와 인근의 와이너리와 농장을 한번 가보세요. 스위스의 어느 경치 좋은 곳에 온 듯한 착각이 들 거예요. 사과, 감, 포도, 밤 등 과실이 풍부해서 무얼 먹어도 맛있어요. 일본 하면 해산물이 유명하지만 굳이 해산물을 찾지 않아도 될 만큼 매혹적인 산중의 맛들이 가득해요."

도쿄만 봐도 시간이 부족한데, 이틀을 쪼개서 가루이자와에 와버렸다. 이제 다 함께 이 도시를 탐험해볼까? 여행 속의 여행이니 '액자여행'이라고 할까?

매로드 호텔 가루이자와 ホテルマロウド
A. 長野県北佐久郡軽井沢町軽井沢1178
W. www.marroad.jp/karuizawa
T. 0267-42-8444

가루이자와철도역기념관 旧軽井沢駅舎記念館
A. 長野県北佐久郡軽井沢町軽井沢1178-1246
T. 0267-42-1398
Open. 9:00~17:00(월요일, 축일 다음날,
12월 28일~1월 4일)

軽井沢

천 개의 고원

아틀리에 드 프로마주
사와야 잼 · 시나노소바

    가루이자와는 어디를 걸어도 좋았다. 커다란 저택 같은 산장이 널찍하게 들어서 있는 가로수 길도, 차도 사람도 많지 않아 한갓진 신시가지도, 자전거로 달려볼 만한 철길 옆 조붓한 숲길도, 클럽하우스와 쇼핑센터가 들어선 아웃렛 매장도 여유롭고 싱그러웠다. 우리는 걷기 좋은 길을 따라 산책을 시작했다. 구시가(규가루이자와旧軽井沢)로 향하면서 아직은 나른한 기지개를 켜고 있는 휴양도시의 겉모습을 훑었다. 쿠사마 야요이의 땡땡이 작품을 내건 갤러리도, 유리와 흰색 스틸 프레임으로 시원스런 공간을 만든 시립미술관도 오늘은 그냥 지나쳤다. 일단은 걸으며 숲의 공기를 맡고 그 뒤엔 맛있는 음식을 먹을 참이었으므로.

軽井沢

호텔에서 규가루이자와로 가는 길. 한가한 거리를 걷다보면 시립미술관도 만나고 유럽의 산장 같은 분위기를 풍기는 상점들도 눈에 띈다.

얼마 걷지 않아 알록달록한 차양을 내건 피자리아를 발견했다. '아틀리에 드 프로마주'. 프로마주(fromage, 치즈)라는 과감한 상호가 마음에 든다. 직접 만든 치즈를 쓰는가보다 했더니, 바로 옆에 치즈를 판매하는 상점이 있다. 유산지로 포장해둔 조그만 치즈 덩어리가 신선한 냄새를 풍겼다. 밀폐 포장된 치즈들도 다양했다. 브리, 카망베르 같은 쿰쿰하면서도 부드러운 치즈, 단단하고 탄력 있는 체다와 고다, 푸른곰팡이가 피어 있는 블루치즈들이 먹음직스럽다.

일본의 치즈는 유럽산과는 맛의 지점이 다르다. 풍토와 재료, 제법에서 미세하게 다르기도 할 테지만, 음식문화와 뗄 수 없는 연관이 있다. 쏘듯이 코를 자극하는 향이나 불편하게 느껴질 만한 맛을 배제하고 질감과 향을 살렸다. 밥과 된장국에 익숙한 우리에게 일본산 치즈의 맛은 부담 없이 다가온다.

치즈 상점에는 치즈와 어울릴 만한 술도 따로 선별되어 있었다. 맥주와 와인, 니혼슈가 색다르다 싶더니, 대부분 나가노 현 로컬 양조장의 것들이다. 고원맥주라는 이름이 붙은 것도 몇 가지 브랜드가 있다.

"이 동네, 예상보다 먹고 마실 게 넘쳐나는데?"

그렇다면 치즈요리는 어떨까? 아틀리에 드 프로마주 피자리아는 통나무 코티지풍의 소박한 가게였다. 우리는 볕이 잘 들어오는 안쪽 탁자에 앉았다. 아무거나 먹어도 맛있을 것 같은 예감이 들었다.

우선 와인 테이스팅 코스. 화이트와 레드, 두 가지 와인과 생햄, 채소와 치즈가 푸짐하게 차려진 플레이트가 나왔다. 가볍게 와인 맛을

푸짐한 점심을 즐겼던 아틀리에 드 프로마주.
가루이자와에서 생산된 치즈를 판매하는 숍도 함께
있다.

본 것에 불과하지만 가루이자와 와인에 대한 기대감이 급상승했다. 살짝 익힌 채소를 치즈딥소스에 찍어 먹는 바냐 카우다, 마르게리타와 콰트로프로마주 피자, 이 가게의 특선인 치즈카레까지 치즈의 맛을 음미할 수 있는 요리들이 차례대로 언니들 앞에 등장했다.

"여기 스위스의 어느 산장 같지 않아요?"

"분위기도 포근한데 음식도 맛있고…… 가루이자와에 완전 반해버렸어요!"

행복해서, 맛있어서 눈물 난다는 미나 센세와 미키의 말에 다른 언니들도 행복에 겨운 찬사를 보냈다.

해발 천 미터의 고원이라는 건 산의 혜택이 풍부하다는 뜻이다. 겨우내 두껍게 쌓인 눈이 녹아내린 설원의 물과 서늘하고 맑은 공기, 안개의 습기와 따가운 햇살의 축복으로 과일과 채소의 맛이 뛰어나다. 사과와 포도, 각종 베리류가 아삭하고 탱글탱글하며 신선하다. 주스와 잼이 맛있는 건 물론이고, 물이 맑다보니 와인과 맥주도 품질이 좋다. 고랭지 채소가 맛있다는 건 설명이 필요 없을 터, 채소가 어느 곳보다 풍부하고 맛있다.

가루이자와의 채소는 특별히 '키리카 채소霧下野菜'라고 불린다. 해발고도 1,000~1,500미터 지대의 인근 산지에는 안개가 자주 서리는데, 안개가 스민 채소들은 수분을 듬뿍 머금어 단맛을 키운다고 한다. 토마토, 양배추, 토란, 시금치, 대파, 버섯, 상추, 호박 등 일상에서 늘 먹는 채소들이 안개 낀 고원에서 자라고 있다. 도쿄에서 맛본 맛있는 채소의 본진을 만난 것이다. 키리카 채소는 도쿄로는 유통되지 않기에, 도쿄에서 온 주부 여행자들은 키리카 채소 직판장부터 들른다고 한다. 물도 좋고 풀도 좋으니 당연히 우유와 유제품의 품질도 뛰어날 수밖에.

"그래서 고원우유, 고원우유 하는구나."

"고원맥주도 있고! 난 '고원'이 유명상표인 줄 알았지 뭐야."

상표 중간에 떡하니 붙어 있는 '고원'이라는 말이 맛 보증서나 다름없다. 천 개도 넘는 고원에서 펼쳐지는 맛의 향연. 애써 꾸미고 만들어낸 맛이 아니라, 자연 그대로 싱싱하고 깊고 풍부한 맛은 가루이자와에서 맛본 모든 음식에 깃들어 있다. 뭘 먹어도 디톡스가 될 것 같은 신선함이 언니들의 눈을 반짝이게 만들었다.

가루이자와를 대표하는 과일은 블루베리다. 어디서든 블루베리가 풍부하다. 산중턱의 코티지에서 하루 머물면서 블루베리 농장에서 과일을 직접 따고 잼을 만들어보는 체험 프로그램도 있다. 다음 여행에서는 산과 더 가까이에서 숲을 체험하고 싶다.

과일이 풍부한 까닭에 잼을 파는 가게들이 유난히 많다. 잼과 마멀레이드를 파는 사와야 가게에서는 수십 가지가 넘는 잼병 때문에 혼미해지기까지 했다. 과육이 씹힐 정도로 원래의 모양이 살아 있도록 만드는 게 사와야의 방식이다. 맛을 볼수록 선택은 더욱 어려워진다. 가루이자와에서 꼭 맛보아야 할 디저트는 블루베리 타르트와 촉촉한 사과시럽을 듬뿍 끼얹은 사과 파이에 바닐라 아이스크림을 곁들인 '애플 아라모드 apple à la mode'다. 과일을 먹기에 가루이자와만큼

軽井沢

꾸밈없이 풍부한 곳이 또 있을까?

　채소와 과일의 향에 푹 빠졌다면 다음은 메밀의 향을 느껴야 할 순서다. 나가노는 일본 최대의 메밀 산지다. 서늘한 고산지대에서 재배되어 메밀의 맛이 월등히 좋다. 소바는 16세기 말경부터 먹기 시작했다는 기록이 있는 오래된 음식이다. 승려들의 음식이 대중화된 것이라고 한다. 항산화 물질로 알려진 루틴 함량이 높아서 장수 식품으로도 알려져 있다.
　가루이자와의 소바 맛을 경험할 기회는 우연히 찾아왔다. 나카 가루이자와의 한적한 길가에 위치한 시나노소바는 평범해 보이는 동네 소바집이었다. 소바 한 그릇이 생각나서 눈에 띄는 대로 들어간 가게였을 뿐인데, 깔끔하게 정돈된 실내와 바삐 움직이는 아주머니들이 예사롭지 않았다. 시나노소바는 사라시나さらしな 소바의 전통을 이어받은 곳이란다.
　사라시나 소바는 나가노 출신으로 도쿄 아자부 근방에서 삼베 가게를 하던 이가 영주의 조언으로 소바가게를 열면서 시작되었고 한다. 도쿠가와 가문과 황실에 진상하던 소바인데, 50퍼센트 이상 도정해 유백색이 나는 것이 특징이다.
　"여기 소바 면은 일본 술로 따지면 다이긴조급이네!"
　설명을 읽어보던 손짱이 감탄한 듯 한마디 한다. 시나노소바는 매일 필요한 양만큼 맷돌로 갈아서 메밀을 도정하기 때문에 양이 많지 않아 영업시간도 짧고 예약도 안 되는데, 용케 이런 가게를 찾아왔다.

쓰유에 찍어 먹는 자루 소바, 따끈한 국물에 담긴 온 소바, 마를 갈아서 토핑처럼 얹은 붓카케토로로 소바 등 기본적인 소바 메뉴를 주문하고 품평에 나섰다. 우리식 메밀국수처럼 매끈하고 부드럽고 쫄깃한 면발이 아니라서 처음 한입 머금었을 때는 조금 놀랐다. 그러나 씹을수록 메밀의 향이 물씬물씬 올라온다. 납작하게 뽑은 면은 살짝 단단한 감이 있지만, 향이 깊고 구수하다. 우리는 단메밀을 주로 먹는데 일본은 쓴메밀이다. 쓴메밀은 구수하고 쌉싸래한 향이 풍부하다.

아, 그 소바의 맛! 특유의 식감이 오랫동안 잊히지 않는다. 꼬닥꼬닥한 면을 씹을 때만 느낄 수 있는 기쁨이 있다니. 소바를 비운 뒤에 메밀 삶은 따끈한 물로 입가심을 하면 구수한 향이 더 깊어진다. 흰 눈이 폭폭 내릴 때라면 더욱 운치 있을 맛이다.

아, 이 반가운 것은 무엇인가
이 희수무레하고 부드럽고 수수하고 슴슴한 것은 무엇인가
(……)
이 조용한 마을과 이 마을의 으젓한 사람들과 살뜰하니 친한 것은 무엇인가
이 그지없이 고담하고 소박한 것은 무엇인가

시인 백석의 「국수」라는 시의 한 부분이다. 산골마을 소박한 가게에서 소바 한 그릇 천천히 비우는 우리의 감정이 백석의 시상과 진배

시나노소바의 붓카케토로로 소바.

없다. 겨울밤 산속 마을에서 슬슬 치대어 칼로 썰고 뜨거운 물에 삶아 육수에 말아내는 국수. 메밀이라는 공통분모 때문인지 평안도와 나가노의 산골이 묘하게 겹친다.

피자리아 아틀리에 드 프로마주 Atelier de Fromage
A. 長野県北佐久郡軽井沢町 軽井沢東22-1
W. www.a-fromage.co.jp
T. 0267-42-0601
Open. 11:30~15:00/17:00~20:00
(목요일 휴무, 주말과 축일은 11시 오픈)

시나노소바 志な乃
A. 長野県北佐久郡軽井沢町長倉塩沢746
W. www.soba-shinano.jp
T. 0267-44-1830
Open. 11:00~15:00/토요일과 일요일은 저녁 영업(17:00~19:00)도 한다.
(4월 5, 6, 12, 19일 정휴)

손짱's 칼럼

나가노의 크래프트 맥주

　맥주와 와인, 이 두 가지를 빼고서 나가노를 이야기할 수 있을까? 맥주와 와인이 맛있다는 건, 그 지역의 풍광과 물이 좋다는 뜻이다. 아사마 산의 울창한 숲과 설원의 시원한 물맛! 가루이자와가 크래프트 맥주(소규모 양조장에서 제조한 수제 맥주)의 강자로 떠오른 건 다 이유가 있다.

　일본은 크래프트 맥주의 강국이다. 작은 양조장마다 고유의 맥주를 만들어 판매하는데, 듣도 보도 못 한 지역맥주(지비루)들을 탐험하는 재미가 쏠쏠하다. 손맛, 물맛이 느껴지다보니 그 재미 때문에 크래프트 맥주에서 벗어나지 못한다. 일본은 맥주제조 규제가 풀린 1994년부터 크래프트 맥주가 발달하기 시작했다. 대기업의 대량생산 맥주에 비해 가격이 높고 유통구조상 생산지역 주변을 벗어나지 못하는 한계가 있었지만 입소문과 다양한 마케팅 덕분에 이제는 편의점에서도 만나볼 수 있을 정도로 대중화에 성공했다. 일본의 크래프트 맥주는 세계 유명 크래프트 맥주대회에서 연속적으로 그랑프리를 거머쥘 만큼 맛있는 맥주로 자리 잡았다.

　일본 전역에 크래프트 맥주 브루어리(양조장)는 대략 2백여 개. 나가노 현에만 십여 개 이상의 유명 브루어리가 있고 계속해서 새로운 브루어리가 생겨나고 있다. 이참에 나가노 크래프트 맥주 기행을 떠나는 건 어떠냐고 언니들에게 운을 띄워봐야겠다. 언니들이야 좋다고 따라나설 사람들임이 분명하지만, 술을 좋아하지 않는 이들에게도 이 여행을 자신 있게 추천할 수 있다. 나가노의 자연, 그 풍경을 거니는 여행은 무엇이건 옳기 때문에. 그리고 자연에서 생산된 재료로 맛있게 만든 음식이 있기 때문에. 맥주는 이 향연을 거들 뿐이다.

나가노 남서부

❶ 기소지木曽路 맥주 ❷ 미나미신슈南信州 맥주

숲 속에 자리 잡은 기소지 맥주는 라거 맥주가 대표적인데 백퍼센트 맥아로 만들며, 체코산 아로마 홉을 사용해 향기롭고 기분 좋은 쓴맛을 지닌다. 8백 미터 고원에 위치한 미나미신슈 맥주는 골든에일이 유명하다. 감귤계 홉의 아로마와 맥아의 단맛이 어울림이 좋다. 양조장 근처에 레스토랑을 겸하고 있어 요리와 맥주를 함께 즐길 수 있다.

나가노 중부, 스와 호수 지역

❸ 치로루노모리チロルの森 맥주 ❹ 스와로만諏訪浪漫 맥주
❺ 이케노타이라池の平호텔 맥주

치로루노모리 맥주는 독일의 맥주 제조 방식을 충실히 재현했다고 한다. 부재료는 전혀 들어가지 않고 맥주의 효모가 살아 있는 생맥주가 인기다. 스와로만 맥주는 일본술을 빚는 장인들이 만든 브루어리다. 미네랄이 풍부한 온천수를 블렌딩했다니 뭐가 달라도 다를 것 같다. 이케노타이라호텔 맥주는 다테시나 고원의 천연수를

사용하고, 뮌헨에서 전수받은 기술로 깊은 풍미의 맥주를 만들어낸다. 맥아와 호프는 모두 독일에서 직수입한다.

나가노의 북동부
❻ 리부시里武土 맥주 ❼ 시가고원志賀高原 맥주

리부시 맥주는 온천과 스키로 유명한 노자와 온천마을(일본 온천여행 전문가인 린지가 가장 추천하는 온천이다!)에 2014년에 문을 연 브루어리로 더비셔 출신(잉글랜드 맥주의 메카로 불리는 지역)의 영국인 토머스가 만들었다. 직접 제조한 홉을 사용하기 위해 양조장 근처에 밭을 빌려 홉 재배를 시작했다고 한다. 시가 고원에서 솟아나는 물로 맥주를 빚는 시가고원 맥주는 엄선된 맥아와 홉, 특히 직접 재배한 미야마니시키 쌀을 부재료로 사용한 맥주가 평판이 높다.

나가노의 북서부
❽ 호타카穂高 브루어리

호타카의 맑은 천연수와 엄선된 재료를 사용해 맛있는 맥주를 만들어낸다. 주변에는 포도밭을 비롯해 풍성한 과수원들이 많아서 맥주도 프루티한 향이 난다.

나가노 중동부
❾ 오라호 맥주 ❿ 야호 브루잉 ⓫ 가루이자와 브루어리

가루이자와가 포함된 이 지역은 크래프트 맥주의 격전지다. 다

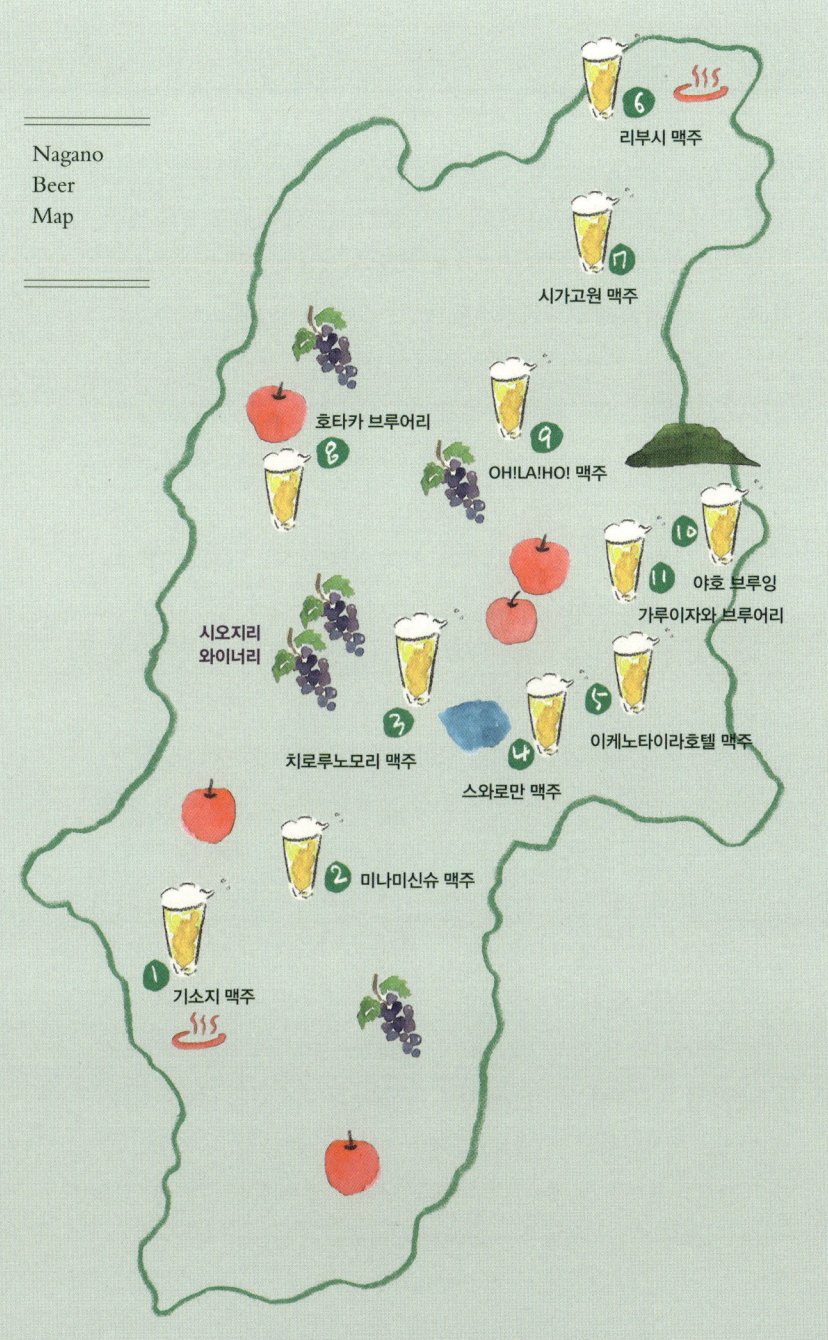

른 지역의 브루어리에 비해 규모가 크고 최첨단 설비를 갖춘 양조장에서 대중적인 크래프트 맥주를 만든다. 세계적인 맥주대회의 그랑프리를 휩쓸 정도로 고품질의 맛있는 맥주를 생산하고 있다.

언니들이 가루이자와 맥주를 좋아하는 이유는, 이 맥주들이 언니들의 성격과 딱 맞아떨어지기 때문이다. 먼저, 오라호OH!LA!HO! 맥주. 이건 제이에게 딱이다. '오라호オラホ'는 '우리들', '우리 동네' 라는 뜻의 이쪽 지역 방언인데, 영어로 재치 있게 바꿨다. 이름에서 유쾌함이 느껴지지 않는가? 글도 쓰고 번역도 하는 제이는 까다로워 보이는 외모와 달리, 유쾌하게 웃고 사람들과 만날 때도 시원시원하다. 사이다처럼 톡 쏘면서 심지가 굳은 만큼 자체 개발한 골든스타 홉을 사용한 오라호의 에일 맥주가 어울린다. 홉의 프루티한 아로마와 맥아의 감미가 잘 어우러진 엠버에일, 감귤계의 아로마와 자스민차의 풍부한 향이 스민 골든에일 등 무엇을 택해도 후회 없을 맛이다. 브루어리에 지역 농축산물을 사용한 레스토랑도 함께 있다고.

야호 브루잉YOHO Brewing은 일단 귀여운 패키지의 캔맥주가 인기다. 우리나라에서도 더러 마실 수 있는 '요나요나', '수요일의 고양이水曜日のネコ' 등이 야호 브루잉의 간판스타들. 이 맥주를 보면 미키가 생각난다. 작고 귀여운 물건을 좋아하는 미키의 취향과 귀여운 맥주 캔 디자인이 잘 어울리기도 하지만, 근성이 있고 내면이 강한 미키는 에일맥주의 프루티하고 복합적인 맛과 향을 닮은 데가 있다.

야호 브루잉은 마이크로 브루어리에서 캔맥주를 최초로 만들어서 유명해졌다. 유통이나 관리가 병맥주보다 간편한 캔맥주로 온

라인 판매에 주력하면서 일본을 넘어서 해외로까지 판매망을 넓혔다. 야호 브루잉을 대표하는 요나요나よなよな는 '밤마다'란 뜻이다. 이 맥주라면 밤이면 밤마다 즐길 만하지 않은가! 고양이가 그려진 '수요일의 고양이'는 캔도 예쁘지만, 쓴맛이 적고 오렌지와 코리앤더 향이 은근하다. '인도의 파란 도깨비'란 뜻의 '인도의 아오오니 インドの青鬼'라는 맥주도 있다. 일반 맥주보다 홉을 1.5배 사용해 코가 뻥 뚫릴 만큼 쓴맛이 강하고 알코올 도수도 7퍼센트로 상당히 높다. 술이 센 언니들이라면 이 맥주도 좋아할 것 같다. 야호 브루잉의 재미난 맥주 리스트는 끊이지 않는데, '취향 따위 물어보지 않아서 미안해好みなんて聞いてないぜSORRY' 시리즈나 알코올 도수가 8.5퍼센트에 이르는 장기 숙성 맥주 '맑은 날의 선인ハレの日仙人' 등이 대표적이다. 브루어리 투어도 당연히 인기가 높다. 언니들 모두 환호했던 '가루이자와 고원맥주(Wild Forest)'도 야호 브루잉 출신이다. '자작나무 숲을 뚫고 가는 바람'을 연상하며 만들었다고 하는데, 촉촉하고 은은한 쓴맛과 알싸한 향이 기분 좋다.

가루이자와의 또 하나의 멋진 레이블인 가루이자와 브루어리는 고원맥주의 중심을 지키고 있다. 세계적인 화가인 센주 히로시千住博의 그림이 담겨 있는 맥주 캔은 한번 보면 잊기 어려울 정도로 매력적이다. 신비로운 밤, 눈부신 계절이 담겨 있다. 이 맥주는 헬렌에게 헌사하고 싶다. 세상을 향한 여전한 호기심으로 날이면 날마다 풍요로운 그녀에게 폭발하듯 펼쳐지는 밤의 맥주, 감정을 흔드는 바람의 맥주를 선사하고 싶다.

크래프트 맥주로서는 후발 주자이지만 2014년에 신슈(나가노의 옛 이름) 브랜드 어워드를 차지한 바 있는 가루이자와 브루어리는 오랫동안 제과용 양주를 만들던 도버 그룹이 작심하고 세운 곳이다. "상쾌해서 몇 잔이라도 마시고 싶어지는 맥주"가 모토라는데, 마셔본 사람은 무릎을 칠 만큼 동의할 것이다. 숲을 거니는 사슴을 묘사한 센주 화백의 〈별이 쏟아지는 밤에〉(1994년)가 잔잔하게 그려진 맥주를 들이켜면 아사마 산의 천연수로 빚은 맑고 깨끗한 맥주 맛을 느낄 수 있다. 프리미엄 클리어, 프리미엄 다크 클리어 시리즈가 유명하고 계절 한정 맥주도 다양하다. 봄철 한정 맥주인 '벚꽃 낭만桜花爛漫'을 놓치지 말 것. 화려한 꽃분홍 벚꽃의 자태는 맥주 맛까지 새하얗게 잊도록 만들었다. 가을에는 적맥주의 발그레한 빛깔이 고운 '고원의 아름다운 가을高原の錦秋'을, 겨울에는 백맥주의 상쾌함을 곁들인 '겨울기행冬紀行'을 만날 수 있다.

가루이자와 브루어리는 투어도 색다르다. 향, 소리, 온도까지 느낄 수 있도록 신경 썼고, 공장 곳곳에 센주 화백의 신비로운 명화도 전시되어 있다. 견학은 예약이 필수고, 참가비는 5백 엔으로 생맥주 한 잔과 가져갈 수 있는 맥주 1개(혹은 교환 쿠폰 2개)를 제공한다(홈페이지에서 예약 http://brewery.co.jp). 지금이라도 당장 달려가고 싶지 않은가?

참고도서: 『The Craft Beer Book』, *Discovery Japan* 별책, 椎出版社, 2014.

존과 요코, 충돌한 행성

만페이 호텔
프렌치 베이커리 · 리잔보 카페

 이 도시는 복잡함이라고는 전혀 없다. 역에서 북쪽으로 쭉 올라가는 큰 길을 따라가면 삼거리가 나오고 여기서 오른쪽 도로를 따라 쭉 올라가면 가루이자와 긴자 상점가가 나온다. 동네 대표 상점가에는 늘 긴자라는 이름이 붙는다. 긴자가 은화를 찍어내던 곳을 뜻하니, 돈이 몰리는 상업지구라는 뜻일까?
 가장 빠른 길을 찾아가는 건 자동차 내비게이션이나 하는 일이다. 여행의 재미는 우회로를 택하는 데서 시작된다. 그 우회도로가 숲으로 향한 오솔길이라면 머뭇거릴 필요가 없다. 쭉 뻗은 일자대로인 규가루이자와 대로를 착한 아이들처럼 걷고 있자니 슬슬 지루해진다. 그때, 오른편으로 오솔길이 하나 나타났다. 사선으로 길게 나

만페이 호텔로 이어지는 만페이도리. 길쭉길쭉한
삼나무 숲 오솔길을 걷다보면 곳곳에 숨어 있는
작은 교회당과 별장을 지나치게 된다.

있는 오솔길은 양쪽 모두 길쭉길쭉한 삼나무 숲이다. 우리는 약속이라도 한 듯 삼나무 숲길로 눈길을 던졌다. 곧이어 새로운 길로 접어들었다. 축축하고 부드러운 흙길이 탄력 있게 느껴졌다. 지저귀는 새소리와 졸졸 흐르는 물소리가 멀리서 들려왔다. 얼마나 걸어야 새를 만날지 냇가를 만날지 장담할 수 없다. 담장 안으로 집은 드문드문 보일 뿐이다. 이제야 본격적인 별장촌이 등장한 것 같다.

지도에 따르면 이 길은 만페이도리万平通り이며 길 끝에는 만페이 호텔이 있다. 가루이자와를 상징하는 건물 중 하나인 만페이 호텔은 존 레넌과 오노 요코의 이야기를 전해준다. 오노 요코의 부모님 별장이 만페이 호텔 근처에 있었던 까닭에, 그들은 1970년대의 여름을 바로 이곳 가루이자와에서 보냈다. 때론 일본식 별장에서, 때로는 만페이 호텔에서. 그 시절엔 댄디한 청년들도, 히피풍 중년도 거리에 넘쳐났으리라. 세상에서 가장 편안한 옷차림으로 일상을 즐기러 온 세기의 스타 커플도 그 속에 숨었다. 파파라치도, 몰래카메라도 없던 시절, 존과 요코, 그리고 아들 션의 평화로운 모습은 이제 빛바랜 사진으로 남아 있다. 그러나 전설이 되어버린 가수에 대한 달콤한 선망과 수줍은 반가움은 여전하다. 결코 돌이킬 수 없는 흘러가버린 세월에 대한 아쉬움으로 이 도시는 곳곳이 그림자투성이다. 우리는 가는 곳마다 존의 환영을 만나게 될 것이다.

만페이 호텔에 도착하기 전에 목조가옥을 닮은 또 다른 호텔을 마주쳤다. 이름을 알 수 없는 이 호텔엔 비수기의 나른한 먼지가 쌓였고, 바로 옆의 작은 교회당은 누구나 자유롭게 출입하도록 문이 열려 있었다. 문화재 건물이라는 안내판이 붙은 작은 교회당에서 결혼식이 열리는 모양이다. 출입문을 열고 들어가니 영화촬영 세트처럼 아담한 공간이 등장했다. 스테인드글라스로 새어든 빛은 눈부신 컬러를 곳곳에 뿌려놓았다. 흰색 웨딩드레스를 입고 혼인서약을 하는 신부가 그려지는 동화 같은 장소였다. 하지만 전혀 다른 삶을 살아온 두 사람의 결합이 그토록 아름답기만 할까. 결혼이란 절차를 눈부신 낭만으로 덧칠해놓은 건 결혼업체들뿐이리라.

요즘은 결혼과 가족에 대한 관념이 예전과 달라졌다. 결혼을 하지 않고도 가족을 형성하고 심지어 결혼에 관심이 없거나 결혼을 포기한 사람들도 있다. 그들, 존과 요코는 어땠을까?

"우리는 요란하게 충돌했다."

오노 요코는 존 레넌을 처음 만난 날을 회상하며 이렇게 말했다. 각기 다른 궤도를 돌던 두 행성이 뱅글뱅글 돌면서 한 지점을 향해 돌진하는 걸 상상해보자. 당시 최고의 인기를 구가하던 비틀즈의 멤버 존 레넌과 행위예술가로 명성을 떨치던 오노 요코. 1966년 11월 런던의 인디카 갤러리에서 두 별이 충돌했다. 요란하게.

갑작스레 경로를 이탈한 것이 아니라 아주 먼 곳에서부터 같은 지점을 향해 달려왔으리라. 충돌한 후 두 별은 하나로 합쳐져 새로운 궤도를 형성한다.

소진되지 않는 불꽃이 있을까? 존 레넌이 1980년에 허무하게 총격으로 사망하지 않았더라면 이 세기의 부부는 어떤 길을 걸었을까? 존은 늙어가면서 어떤 전설을 계속 만들었을까? 평화와 사랑을 아무리 외쳐도 세상이 점점 암흑 속으로 가고, 여전히 우리는 간절하게 〈이매진〉을 부르고 있을 수밖에 없음을 그가 알게 된다면…….

　존을 잃은 요코는, 존을 몰랐던 시절처럼 예술계에서 독보적인 존재가 될 수는 없었다. 사랑에 모든 것을 소진한 후엔 새로운 시작이란 불가능할지도 모른다. 평화도, 고독도, 사랑도, 어떤 메시지도 그녀 혼자서는 힘을 잃었다. 사랑은 그런 것이다. 그전과 다른 길을 갈 수밖에 없는 어떤 부딪힘. 우리에게 다가온 모든 사랑도 그런 만남에서 시작된다. 강렬한 충돌과 세상이 쪼개지는 듯한 고통. 그 사이에 하얗게 소진할 수밖에 없는 감정들을 기억해보라. 그 열정들을 떠올려보라.

　세기의 커플이 걸었던 만페이도리에는 동화 같은 이름의 오솔길들이 교차된다. 우선 '속삭임의 소경ささやきの小径'이라는 길이다. 만페이도리 중반쯤에 이르면 우측으로 빠지는 길이 있는데, 졸졸 흐르는 시냇가를 따라 아카시아가 연둣빛 활력을 내뿜는 이 오솔길을 '속삭임의 소경'이라고 부른다. 조금 더 가면 다시 우측에 소로가 나오는데 이 길은 '호리다쓰오의 길堀辰雄の道'이다. 두 오솔길 모두 가루이자와의 아름다움을 소설 속에 표현했던 호리 다쓰오堀辰雄에게 헌정되었다. 이 길은 『아름다운 마을』이라는 소설에서 주인공의 산책길로 묘사되었다고 한다.

　메이지 시대에 이곳을 찾은 서양인들도 곳곳에 로맨틱한 별칭을 선사했다. 만페이 호텔 뒤편의 계곡을 '행복의 계곡(이른바 해피밸리)'이라 하고, 우스이 고개 전망대는 '선셋 포인트', 인근 호수는 '백조의 호수'라는 식으로. 해피밸리에는 『설국』의 작가 가와바타 야스나리의 별장이 지금도 남아 있다고 한다.

호리 다쓰오는 폐결핵을 치료하러 요양 차 가루이자와에 왔다가 마찬가지로 폐병을 앓고 있는 야노 아야코矢野綾子를 만나 사랑에 빠졌다. 안타깝게도 아야코의 병은 점점 깊어졌고 결국 가루이자와 남서부 고원지대에 있는 후지미 고원 요양소로 떠나게 되었다. 그 길엔 호리 다쓰오도 함께였다. 둘은 함께 보낼 수 있는 시간을 조금이라도 더 가까이 붙잡아두려 애쓴다. 5개월 후 아야코는 죽음을 맞았다. 호리 다쓰오는 쓸쓸하게 가루이자와로 돌아와 잃어버린 사랑을 끊임없이 되새기며 소설을 집필한다. 그것이 『바람이 분다風立ちぬ』라는 소설이다. 죽음을 앞둔 사람들, 모두가 막다른 길이라고 여겼던 요양원에서 가장 아름답고 행복한 시간을 만끽했던 연인의 이야기다. 미야자키 하야오 감독의 애니메이션 〈바람이 분다〉를 봤다면 요양원의 분위기를 조금은 이해할 것이다. 제로센 전투기 제작자인 호리코시 지로를 주인공으로 하고 있지만 러브스토리는 동시대 인물인 호리 다쓰오의 이야기다. 제목은 폴 발레리의 시 『해변의 묘지』의 유명한 글귀, "바람이 분다. 살아야겠다"에서 따왔다.

이 소설이 바로 지금 우리가 걷고 있는 이 길을 배경으로 한다. 속삭임의 소경의 다른 이름은 '요양원길サナトリウムレーン'이다. 실제로 이곳에 먼로 박사가 운영하는 요양병원이 있었고, 소설에서는 여주인공 세쓰코가 이곳에서 요양한 걸로 되어 있다. 호리 다쓰오는 소

설의 마지막 장 '죽음의 골짜기'를 가와바타 야스나리의 별장에서 썼다고 한다. 아이러니하게도 '해피밸리'라 불리는 계곡에 있다.

이 널찍한 숲 속의 산장은 또 얼마나 많은 이야기를 숨겨두었을까? 치정이건 달달한 로맨스건 사랑 이야기라면 언제나 환영이다.

"제법 걸었는데 만페이 호텔은 아직 보이질 않아."
"이정표를 지나친 지도 한참 됐는데, 길을 잘못 든 걸까요?"

언니들이 한참 헤매던 오솔길 끝에 만페이 호텔이 있었다. 흰색의 몸체에 얇은 나무 장식을 한 하프팀버(나무 구조가 밖으로 드러나 보이는 건축 구조) 건축물은 알프스 산장처럼 운치가 있다. 심지어 '알프스관'이라고도 불리지만 사실은 나가노 현 사쿠 지역의 양잠농가에서 아이디어를 얻은 것이라고 한다. 첫눈에도 오랜 역사를 가진 건물이다 싶었는데, 1936년에 지어졌단다.

모자를 쓴 호텔보이가 미소를 지으며 현관문을 열어준다. 조촐한 출입구와 달리 널찍한 홀이 펼쳐진다. 빨간 양탄자가 깔린 실내는 고풍스런 목재 기둥들과 어울려 품격 있는 공간을 연출한다. 언니들이 나직한 탄성을 지른다. 라운지 카페에서 은은한 음악이 흘러나온다. 손님들이 몇몇 테이블에 앉아 있는데, 틀림없이 만페이 호텔의 자랑인 로열밀크티를 앞에 두고 있을 것이다. 지금은 오후 4시. 애프터눈티를 즐길 시간이므로.

아직 낮이라 문을 열지 않은 라운지 바를 지나 만페이 호텔의 역사를 보여주는 기념실로 들어간다. 백 년이 넘는 동안 축적된 자료

알프스의 산장 같은 만페이 호텔. 호텔 1층에는 존 레넌이 가끔 연주했던 야마하 피아노가 전시되어 있고, 호텔의 옛 그릇과 메뉴, 코스터들이 꼼꼼하게 정리되어 진열되어 있다.

軽井沢

들이 꽤 많은데 그중에서 가장 중심에 있는 것은 존 레넌과 관련된 것들이다. 세월이 잔뜩 묻은 목재 책상과 묵직한 금고 사이에 존이 가끔 연주했다는 야마하 피아노가 귀하게 모셔져 있다. 옛날부터 써 온 식기와 메뉴, 손으로 쓴 투숙객 명단도 귀한 보물이다. 바에서 사용한 음료 코스터 디자인도 만페이의 역사와 궤를 같이한다.

존 레넌과 오노 요코는 1977년부터 삼 년간 여름이면 만페이 호텔에서 한 달여를 머물렀다. 그들은 항상 알프스관 128호에 투숙했다. 이 방은 방문을 원하는 사람들에게 공개하기도 한다. 야외 테라스 대신 실내에서 바깥을 조망할 수 있는 공간이 있는데 전통 공간에나 있음직한 도코노마가 놓인 것이 특색이다. 이 공간과 베드룸을 구분하기 위해 중간 창을 두었는데 나무 무늬가 있는 간유리로 빛이 은은하게 새어들어 차분한 분위기를 연출한다. 서양식 생활양식과 일본식 공간 구조가 섞여 더욱 묘한 느낌이다. 앤틱한 고양이발 욕조를 갖춘 이 호텔은 여전히 클래식한 스타일을 고수하고 있다.

"만페이 호텔에 왔다면 로열밀크티를 마셔야지. 존 레넌이 직접 주방장에게 레시피를 알려줬대."

만페이 호텔의 로열밀크티는 비엔나커피처럼 크림을 듬뿍 올린 달콤한 밀크티다. 애플 아라모드와 로열밀크티라는 오래된 추억을 즐기러 만페이 호텔을 일부러 찾는 사람들도 있다고 한다. 하지만 오늘은 모든 것을 다 포기하고 다시 산책길을 나섰다. 가루이자와 풍경이 담긴 스테인드글라스로 장식된 레스토랑의 여유 있는 만찬도 다음 기회를 위해 남겨둔다. '존 레넌 기행'은 아직 끝나지 않았기 때문이다.

오노 요코의 소박한 별장지가 바로 만페이 호텔 뒤, 해피밸리 오솔길에 있다. 때로는 요코의 별장에서, 때로는 만페이 호텔에서 지내던 존 레넌은 자전거를 타고 오솔길을 가로질러 규가루이자와 긴자 거리까지 달리곤 했다. 따끈한 바게트를 실은 자전거를 끌고 있는 존을 찍은 사진이 걸린 규가루이자와 긴자 거리의 프렌치 베이커리에 이르면 어느 정도 이 여정을 마무리해도 좋다. 324엔짜리 프랑스빵은 존 레넌의 이미지 때문인지 날개 돋힌 듯 팔린다.

존 레넌을 뒤쫓던 우리의 여정은 여기서 끝나지만 한 군데 더 방문할 만한 곳이 있다. 철길이 지나는 나카가루이자와의 한적한 숲에 있는 '리잔보'라는 카페다. 겨울에는 문을 닫고 봄에서 가을까지만 영업하는 이 카페는 오로지 존 레넌 가족의 기억으로 멈춰진 듯한 착각을 안겨준다.

세기의 커플이 자주 방문했던 그때의 젊었던 안주인은 이제 희끗한 머리와 주름진 얼굴로 그 시절을 이야기한다. 이 카페를 존속할 이유는 오로지 존과 요코, 그리고 션, 세 사람과의 우정을 그리워하기 위해서라는 듯이. 그들이 앉았던 자리, 그들과 나눴던 대화, 그들과 주고받은 작은 선물들이 고스란히 담긴 작은 박물관 같다.

추억과 기억은 가루이자와에서 가장 인기 많은 상품이다.

만페이 호텔 万平ホテル
A. 長野県北佐久郡軽井沢町軽井沢925
W. mampei.co.jp
T. 0267-42-1234

프렌치 베이커리 French Bakery
A. 長野県北佐久郡軽井沢町大字軽井沢618
W. www.french-bakery.jp
T. 0267-42-2155
Open. 8:00~17:00(목요일 휴무, 하계 무휴)

리잔보 離山房
A. 長野県北佐久郡軽井沢町長倉820-96
T. 0267-46-0184
W. www.rizanbou.jp
Open. 봄과 여름 9:00~17:00, 가을과 겨울 10:00~17:00(수요일 휴무, 12월부터 3월까지 동계 휴업)

매직아워, 마법이 풀리기 전까지

규가루이자와 상점가
고바야시 주점 · 델리카트슨

산중 도시는 밤이 이르다. 이제야 비로소 규가루이자와 긴자에 이르렀는데, 개와 늑대의 시간이 몰려온다. 서쪽으로 넘어간 해가 남긴 긴 여운 때문에 아직 어둠은 오지 않고 희뿌연 그늘이 지는 거리. 이 시간이 되면 정수리가 뻥 뚫린 것처럼 머릿속이 시원해진다. 순전히 내 생각이긴 하지만, 눈이 가장 밝아지는 시간이 아닌가 싶다.

해가 저물고 어둠이 몰려오는 이때, 누군가의 주술에라도 걸린 양 세상은 제멋대로의 색이 된다. 그래서 이때를 '매직아워'라 부른다. 하지만 언니들의 매직아워는 신데렐라의 주문이 자정까지만 유효했던 것만큼이나 아슬아슬했다. 이른바 심야술집의 미션 때문이었다.

"오늘 밤은 좀 특별한 심야술집을 열어볼까 하는데 어때?"

손짱의 야심찬 선언에 이어 이왕이면 더 재밌게 술상 배틀이라도 하자며 언니들이 거들었다. 어두운 밤을 핑계 삼아 차가운 술 한 잔 두고 조분조분 이야기 나누면 그뿐이지, 품평회니 등수를 매기는 일은 끔찍하게도 싫다는 헬렌과 나도 솔깃할 만한 상품이 걸렸다.

"이긴 자는 도쿄로 돌아가는 버스 티켓을 얻게 된다! 잊지 마, 제한시간은 저녁 6시까지야!"

이렇게 되면 이야기가 달라진다. 오늘 심야술집의 미션은 '최고의 술상'이다. 각자 2천 엔의 범위에서 자신이 생각하는 최고의 술상을 차릴 것. 가루이자와의 색다름이 물씬 풍기면서 가장 인상적인 마리아주를 보여준 사람에게 1등의 영예가 돌아갈 것이다.

만페이 대로를 산책하면서 냇물 소리와 숲의 냄새에 푹 빠져 있다 보니 시간 가는 줄 몰랐다. 숲의 흔적이 점점 옅어진다 싶더니 어느새 잘 닦여진 골목길이 이어진다. 규가루이자와 긴자 거리가 시작된 것이다. 번화한 쇼핑 플레이스답게 가게들이 관록 있어 보인다. 베이커리나 그로서리 등 음식을 파는 가게 외엔 절반 정도는 문을 닫은 상태다. 시계를 보니 5시가 넘어간다. 그러니까 이 동네는 6시면 모든 상점들이 문을 닫는다는, 다들 저녁이 있는 삶을 찾아간다는 그런 곳이다. 24시간 불빛이 번쩍이는 도쿄를 생각해서는 곤란하다.

그로서리, 와인가게, 과일가게, 델리카트슨, 베이커리도 하나같이 예쁘고 먹음직스런 것들을 판다. 꼼꼼히 들여다보고 싶지만 문 닫기까

軽井沢

규가루이자와의 관광이 시작되는 관광안내소.

규가루이자와 긴자 거리. 미카도 커피,
나카야마 잼, 각종 오미야게를 살 수 있는
가게들이 즐비하다.

지 한 시간도 남지 않았다. 갑자기 언니들의 발걸음이 바빠진다. 각자 생각해둔 술과 요깃거리를 찾느라 다른 사람을 곁눈질할 겨를도 없다.

미나 센세와 미키는 와인가게와 예쁘게 꾸며진 니혼슈 가게에 먼저 들어갔고, 제이와 헬렌은 베이커리로 향한다. 나는 손짱의 뒤를 좇는다. 그녀가 찾는 곳은 고바야시 주점小林酒店이다.

"나가노 출신의 다양한 주종이 한자리에 모여 있는 곳이지!"

거긴 또 어떻게 알고 찾아가는지, 술과 관련해서는 정말이지 준비가 철저한 그녀다.

고바야시 주점을 찾아가는 길에 널찍한 운동장이 나온다. 운동장 너머로 고풍스런 장식을 한 관중석이 멀찍이서 보인다. 학교 운동장 치곤 예사롭지 않다 싶더니, 황실 로맨스로 유명한 테니스코트가 바로 이곳이다. 여기서 아키히토 일황이 황태자 시절에 아직 소녀티가 가시지 않은 미치코를 처음 만났다. 둘은 2 대 2 복식경기를 펼쳤고 미치코 쪽이 경기에서 이겼다. 그 후 얼마 되지 않아 두 사람은 공식적인 부부가 되었다. 테니스코트에 왕가의 로맨스가 벚꽃 잎처럼 나부낀다. 일황 부처는 지금도 중요한 자리마다 함께 나와서 온화한 부부 관계를 보여준다. 최고의 술상 미션이 아무리 중요하다고 해도 가루이자와 곳곳에 숨어 있는 이야기를 더듬는 시간을 놓칠 수는 없다. 테니스코트가 어스름에 물들어갈 때쯤 발걸음을 돌렸다.

고바야시 주점은 테니스코트에서 멀지 않은 곳에 있었다. 드레스를 입은 귀부인들이 테니스채를 들고서 풍경을 감상하고 흰옷을 입은 기수가 승마를 하는 장면이 스테인드글라스로 새겨져 있다. 귀

황실 로맨스로 유명해진 테니스코트.

부인들 뒤로 언덕마다 교회와 양관들이 서 있고 높이 솟은 산들이 첩첩이다. 스테인드글라스에 가루이자와의 상징들이 고스란히 들어 있다. 내부는 평범한 듯하지만 어디서도 보지 못했던 술병들이 가득하다. 나가노 지역의 신슈 와인들이 큰 자리를 차지한다. 로맨틱한 라벨을 가진 가벼운 가격대의 와인에서부터 오래된 니혼슈처럼 근엄한 라벨의 와인까지 셀러가 다양하게 꾸며졌다. 일본 와인이 이토록 다양할 줄이야! 이 동네는 가는 곳마다 놀랄 것투성이다. 뭘 골라야 할지 선뜻 손이 나가지 않는다. 손짱과 나는 최고의 술상 미션은 잊은 채 이 와인 중에서 가장 멋진 것을 찾느라 고심 중이다. 막걸리처럼 희뿌연 나이아가라 품종의 니고리 와인이 가장 눈에 띈다. 생소한 품종이기도 하지만 희뿌연 와인이라니, 호기심을 듬뿍 자극한다. 어째서 우린 일본 와인에 대해 아무것도 모르고 있을까?

고바야시 주점의 역사도 백여 년에 이른다. 그러고 보니 웬만한 호텔과 상점들은 대부분 메이지와 다이쇼, 쇼와를 거치며 도시의 변화를 지켜봐왔다. 처음엔 유럽 선교사들과 건축가들, 그다음엔 일본 귀족들, 그 후엔 예술가들, 이제는 중국인 관광객들. 오랜 역사를 가진 이 도시의 상점들이야말로 시대마다 달라진 인간 군상들을 가장 먼저 목격하고 반겨온 것은 아닐까?

규가루이자와 긴자 거리의 메인 도로는 석재 블럭이 깔려 휴양지의 분위기가 물씬 났다. 장보러 나온 주민들이라고는 도통 보이지 않고 오로지 언니들 같은 여행자들만 길거리를 배회하는 모습이 영 비현실적이다. 수제 햄 소시지 가게, 나카야마 잼, 오시로 레이스 가

가루이자와의 옛 정취를 스테인드글라스로
새긴 고풍스런 고바야시 주점.
또 다른 가게에서 진지하게 오늘의 메뉴를
고심하고 있는 언니들.

게, 링고야, 신슈 와인과 지비루 전문점, 생 쿠제르 와이너리 상점, 아사노야 브랑제리, 꿀가게 하니숍, 미카도 커피, 치즈케키 공방, 고바야시 잼, 델리카트슨…….

마감시간이 다가오자 언니들은 다급하게 이 상점과 저 상점을 오간다. 반면, 그 어느 가게의 점원도 초조하게 시계를 보는 법이 없다. 정각 6시가 땡 하고 울릴 때까지 점원들은 느릿느릿 천천히 움직일 것이다. 남성 의상을 판매하는 상점에서는 체크무늬 셔츠와 코르덴 바지에 멜빵을 맨 호리호리한 청년이 바쁜 기색 없이 느긋하게 1층 가게의 불을 끄고 문을 잠그더니 2층의 계단을 천천히 올라간다. 허기를 못 참고 닥치는 대로 음식을 집어넣듯 가게들을 탐닉하던 언니들도 동작을 잠시 멈춘다. 새로운 것, 멋진 것, 맛있는 것을 조금이라도 더 많이 사겠다는 이상한 욕심이 사라진다. 어둠은 설탕처럼 가루이자와를 덮쳤다. 개와 늑대의 시간. 야생성이 강렬해지는 시간이다. 눈빛이 점점 또렷해진다. 언니들의 시간이 다가온다.

고바야시 주점 小林酒店
A. 長野県北佐久郡軽井沢町軽井沢758
T. 0267-42-3555

생 쿠제르 와이너리 st.cousair winery
A. 長野県北佐久郡軽井沢町軽井沢750-3
W. www.stcousair.co.jp
T. 0267-41-3903
Open. 10:00~18:00(겨울에 휴업)

델리카트슨 軽井沢デリカテッセン
A. 長野県北佐久郡軽井沢町軽井沢657-6
W. www.karuizawa-delica.com
T. 0267-42-6427
Open. 9:00~17:30/1월~3월 중순은 9:30~17:00(목요일 휴무, 7월 하순~9월 상순엔 무휴, 1월~3월 중순은 수요일, 목요일 휴무)

미키's 칼럼

가루이자와 심야술집 맛 대 맛
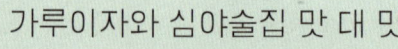

일본의 좋은 술들은 가루이자와에 다 모인다고 했던가. 들어가는 가게마다 도쿄에서는 본 적도 없는 맥주며, 나가노 특산 와인, 니혼슈가 가득하다. 하나하나 다 맛보고 싶지만, 우리에겐 단 하루밖에 시간이 없다. 그러니 오늘 밤 열리는 심야술집 최고의 술상을 기대하고 고대하는 것이다.

최고의 술과 음식을 골라야 한다. 자자, 시간이 없으므로 재빨리 두뇌회전을 해야 한다. 뭐가 좋을까 고심하는데, 규가루이자와 상점가 여기저기서 분주한 발걸음의 언니들과 마주친다. 유짱은 와인을 선택할 것 같고, 손짱은 니혼슈를 고를 듯하다. 맥주를 좋아하는 헬렌이야 당연히 맥주일 테고……. 나 역시 가루이자와 고원맥주가 눈에 어른거린다. 고심 끝에 고원맥주를 선택했다. 안주는 뭘로 한다? 맛있는 건 너무 많지만 선택하자니 머릿속이 깜깜해진다.

모든 가게가 문을 닫는 6시, 아슬아슬하게 미션을 마친 우리는 모두 숙소에 모였다. 다다미방에 커다란 좌탁도 있어서 옹기종기 둘러앉아 심야술집을 열기에 딱 좋다. 프런트에 접시와 와인잔, 커트러리를 사람 수만큼 부탁했다. 세팅을 하고 나니 슬슬 배틀의 열기가 피어오른다. 모두 호텔의 하얀 가운을 입고 착석.

"공개할 순서는 사다리를 타자!"

어쩐지 두근거리는 마음으로 번호를 선택했는데, 결국 내가 1번

軽井沢

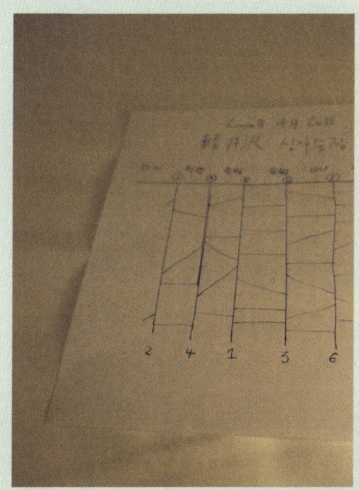

으로 당첨됐다. 나는 가루이자와 고원맥주와 버섯채소절임을 꺼내놓았다. "이 버섯채소절임을 가게에서 시식해봤는데, 지금까지 먹어본 것과는 비교가 안 될 정도로 맛있어서 바로 선택했어요. 점심 먹을 때 곁들였던 이 맥주도 맛있었고요." 나의 선택이 부디 언니들에게 후한 점수를 받길!

다음 순서는 유짱. '나이아가라'라는 포도 품종으로 만든 니고리 스파클링 와인과 카망베르 치즈쿠키, 큼직하게 썰어서 살짝 절인 채소가 식탁에 올랐다. 니고리 스파클링 와인도 처음 맛보는 것이지만, '나이아가라'의 풍부한 향과 맛에 모두가 깜짝 놀랐다.

"난 이곳 채소들이 맛있었어요. 고원 채소니까 더 맛있는 게 아닐까. 이렇게 작은 패키지로 파는 것도 좋고." 그녀가 골라온 채소절임에는 당근, 컬리플라워, 색색의 파프리카 등이 골고루 들어 있었다. 하나하나가 또 어찌나 아삭하고 신선한지, 스파클링 와인의 상큼한 맛과 기가 막히게 어울렸다.

세 번째는 미나 센세다. 예전에 칵테일바에서 아르바이트를 한 적이 있는 그녀의 필살기는 역시 칵테일 제조. 미나 센세는 가루이자와 특산 니혼슈에 생강과 꿀을 섞어 만든 음료를 나름의 노하우가 담긴 비율로 섞고, 마지막에 홋카이도 산 우유를 섞어서 색깔이 뽀얗게 변하게 만드는 퍼포먼스를 보여주었다. "내가 제일 좋아하는 칵테일이에요. 니혼슈와 우유를 섞는 것!" 안주는 프렌치 베이커리의 빵 두 종류다. 우유크림과 딸기크림이 들어 있는 빵은 무척 촉촉하고 부드러웠다.

네 번째 순서는 제이다. 그녀는 '수요일의 고양이'와 명란젓과 마요네즈가 들어간 '구마요$^{Gu\text{-}Mayo}$' 소스를 바삭한 비스킷에 올려서 내주었다. "이 맥주 캔에 그려진 고양이가 예쁘지 않아요?" 역시 마요네즈와 명란젓의 조합은 거스를 수 없는 진리인가. 에일 맥주의 풍부한 향기와 짭짤한 카나페가 썩 잘 어울렸다. 계속 맥주를 마시고 싶어지는 조합이지만, 우리에겐 아직 맛보아야 할 순서가 남아 있으니 한 캔으로 아쉬움을 달랜다.

그다음은 헬렌이다. 맥주를 좋아하는 그녀답게 가루이자와 클리어 맥주와 요나요나 두 종류의 맥주를 고르고, 가벼운 과자와 고기소가 들어간 바삭한 고로케를 맞춤 안주로 골랐다. "일단, 맥주 맛이 궁금한 걸 골랐지. 맥주엔 가볍게 곁들이는 게 좋더라고." 그녀는 책이나 영화 외에도 다방면에 호기심이 많아서 음식도, 술도 처음 보는 것이라면 꼭 한입은 맛보고야 만다. 빵이라면 사족을 못 쓰고, 새로 나온 과자에도 왕성한 호기심이 발동한다. 맥주에 과자라니, 꽤 싱거운 조합이지만 과연 헬렌답다. 그런 그녀에게 우리는 '한입만ヒトクチ'이라는 별명을 붙여주었다.

마지막은 손짱의 순서다. 그녀는 니혼슈를 선택하리라는 예상을 깨고 "가루이자와는 역시 와인이지"라며 고이치 와이너리의 레드와인을 꺼내놓았다. 묵직하고 진하지만 깔끔한 맛이었다. 일본 와인이 이렇게 맛있을 수가! 일본 와인에 깜짝 놀란 건 나뿐만이 아니었던 듯, 이날 유짱과 손짱이 선택한 와인 때문에 다음 여행에서는 무조건 나가노 현 시오지리로 와이너리 투어를 하기로 결정해버렸다. 손짱의 안주는 델리카트슨에서 사온 아스픽^{aspic}이었다. 아스픽은 고기와 채소를 넣은 콘소메 수프를 젤라틴으로 굳힌 프랑스식 냉햄이다. "한국에서는 먹기 힘든 걸로 골랐지. 백 그램에 3백 엔밖에 안 하더라고." 아스픽은 레드와인과 은근히 조합이 좋았다.

역시 와인의 힘인가? 이 배틀의 최종 승자는 유짱과 손짱이었다. 공동 득표한 둘에게 부상으로 내건 버스 티켓 비용을 절반씩 나눠주기로 했다. 승자와 패자가 무슨 소용인가? 술과 안주에 담아온 각자의 이야기들이 더 재밌었던 것을!

배틀이 끝나고 본격적인 심야술집의 막이 올랐다. 이날 언니들과 함께한 술과 안주는 그 어느 곳에서도 맛볼 수 없는 특별하고 맛있는 것들로 그득했다. 수브니어로 챙겨둔 과자와 먹거리, 맥주와 와인이 쉴 새 없이 쏟아져 나왔다. 그리고 이야기로 새하얗게 지새운 밤. 마지막 하나 남은 고원맥주를 비운 우리는 새벽동이 터오는 하늘을 바라보며 각자의 침대로 돌아갔다. 다음 날의 일정은 안중에 없었다.

언니들의 여행은 때론 무척이나 계획적이기도 하고, 때론 이렇게 엄청나게 무계획적이기도 하다. 그래서 언제나 언니들과의 여행이 기대된다. 다음 여행엔 또 어떤 심야술집이 기다리고 있을까?

프랑스 소설을 읽는 시간

나카가루이자와 타리아센

맑게 지저귀는 새소리에 눈을 떴다. 키 큰 나무들 사이로 새어드는 아침 햇살이 바닥에 길게 빛무리를 만들고 있다. 심야술집의 열기는 온데간데없다. 오로지 고요히 시작되는 새로운 아침의 향기뿐.
꺼내놓은 술과 음식만큼 풍성한 이야기들로 불태웠던 밤이 지났다. 알코올이 휘발되면서 기억도 절반쯤 사라졌다. 신기루처럼 쌓였다가 사라진 이야기들. 그 밤에 우리는 무엇을 했던가. 우리는 자신만의 기억을 반추하며 자신만의 새벽을 지났다. 그리고 또 어디론가 떠날 완벽한 아침이 왔다. 여행자의 아침에 숙취 따윈!
미술관과 오래된 건물들을 잔뜩 볼 계획을 세워둔 나는 역시 한순간도 낭비할 수 없다는 듯 빡빡한 일정표를 꺼내 들었다. 그때 미

나 센세가 도전장을 내밀었다. 호시노야星のや의 톰보노유トンボの湯에서 느긋하게 입욕하고 눈에 띄는 카페에 들어가 맛있는 커피를 마시며 한갓지게 보내겠다며.
"호시노야!"
다들 술렁거린다. 최고급 온천 료칸이라는 호시노 리조트! 가루이자와 북부의 쿠사츠 온천의 지류를 원천으로 1914년에 개장한 유서 깊은 온천이다. 오로지 자연으로 둘러싸인 노천탕에 새소리, 물소리, 바람소리만 들린다는 톰보노유를 외면하자니 중요한 걸 놓치고 있는 것만 같다. 그러나 가고 싶은 곳, 보고 싶은 것들이 아직 많다. 센주히로시 미술관과 윌리엄 메렐 보리스의 별장 건물, 가루이자와의 현재를 만들었던 옛날 선교사들의 흔적 찾기 등등.
다들 한숨이 쏟아진다. "하루만 더 있다면!"
어쩔 수 없이 오늘 일정은 3 대 3으로 쪼개진다. 나와 손짱, 그리고 제이는 신발을 조여 묶고 열심히 보고 걷는 팀으로, 헬렌, 미키, 미나는 쉬고 산책하는 팀으로. 각자 하루를 보내고 버스 시간에 맞춰 호텔에서 만나기로 한다. 볕 좋은 카페에서 책장을 넘길 헬렌이 부러웠지만 마음을 추스르고 가방을 챙겨 들었다. 일단 마음을 결정하니 새로운 장소를 만날 기대감에 기분이 상승한다. 우리는 가루이자와 타리아센軽井沢タリアセン으로 가기 위해 택시를 불렀다.

가루이자와 역의 남서쪽 방향에 있는 시오자와 호수 주변까지 가려면 택시 말고는 방법이 없다. 그 사이에는 풀과 나무가 마구잡

이로 자란 숲길에 몇 채의 집이 있을 뿐이다. 유유자적한 차창 풍경으로 잘 꾸며진 정문이 갑자기 등장하자 타리아센에 도착했음을 알아차렸다. 타리아센은 공원으로 꾸며진 예술마을이다. 제이는 입장권을 끊고 나는 타리아센 지도가 그려진 리플릿을 펼쳤다.
"건물들을 찾아가려면 호수를 따라 크게 한 바퀴 돌아야 해요."
나는 호수와 주변 산등성이를 바라보며 말했다.
"이거, 아침 산책 제대로 하겠네."
호수고 산등성이고 아직 봄꽃은커녕 연둣빛 잎사귀도 제대로 돋지 않은 나무들뿐이지만 살갗을 간질이는 햇살에서 은근히 봄 냄새가 피어난다. 머지않아 들이닥칠 꽃폭풍이 예상되는 달금하면서도 묵직한 햇살이다.
"근데 커피 마실 데 없나? 밤늦게까지 술 마셨더니 속이 영……."
"나도 나도. 진한 커피가 필요해."
지도에서 카페를 찾아보았더니 호수 건너편에 있다. 오늘 날씨와 대조적으로 셋의 얼굴이 회색빛이긴 했지만, 커피보다 긴 아침 산책부터 해야 할 것 같다.

홈페이지에서 미리 읽은 정보에 따르면 시오자와 호수는 처음부터 호수는 아니었다. 겨울이면 물을 대서 스케이트장으로 이용하던 들판을 호수공원으로 만든 것이다. 구시가에 있던 근현대 문학가들의 산장과 별장을 옮겨와 가루이자와 고원문고를 열면서 호수 주변에 예술적인 기운이 감돌기 시작했고, 건축가 안토닌 레이몬드

(Antonin Raymond, 1888~1976)의 별장 겸 아틀리에와 건축문화재인 메이지44년관(옛 우체국청사)을 이축복원해 미술관으로 개관하면서 차츰 풍요로운 이야기를 품게 되었다. 고원문고에는 호리 다쓰오의 별장이 고스란히 옮겨져 있다고 한다.

이 호수공원은 '타리아센'으로 이름을 바꾸면서 신비로움을 간직한 장소로 변모했다. 타리아센은 '빛나는 이마'라는 뜻의 웨일스 말인데, 발음하기도 어려운 이 단어에는 '지혜의 여신', '예술의 여신'이라는 의미가 포함되어 있다고 한다. 문학과 예술에 몸담았던 사람들에게 헌정하는 이름으로 꽤 근사하다.

"저기 나무 산장이 있어요. 너무 예뻐요!"

제이의 톤 높은 외침이 들렸다. 우리 앞에는 어느새 스이큐소睡鳩莊가 등장했다. 건물을 보자 잔뜩 흐렸던 셋의 표정이 한껏 환해졌다. 건물은 호숫가를 바라보는 근사한 위치에 있었다. 규가루이자와에서 옮겨 왔다는 것이 믿기지 않을 정도로 지금의 위치에 절묘하게 어울렸다. 이축되는 경우의 대부분은 보살필 후손이 없거나 있다 해도 오래된 건물을 관리할 만큼 경제적인 여유가 없는 경우다. 이렇게 규모가 큰 건물이라면 더더욱.

스이큐소는 별장답게 테라스가 있는 2층 목조 건물이었다. 가루이자와의 오래된 별장 건물들과 마찬가지로 화려하지 않으면서 품위가 있다. 문을 열고 들어서자, 흑백사진 속 젊은 여인이 도전적인 표정으로 우릴 바라본다. 귀족 가문의 말괄량이 아가씨인가, 도도하면서도 몸짓이 무척 자연스럽다. 한쪽에는 파리의 아파트에서 찍은 사진들도 있다. 가루이자와 그리고 파리. 여인의 운명은 그렇게 펼쳐졌나보다.

"와!" 거실에 들어서자 다시금 탄성이 흘러나왔다. 바깥의 소박한 느낌과 달리, 영국 귀족의 시골 저택을 떠올리게 했다. 목공 세공의 가구와 박제된 짐승들이 걸린 벽, 윤기가 흐르는 붉은 양탄자, 검은 레이스와 붉은 자카르 커튼. 어떤 시대의 취향이 그대로 남아 있다. 이 집에 살았던 사람들은 누구일까?

그때 건물 안에 있던 해설사가 우리에게 다가왔다. 제이의 유창한 일본어 덕분에 이 집의 주인에 대해 자세히 들을 수 있었다. 해설사는 몇 권의 책을 펼쳐 보이며 한 여인에 대한 이야기를 들려주었다.

"이곳은 아사부키 토미코 여사의 별장이에요. 여사는 프랑스 문학 번역가이자 에세이스트지요. 토미코 여사는 프랑수아즈 사강을 일본에 처음 소개한 분이에요. 『슬픔이여 안녕』이 큰 반향을 불러일으키면서 토미코 여사도 유명해졌지요. 부유한 집안의 외동딸인 여사는 어린 시절 이 집에서 여름을 보냈답니다."

해설가는 이층으로 향하는 계단 중간에 걸린 남자의 초상화를 가리켰다. 언니들의 시선이 모두 그쪽으로 향했다.

"이 별장을 지은 건 여사의 아버지예요. 일본에서 아주 유명한 근대 건축가인 윌리엄 메렐 보리스가 설계를 맡았기 때문에 근대 건축물로도 의미가 크답니다. 여사의 가족들 모두 유명인사예요. 오빠인 아사부키 미요시도 유명한 불문학자로, 장 주네의 『도둑 일기』를 번역했지요. 이 사진들 좀 보세요. 시몬 드 보부아르예요. 보부아르의

軽井沢

호숫가에 자리 잡은 스이큐소와
타리아센의 지도.

스이큐소의 1층 거실. 옛날 프랑스에서 만든 검은
레이스 커튼이 고급스럽다.

글들을 번역하면서 두 사람의 친분이 깊어졌지요."
 침실로 꾸며진 2층으로 올라가자 조금 더 따뜻한 삶의 흔적을 발견했다. 나무 바닥에 테이블과 의자가 놓여 있고, 침구는 없지만 원목의 묵직한 질감이 살아 있는 침대도 있다. 아사부키 일가의 사진들도 서랍장 위에 놓여 있었다. 테니스 코트 주변으로 서 있는 남녀들, 잘 차려입은 도련님과 아가씨들, 볕에 그을려 건강해 보이면서도 자존심과 자신감으로 가득 찬…….
 사진을 들여다보니 이 도도한 아가씨의 삶이 정말이지 궁금해졌다. 이 별장에서는 어떤 사건이 있었으며 어떤 이야기들이 오고 갔을까? 좁은 구석 공간에 정교하게 설치된 세면대를 보니, 지금도 누군가 살고 있는 것처럼 생생하게 느껴졌다. 발코니 쪽으로 열리는 유리문 밖으로 맑은 호수가 너울거린다. 건물이 원래 있던 곳에서는 창밖으로 어떤 풍경이 펼쳐졌을까?
 가루이자와의 풍경은 한껏 낭만적이다. 푸른 숲과 오솔길을 따라 요양원과 와이너리가 펼쳐지고, 여름이면 더위를 피해 몰려든 지성들―예술과 문학, 과학 등 분야를 막론하고―이 자연스럽게 모여 토론하고 강론하는 여름 대학이 열렸다. 한편, 높은 가문들끼리 모여서 소란하고 드라마틱하게 어울렸던 사교의 현장이기도 했다. 일본인도 서양인도 경계선을 긋지 않고 한때의 일탈처럼 어울리던, 약간은 무정부적이고 약간은 나른한 별장촌의 한때가 지금도 곳곳에서 펼쳐진다.
 이 도시의 낭만적인 정경은 프랑수아즈 사강의 소설과도 닮았

軽井沢

270

다. 사강의 소설은 삶의 고단함을 전혀 모른 채 살아가는 중상 계층의 나른한 일상과 어른들의 미묘한 관계를 엿보며 소녀가 어른이 되어가는 야릇한 여름날의 풍경화가 아니던가. 시오자와 호수의 바람결에 여름의 한 조각이 밀려온다. 그 바람은, 여름이면 일탈과 깨달음이 반복되며 소녀들은 밤마다 쑥쑥 자라서 완전히 다른 존재들이 되어버린다고 말하는 것 같다.

우리는 별장에 걸린 최상품 레이스 커튼 뒤에서 그들의 삶을 비밀스럽게 엿보고 있었다.

스이큐소에서 한참 시간을 보내고 나온 언니들은 호숫가 언덕으로 발걸음을 돌렸다. 얕은 경사지는 물빛이 아른거리며 우리를 유혹했다. 언덕 위에는 놀이기구가 잔뜩 놓인 어린이들을 위한 공간도 있고 아직 채 무성해지지 않은 나무들이 자라는 잘 조성된 정원도 있었다. 우리는 민트그린으로 칠해진 서양식 목조가옥을 향해 걸었다. 이곳은 '메이지44년관'이라는 문화재 건물인데, 후카자와 고코深澤紅子의 야생화 그림을 전시하는 갤러리로 문을 열었다.

1층에 카페라고 적힌 문구가 먼저 보였다.

"카페다!"

언니들은 갤러리로 들어가려다 말고 얼른 그곳으로 돌진했다.

"커피, 커피!"

조용한 오전의 카페에 느릿한 볕이 한가득이었다. 테이블보가 깔린 탁자가 예스럽기 짝이 없다. 아이스커피와 뜨거운 커피, 고원

우유 같은 전형적인 메뉴를 주문하고 우리는 흐뭇하게 미소를 지었다. 얇고 긴 유리잔 두 개와 흰색의 산뜻한 커피잔이 우리 앞에 놓였다. 뜨거운 커피는 맑은 향기로 입안을 감싸고, 고원우유는 신선하고 달착지근한 뒷맛이 입에 착착 붙는다. 해장에 유제품이 좋아요, 라던 미키의 목소리가 떠올랐다. 속을 다독거려주는 맛이다.

가루이자와에선 시간도 천천히 흐르는 것 같다. 바쁠 것도, 불편할 것도, 슬플 것도 없는 이 낯선 시간, 낯선 장소. 카페 옆에 조그맣게 마련된 아트숍에서 후지카와 고코 여사의 야생화 그림을 들춰보니 그림의 비현실성에 아득해진다. 이 도시에서 살아가는 사람들에겐 삶의 속도가 다를 것이다. 꽃을 표현한 우아하고 얇은 선은 다급하고 바쁜 도시의 속도에 익숙한 우리에겐 나른하게만 보인다. 그러나 그 속도를 받아들이려는 마음으로 몇 장의 그림을 집어들었다. 나는 동백을, 손짱은 물망초를 골랐다. 가루이자와의 자연 앞에서는 그림을 그리지 않을 수 없겠구나, 그런 생각을 하면서.

안토닌 레이몬드의 별장 겸 아틀리에를 미술관으로 바꾼 페네 미술관은 호숫가 반대편에 있었다. 동화 같은 페네의 그림보다 건물이 더 좋았다. 안토닌 레이몬드는 체코 출신으로 미국에서 활동한 건축가다. 프랭크 로이드 라이트가 도쿄에 제국호텔을 짓던 무렵, 레이몬드는 그의 직원으로 도쿄에 왔다가 아예 자리를 잡으면서 일본 전역에 서양식 건축을 전파하는 역할을 톡톡히 했다. 건물은 1933년에 지은 것인데, 살짝살짝 숨어 있는 건축가의 흔적이 마음에 들었다. 서양식 건축이면서도 일본식 벽장과 복도가 있는 내부가

메이지44년관은 후카자와 고코 야생화 미술관으로,
안토닌 레이몬드의 별장은 페네 미술관으로 바뀌어
관람객을 맞이하고 있다.

서로 자연스럽게 어울리는 것을 보니 가루이자와 건축 스타일이란 이런 것이 아닐까 하는 생각이 들었다. 이 집 역시 옮겨 온 것이지만 스이큐소처럼 원래 이 자리에 있었던 양 자연스럽게 호수를 향하고 있다. 전망도 훌륭했다.

집은 온통 나무다. 나무 바닥과 나무 벽, 나무로 된 천장……. 우리 몸에서도 나무 냄새가 날 것 같다. 규가루이자와 긴자 거리의 한적한 뒷골목에서 안토닌 레이몬드의 이름이 붙은 교회를 보았던 기억이 났다. 성바오로 가톨릭교회는 굵은 통나무로 소박하게 지은 한편 따뜻한 정감이 느껴져 예배당의 문을 열지 않을 수 없었다. 교회 안에 들어서자 그 시절 자연 속에서 기도를 드리는 경건한 풍경이 눈에 그려지는 듯했다. 가루이자와에서 채취한 삼나무와 밤나무, 낙엽송, 그리고 화산암으로 지은 건물이어서인지 자연스럽고 검소하면서도 강렬했다. 안토닌 레이몬드는 이 도시에서 얻은 모든 재료들이 일본 건축의 마음이라고 여겼고, 자신의 건축에도 그런 마음을 표현하려고 애썼다.

먼 기억을 향해 가는 낭만의 정서 속에 사람들의 이야기가 차곡차곡 쌓여 있다. 가루이자와는 수많은 인물들이 시대를 겹치며 살아가고 있었다. 집을 짓고 학문적인 교류를 하고 스포츠와 예술을 즐기며 시대를 방랑하는 선교사들, 예술가들, 부자들, 귀족들. 그 길에 여행하는 언니들의 흔적이 더해진다. 오늘 처음 알게 된 토미코 아가씨도, 이름만 들어본 레이몬드 씨도, 수채화를 그린 고코 할머니도 어쩐지 이해할 수 있을 것 같은 친밀감이 들었다.

軽井沢

안토닌 레이몬드가 지은
성바오로 가톨릭 교회.

꽃이 없어도 봄을 즐기러 나온 사람들이 너른 들판에 담요를 깔고 앉아 있는 모습들이 눈에 띄었다. 우리도 잔디 위에서 한갓지게 뒹굴고 싶었지만 벤치에 앉아 잠깐의 호젓함을 만끽하는 걸로 만족하기로 했다. 호수야말로 가루이자와의 낭만과 너무나 잘 어울린다.

"호수 주변이 넓어 보이긴 했지만 걷는 게 힘들지는 않았어."

"그런데 다른 세 언니들은 톰보노유에 갔을까?"

"못 갔다에 한 표. 그래도 별 좋은 카페에서 재미나게 보내고 있을 것 같아."

"그나저나 헬렌은 오늘 무슨 책 읽을까?"

그게 가장 궁금했다. 어쩌면 프랑스 소설일지도 모른다.

토미코 아가씨의 삶이 궁금했던 나는 구글에서 그녀에 대해 조금 찾아보았다. 아사부키 토미코(朝吹登水子, 1917~2005)는 미쓰이 물산과 일본생명주식회사의 중진으로 일하던 아버지 아사부키 쓰네키치와 당시 내로라하는 미인으로 꼽히던 어머니 나가오카 이소코 사이에서 넷째 아이로 태어났다. 서양 문물에 열린 시각을 가진 아버지는 가정교사를 붙여주며 아들과 딸을 모두 공평하게 교육시켰다. 토미코는 영어와 프랑스어를 유창하게 하며 교양 있는 소녀로 자랐다.

가루이자와에 별장을 둔 그들 가족은 여름이면 이곳에서 테니스를 치거나 댄스파티를 열고 또래의 부유한 자제들끼리 모여 티타임을 즐기는 등 화려한 생활을 했다. 집안이 정해준 남자와 열여섯 살에 결혼한 토미코는 부부 동반으로 떠난 프랑스 여행에서 파리의 여인들에게 매혹되고 만다. 그곳 여인들의 삶을 들여다본 이후로 토미코는 이전의 그녀, 귀공녀이자 부유한 남자의 아내로 남아 있을 수 없었다. 결국 그녀는 열아홉 살에 결혼 생활에 종지부를 찍고 파리로 떠났다.

토미코는 프랑스의 자유로운 사상과 문화적 다양성에 크게 경도되었다. 마음껏 유럽 문화에 취해 있던 그녀는 1939년에 전쟁의 조짐이 심상치 않자 일본으로 돌아왔다. 패전 후엔 부모의 재산이 모두 몰수되었다. 생전 처음 궁핍을 경험하고 생계를 걱정하게 된 토미코. 그녀는 다시 프랑스로 떠났다.

의상디자이너가 되기 위해 학교도 다니고 최신 유행에 대한 기사도 번역하면서 근근이 생활을 이어갔던 그녀는 불문학자인 오빠 미요시의 권유로 프랑스 소설을 번역하게 된다. 이것이 토미코의 인생을 완전히 바꾸어놓았다. 1955년 프랑수아즈 사강의 『슬픔이여 안녕』이 출간되고, 이후 『어떤 미소』, 『브람스를 좋아하세요』 외에도 수많은 사강의 작품을 번역하면서 일본인들에게 큰 반향을 불러일으켰다. 토미코의 번역으로 프랑수와즈 사강을 접한 수많은 일본인들은 "토미코의 프랑스를 읽으며 프랑스를 알고 프랑스를 꿈꾸며 프랑스 땅을 밟았다"고 말하곤 한다.

이후에는 시몬 드 보부아르의 작품을 번역하면서 보부아르-사르트르 커플과 교류한다. 사르트르는 "일본에서 본 프랑스이며 프랑스에서 본 일본이다"라고 아사부키 토미코를 평했다. 베르사유와 가루이자와를 오가며 토미코는 끝까지 두 나라 사이에서 살았다.

나의 어린 시절은 가루이자와의 안개와 키 큰 전나무, 그리고 덤불 속에 점점이 보이는 붉은 칠을 한 선교사들의 소박한 별장의 추억으로 가득하다. 조금씩 조금씩 톱니로 기어올라가던 아프트식 산악열차…….

『나의 가루이자와 이야기』에 실린 토미코 여사의 가루이자와는 이랬다. 세월이 많이 흘렀지만 지금도 그 모습을 발견할 수 있어서 다행스러웠다. 토미코 여사의 삶을 알고 난 후 스이큐소는 조금 다른 의미로 다가왔다. 프랑스 문학을 전파한 여성 문인의 예술혼이 담겨 있는 장소라기보다는 새로운 세상으로 나아가기 위해 주저하지 않았던 여인을 기념하는 곳이라고 말이다. 미래가 막연하더라도 그걸 바꿀 기회가 왔을 때 자신의 삶의 경로를 과감하게 틀며 세상에 맞섰던 여인. 사진 속 토미코의 강인한 표정이 계속 떠올랐다.

이윽고 할머니가 된 토미코는 이렇게 이야기하지 않았을까? 되돌아보니 내 삶이 프랑스 소설 같더라고. 가루이자와의 여름밤, 스이큐소의 어느 작은 고미다락방에서는 토미코 할머니의 지나간 시절이 계속 흘러나오고 있을지도 모른다.

가루이자와 타리아센 軽井沢タリアセン
A. 長野県北佐久郡軽井沢町長倉塩沢217
W. www.karuizawataliesin.com

T. 0267-46-6161
Open. 9:00~17:00
(12월과 1월은 10:00~16:00)

가루이자와 벚꽃 엔딩

센주 히로시 미술관

    가루이자와의 마지막 일정은 센주 히로시라는 낯선 화가를 찾아가는 일이었다. 낯선 화가의 그림을 볼 때면 긴장이 된다. 작품이 어떤지, 미술관의 위치는 어딘지도 모르고 택시기사에게 무조건 '센주 히로시 비주츠칸'을 외쳤다. 잠시 후 우리는 완만한 경사지에 안개처럼 가라앉은 넓은 건물 하나를 보게 되었다. 가루이자와는 안개가 유명하다는데, 이곳에 안개가 서리면 건물이 감쪽같이 사라질 것만 같았다. 콘크리트 건물임에도 엷은 안개처럼 가볍게 느껴지는 이 건물 속에는 무엇이 있을까?
    폭포 그림이 우리를 맞았다. 물소리가 들렸다. 쏴아 하고 광대한 물줄기가 쏟아지고 있었다. 그러나 바닥에 떨어지기 전에 모두 자잘

니시자와 류에가 설계한 센주히로시 미술관.
화가와 건축가가 함께 미술관 건축의 콘셉트를
형성한 과정을 보여주는 책.

軽井沢

한 물방울로 쪼개지더니 이내 공기 중으로 흡수되어버렸다. 결국 바닥에 떨어진 건 하나도 없는 이상한 자기장의 공간이었다. 안개 같은 건축물 속엔 곳곳이 폭포였다. 도처에 열린 유리창으로 청명한 빛이 사정없이 쏟아졌고 그 빛처럼 폭포도 끊임없었다. 환청처럼 들리는 요란한 물소리에 숨을 멈추었다.

한쪽에서는 물 대신 꽃잎이 흩어지고 다른 쪽에서는 별이 찬란하게 흘렀다. 연분홍의 벚꽃도 폭포처럼 흘렀다. 가루이자와에는 아직 피지 않은 벚꽃이 미술관에는 지천이었다. 분분한 꽃잎을 바라보니 가슴속의 묵직한 것들이 떨쳐진 것 같았다. 꽃잎처럼 물방울처럼 먼지 같은 별빛처럼 우리도 하나의 작은 입자가 되어버린 듯했다. 불면 훅 날아가버릴 것만 같은 작은 입자. 그런 존재가 우주를 논하고 불멸을 원하며 심원의 끝을 찾으려 하다니…….

그림과 공간이 어우러져 큰 울림을 준다. 거기에 숲과 햇볕이 더해져 뭔가 완결된 듯한 기분을 갖게 했다. 건물 중앙에 투명한 유리로 된 원통형 공간이 있는데, 중정처럼 동그란 공간에 나무가 자랐다. 관람자는 계절이 바뀌면서 자연의 초록빛이 점점 진해졌다가 다시 회갈색빛으로 바뀌어가는 걸 지켜보게 된다. 그 푸르름 때문에 폭포의 물줄기는 더욱 청명한 물질이 되었다. 자연의 것과 자연이 아닌 것이 뒤섞여 하나의 세계를 만들었다.

얇고 매끈한 플라스틱을 둥글게 뭉쳤다가 꾹꾹 눌러 편 듯, 하나도 정형화된 공간이 없는 이 멋진 미술관을 설계한 사람은 니시자와 류에西沢立衛라는 건축가다. 미술과 건축의 멋진 콜라보레이션이다.

적당한 지점에 놓인 의자에 앉아서 충분히 오랫동안 그림을 보았다. 그림인지 광폭한 소리인지, 반짝이는 입자인지 모를 그것을 바라보았다. 푸른색으로 물든 방과 칠흑같이 어두운 방도 지났다. 바깥에서는 나부끼는 듯한 물줄기가 어두운 방에서는 귀기를 품고 흘렀다. 신화적인 어둠이 있는가 하면 동화 같은 밝음도 있다. 이 모든 것이 가루이자와와 닮았다. 사슴과 폭포와 별. 이 고원도시 주변으로 얼마나 많은 폭포가 존재하련가? 3미터밖에 되지 않지만 칠십여 개에 달하는 물줄기가 한꺼번에 쏟아져 미니어처 나이아가라처럼 보이는 시라이토白系 폭포가 있고, 아사마 고원으로 향하다보면 흰 자작나무가 어우러지고 짙푸른 물줄기들이 폭포를 이루며 길을 막곤 한다. 물줄기는 사람을 움직이게 하고 살아가게 하는 근원적인 움직임이다.

센주 히로시의 그림에 몰입하다보니 폭포 아래서 한참 동안 물을 맞으며 참선한 것처럼 몸이 찌릿하다. 전통화와 서양화를 넘나드는 화법의 오묘함에 내면의 문이 열린 것 같은 느낌을 받았다. 1995년 제46회 베니스 비엔날레 개인전에서 아시아인 최초로 수상했다거나 뉴욕에서 인정받은 세계적인 화가라는 수식어는 그리 중요하지 않았다. 어떤 세계는 아무리 복잡해도 어린아이조차 이해할 수 있는 언어로 채워지기도 하므로. 그림은 읽어내기에 앞서 신체 감각으로 체험하는 것이 먼저다. 지적인 기관의 개입은 그다음이어도 충분하다.

가루이자와와 이질적인 듯하면서도 조화롭게 잘 어울리는 미술관이라고 의견을 모았다. 시간을 쪼개서 여기까지 온 게 무척 다행스러웠다.

미술관을 나오고 한참 지난 후 규가루이자와 거리에서 센주 히로시를 다시 만났다. 그것도 우리가 사랑하는 고바야시 주점에서! 손짱이 어여쁜 술병 사이에서 길을 잃고 행복해하고 있을 때였다. 갑자기 그녀가 소리친다.

"이 벚꽃 그림, 센주 히로시 아냐?"

"엇? 어디어디?"

언니들의 입술을 촉촉하게 적셔주었던 가루이자와 고원맥주. 봄이면 벚꽃 무늬를 입은 연분홍 캔으로 마음을 싱숭생숭하게 만드는 한정 맥주를 출시한다. 고운 색으로 유혹하는 벚꽃 맥주가 하나 가득 놓인 진열장 앞으로 언니들이 모여들었다.

"아, 정말! 센주 히로시다."

봄이 늦은 걸 아는지 이 도시의 벚꽃은 모두 센주 히로시의 그림 속에 모여 있었다. 미술관에서 머리 위로 흩뿌려지던 벚꽃이 다시 재현되었다. 분분한 꽃잎을 줍듯 언니들은 벚꽃 맥주를 살그머니 집어들었다. 센주 히로시의 선물이니까, 언니들답게.

이 멋진 장면을 가루이자와 벚꽃 엔딩이라고 부르기로 했다.

가루이자와 히로시센주 미술관
軽井沢千住博美術館
A. 長野県北佐久郡軽井沢町長倉815
W. www.senju-museum.jp

T. 0267-46-6565
Open. 9:30~17:00(화요일 휴무, 7월~9월 무휴, 12월 26일부터 2월 말까지 동계 휴관)

軽井沢

달콤한 와인의 도시

시오지리 와이너리 투어

가루이자와가 좋았고, 일본 와인이 좋았다. 그래서 다음 여행은 무조건 일본 와이너리 투어로 결정해버렸다. 일단 한번 의견이 모아지면 무조건 계획부터 세우는 것이 언니들의 여행법이다. 하지만 다음 여행은 빨리 이어지지 않았고, 9월이 되어서야 비로소 도쿄 행 비행기에 오를 수 있었다. 바삭바삭 잘 구운 빵 같은 햇볕을 뿌리는 가을은 와이너리 투어를 하기에 좋았다.

와이너리라 하면 프랑스 부르고뉴나, 캘리포니아 나파밸리를 떠올리지만 일본만 해도 특색 있는 와인 생산국이다. 고가 와인 소비국으로 유명한 일본에서도 자국의 와인 소비량이 점차 높아져, 일본 와인(30%)이 프랑스 와인(27%)이나 칠레 와인(20%)을 앞질렀다. 짧은 경험이긴 하지만 일본의 술은 일본 음식과 잘 어울린다는 느낌을 받았다. 반주로 곁들일 만한 다양하고 독특한 술이 많았는데, 와인도 음식과의 마리아주가 적절해서 소비량이 높은 게 아닌가 싶다.

유명한 만화 『신의 물방울』이 와인에 대해 각인시킨 것이 있으니, '테루아 terroir', 즉 흙, 물, 바람과 같은 토양의 조건이다. 어떤 토양에서 자라는가의 문제는 어떤 품종의 포도인가만큼 중요하다고 말이다. 그건 일본 와인을 단적으로 설명하는 말이기도 하다. 서양식 포도 품종, 예를 들면 메를로, 카베르네소비뇽, 피노누아 등이 일본이라는 토양에서 자랄 때는 미세한 맛의 변화가 생기기 마련이다. 일본 와인 농원들은 이 품종들이 자국의 토양에서도 잘 자라고 좋은 맛을 내도록 오랫동안 심혈을 기울여왔다.

일본이라는 테루아에 적응한 품종들은 프랑스나 호주와는 다른 맛을 냈다. 그 맛이 결코 나쁘지 않을뿐더러 오히려 깊고 묘하다. 물론 그 지점이 낯선 사람들도 분명 있을 것이다. '와인이란 이런 것!'이라는 절대적 기준을 갖고 있지 않다면 이 낯설고 넓은 스펙트럼이 무척 재미있고 반갑게 다가올 것이다.

일본 와인의 역사를 짚어보면 150년이 훌쩍 넘는다. 1877년 일본이 한창 유럽으로 유학생을 보내던 시절, 포도 재배와 와인 제조술을 익히도록 프랑스에 두 명의 유학생을 파견한 것이 출발이었다. 두 사람을 통해서 포도 묘목이 일본으로 대량 유입되었고 포도육종연구소도 설립되었다. 와인을 만드는 포도는 일반적으로 강수량이 적고 일조량이 많으며 일교차가 큰 지역에서 재배되는데, 최적의 산지는 후지 산과 남알프스 등 산맥에 둘러싸인 야마나시山梨 현의 분지와 북알프스가 병풍처럼 둘러싸고 태양빛이 강렬한 나가노 현의 시오지리塩尻가 꼽힌다.

야마나시 현은 가쓰누마勝沼에서 자체 개발한 고슈甲州 품종의 화이트와인이, 나가노 현의 시오지리는 기쿄가하라 메를로 품종의 레드와인이 유명하다.

신슈信州 와인(신슈는 나가노의 옛 이름이다) 산지인 시오지리 기쿄가하라桔梗ヶ原. 이곳이 언니들이 지금 향하고 있는 곳이다. 가루이자와 여행과 마찬가지로 버스를 타고 세 시간 반 거리. 햇살이 반짝거려서 기분이 좋다. 피크닉을 가기에 딱 좋은 날씨다. 지난 가루이자와 여행처럼 고산지대를 넘나들며 초록빛 풍경이 그윽하게 펼쳐지기를 기다리며 신주쿠에서 출발하는 시외버스에 몸을 실었다.

옛날 다방의
에키벤

"와인 에키벤은 잘 주문했겠지?"

손짱의 집요한 구글링을 통해서 알게 된 와인 에키벤은 언니들의 마음을 쏙 빼앗아갔다. 시오지리에서만 먹을 수 있는 이 특별한 에키벤은 하프 사이즈의 귀여운 와인이 곁들여진다. 와이너리 투어를 시작하기 전에 농원 근처 풀밭에서 와인 에키벤을 먹으며 여유 있게 피크닉을 해도 좋겠다며 입을 모았다. 와이너리와 피크닉이라니, 이렇게 로맨틱한 여행이 다 있을까?

하루 동안 보기 아까워서 근처에 있다는 마쓰모토에서 하룻밤 잘까 고민도 했다. 그러나 와이너리에 집중하기 위해 다른 일정은 포기하고 곧장 도쿄로 돌아오기로 결정했다. 오전 11시쯤에 도착해서 느긋하게 에키벤을 먹고 오후 늦게까지 와이너리를 돌아볼 계획으로. 미리 주문해둔 와인 에키벤은 시오지리 역 안의 미도리 카페에서 픽업하면 된다.

이토록 간단한 계획이 어긋날 수도 있을까? 출발하자마자 계획이 틀어져버렸다. 도쿄에서 잘 달려가던 버스가 고속도로에 오르기도 전에 속도가 뚝 떨어졌다. 앞을 보니 차들이 꼬리에 꼬리를 물었다. 원래 도로 사정이 이런 걸까? 답답한 마음에 버스 안을 둘러보지만 승객들은 미동도 없이 침착하다.

"일본도 고속도로 정체가 심각한가봐."

"도로가 좁네. 그래도 가겠지 뭐."

가다 서다를 반복하던 버스는 예상을 뒤엎고 아예 주차장처럼 멈춰 섰다. 답답한 우리에게 교통사고가 나서 차량 정체가 계속된다는 소식이 들렸다. 상황은 이해가 되었지만 우리가 할 수 있는 일은 아무것도 없었다. 십 분, 이십 분, 삼십 분…… 시간이 흐르자 차는 다시 움직이기 시작했고 어느새 제 속도를 찾아 달려간다. 그러나 시오지리에 도착한 건 다섯 시간이 지나서였다. 다섯 시간이라니!

포도넝쿨 무늬가 예쁜 시오지리 역.
시오지리 명물 사과 과자.
미도리 카페에서 맛본 와인 에키벤과 이와나즈시.

그래도 버스는 산정호수 근처의 휴게소에서 잠시 멈춰 넓고 푸른 호수도 보여주었고 시오지리의 명물 사과 소프트 아이스크림을 먹을 시간도 주었다. 고맙게도!

교통 정체 덕분에 로맨틱한 피크닉은 물거품이 되었다. 에키벤을 후다닥 먹고 와이너리로 돌진해야 할 판이다. 우선, 미도리 카페를 찾아 시오지리 역 2층으로 올라갔다. 시오지리 역의 외관은 흰색 페인트로 단정하게 칠해져 있지만 내부는 제법 오래되었다는 느낌이 물씬 풍겼다. 미도리 카페의 간판이 다급하게 계단을 오르는 언니들의 발목을 잡았다. 낡은 나무문을 밀고 들어가니, 오래된 다방의 풍경이 펼쳐졌다. 바와 테이블이 미니어처처럼 다닥다닥 붙어 있었다. 작지만 있을 건 다 있다. 짙은 색 목재에 새겨지는 은근한 그늘이 마음에 들었다.

옛날 냄새를 풍기는 다방에서 에키벤을 먹기로 했다. 미도리 카페에서는 몇 가지 종류의 에키벤을 판매하고 있었지만 와인 에키벤은 무조건 미리 주문해야 한다. 우리는 주문한 것을 받아 들고 창가 테이블에 옹기종기 모여 앉았다. 사각형의 상자 뚜껑을 열었다. 달걀, 햄, 참치가 든 세 종류의 샌드위치와 우엉조림이 든 조그마한 마키, 새우튀김과 닭튀김, 양상추 샐러드가 사각형의 상자 속에 촘촘하게 담겼다. 튀김에 뿌릴 소스와 캔디 치즈, 후식으로 먹을 오렌지 한 조각과 포도 젤리 등 전채, 메인, 후식까지 작지만 완벽하다. 그리고 와인! 시오지리라고 적힌 와인과 플라스틱 잔까지 빈틈없이 맞춤하다.

시오지리에 와이너리를 둔 알프스 농원의 와인이었다. 화이트와인과 레드와인을 골고루 주문한 터라 서로 잔을 주거니 받거니 하면서 맛을 본다. 샌드위치와 마키로 요기하고 몇 가지를 안주 삼아 와인을 들이켰다. 식사에 부담을 주지 않을 정도로 가벼우면서도 상쾌하다. 손짱은 흐뭇하게 다른 상자를 하나 열었다. 곤들메기(いわな, 이와나) 초밥이 얌전하게 들어 있다. 곤들메기를 다시마와 함께 식초에 절여 누름 스시로 만든 것이다. 오독오독 씹히는 쫄깃한 식감과 적절히 밴 단식초향이 고급스럽다. 화이트와인을 곁들이니 초밥 맛이 더욱 그윽하다. 950엔짜리 런치 도시락으로 버스 정체에 조마조마하던 아까의 기분 따윈 멀리 사라졌다. 액땜한 기분이랄까?

달콤한 나이아가라의 향기, 고이치 와인

기쿄가하라에 있다는 여덟 개의 농원을 모두 돌아보고 싶지만 우리에게 주어진 시간이

오랜 역사가 묻어나는 고이치 와이너리.
메를로 품종의 와인을 시리즈별로 시음해보았다.

많지 않았다. 고민 끝에 나란히 붙어 있는 고이치5- 농원과 이즈쓰井筒 농원 두 군데를 방문하기로 결정했다. 시오지리 역에서 택시로 고작 5분이면 고이치 농원에 도착할 만큼 시오지리 자체가 와인농원이라 할 수 있다. 택시에서 내리자마자 달콤한 내음이 바람처럼 몰려든다. 여기저기 둘러봐도 포도밭이다. 사람도 차도 없는 소로를 따라 걸으며 진득한 단물 냄새를 킁킁 들이켰다.

포도가 이렇게 달았던가? 피리 부는 사나이의 피리 소리처럼 달콤한 냄새를 따라가니 고이치 와인이라는 문패가 우리를 맞는다.

"여기가 고이치군!"

손짱이 눈을 크게 뜬다. 가루이자와에서 고이치 농원 출신의 메를로를 마셔보고 깜짝 놀랐었는데, 그 고이치다.

"고이치의 대표 와인이 '기쿄가하라 메를로'인데, 『신의 물방울』에도 등장하지!"

고이치 와인은 1911년에 창업자 하야시 고이치가 이 지역에서 포도를 재배하면서 하야시 농원을 열었고, 1919년에 처음 와인을 제조했다. 기쿄가하라 메를로는 1952년부터 생산되기 시작했다. 농원은 2만 평이 넘는데 열다섯 종류의 포도를 재배한다.

농원의 입구에는 와인을 테이스팅하고 구입할 수 있는 숍이 있다. 직원이 기다리고 있었다는 듯 밝게 웃으며 와인잔을 꺼내놓는다. 무조건 메를로부터. 고급 기쿄가하라 메를로는 테이스팅할 수 없어 아쉽지만 중저가의 와인 맛만 봐도 역시 메를로가 좋다. 이곳의 메를로는 깊고 우아하며 풍부한 향이 있다. 고급 와인은 가격도 꽤 비싸서 좋은 건 5천 엔이 넘는다. 풀바디의 단단한 '에스테이트 시리즈'는 2천 엔대에, 비교적 저렴한 '골드 시리즈'나 '실버 시리즈'는 천 엔대에 구입할 수 있다. 고이치의 메를로는 프렌치 오크 통에서 숙성시키며 카시스와 블랙베리 등 검은 과일을 연상시키는 향이 특징이다.

농원에 가득한 달달한 향의 출처를 물으니 나이아가라 포도란다. "지금 나이아가라가 한창이지요." 역시 나이아가라! 나이아가라는 시오지리에서 처음 역사가 시작된 품종이다. 한자리에서 대표적인 레드와인과 화이트와인을 골고루 맛보니 이 와이너리의 특성을 여실히 느낄 수 있었다. 나이아가라는 단맛이 강해서 주스로 마셔도 좋단다. 사과주스도 싱그럽고 달다. 사과와 포도의 향연이 뭉클하다. 이렇게 흔한 과일이 제대로 맛을 내기까지 얼마나 많은 시간과 정성이 필요했을까?

고이치 와인은 넓은 농원을 마음껏 구경할 수 있도록 열어두었다. 물론 우리가 들어가본 농원은 고이치 와인이 소유한 것의 일부에 불과하지만 다양한 포도 품종들을 한자리에 모아두어 하나하나 비교해보는 재미가 있었다. 주먹 크기도 안 되는 작은 포도부터 덩굴처럼 늘어진 크고 탐스런 포도까지 품종이 다양하다. 프랑스 보졸레에서는 포도나무가 허리 높이까지밖에 되지 않던데 여긴 어깨에서 머리 높이 정도에 조롱조롱 열리도록 덩굴을 만들어두었다. 카베르네쇼비뇽과 메를로를 유심히 살펴보았다.

"포도를 직접 보니 와인 맛이 왜 그렇게 다른지 알 것 같아. 메를로는 큼직큼직 덤덤하게 생겼고, 카베르네쇼비뇽은 투명하고 크기도 조막만해서 엄청 예민하고 까다로워 보여."

나이아가라 포도밭은 덩굴 아래쪽에 벤치가 있다. 벤치에 앉아 머리 높이에 있는 포도덩굴을 감상하니 이 또한 신세계다. 주렁주렁 열린 포도에서 풍기는 강렬한 달콤함에 온몸이 아찔할 정도다. 자연의 향 속에 모든 걸 내려놓고 파묻히고 싶었다. 포도를 한 움큼 떼서 입에 넣고 우적우적 씹으며 단물을 마음껏 마시고 싶었지만, 포도가 망가질라 조심조심 향을 맡고 도망치듯 걸어 나왔다.

낯설지만 심오한
일본 와인

고이치 농원과 지척에 있는 '이즈쓰 와인'으로 향했다. 1933년 이즈쓰 농원 포도주 제조공장으로 창업했으니 이곳도 만만찮은 내공을 가진 와이너리다. 나가노 현은 물론 전국 각지에 지점을 두고 특산품을 생산하고 있어 도쿄에서도 이즈쓰 와인은 쉽게 만날 수 있단다.

"이즈쓰 와인도 『신의 물방울』에 등장해. '샤토 이즈쓰 메를로 2010년산'이 싸고 맛있는 일본 와인 3병 세트를 꼽을 때 레드와인 부문에 선정되었거든."

만화의 원작자이자 와인전문가인 아기 다다시의 추천 이유는 '일본 와인답지 않은 테루아를 느끼게 하며 일본 메를로의 해답과도 같은 와인'이라서다. 이즈쓰에서는 포도 농원을 구경할 수 없었지만 더 다양한 와인들을 무료로 시음할 수 있었다. 달고 한없이 가벼운 와인에서 심해를 잠수하는 것처럼 깊고 탄닌감이 높은 와인까지.

일본 와인 초심자로서 언니들이 선택한 것은 '신슈 시리즈'였다. 천 엔대의 와인이지만 고급스러운 향기와 산뜻한 신맛이 제법 분위기가 있다. 가루이자와 최고의 술상 배틀에서 언니들의 인기를 독차지했던 '나이아가라 나마니고리生にごり 와인'도 이즈쓰 와이너리 출신이다. '나마니고리'는 막 거른 생와인이라는 뜻인데 생주, 생막걸리가 연상된다. 최초의

이즈츠 와이너리. 주변을 포도넝쿨이 둘러싸고 있어
달콤한 향기가 난다.

와인은 이런 맛이 아니었을까? 계절 한정이라 봄에만 만날 수 있다.

방문하지는 못했지만, 일본 와인 중 가장 판매량이 높은 '메르시앙'의 와이너리도 유명하다. 메르시앙 와인은 야마나시 현의 가쓰누마에 본거지를 두고 있는데, 쇼비뇽 블랑과 비슷한 맛을 내는 일본 고유의 고슈 품종을 개발해낸 역사가 있다. 훌륭한 적포도 품종을 찾다가 메를로에 관심을 갖게 되어 1980년대부터 시오지리에 농원을 설립했다. 1989년 '기쿄가하라 메를로' 와인이 '류블랴냐 국제와인대회'에서 금메달을 수상하면서, 기쿄가하라의 이름을 세계에 알린 장본인이 바로 메르시앙이다. 시오지리 와이너리에는 시음매장이 없지만, 야마나시 현에는 일본 와인의 역사를 훑을 수 있는 메르시앙 와인박물관도 있고 시음매장도 있다. 이쯤 되면 다음 여행지로 야마나시 와이너리 투어를 계획해야 하지 않을까?

그 외에도 시오지리의 유명 와이너리를 살펴보자면, 와인 에키벤에 든 와인의 생산지인 '알프스 농원'과 삼대에 이어 와인 농업을 진지하게 하고 있는 '시나노 와인', 지역 생산자들이 재배한 포도만을 원료로 하는 'JA시오지리 시 와인 공장', 가족 세 명만으로 경영하고 있는 작은 와이너리로 철저하게 수제 방식을 고집하는 '키도 와인'이 있다. 일본 주류업계의 대명사인 '산토리'도 본래 와인 생산자였음을 안다면 일본 와인의 품질과 역사가 어느 정도인지 가늠할 수 있지 않을까? 산토리도 야마나시와 시오지리 두 군데에 와이너리를 보유하고 있다.

일본 와인에 재미를 느낀 손짱은 신주쿠에서 일본 와인 전문판매점 JIP를 찾아냈다. 와인바를 겸한 판매점이라 한잔하러 가기에도 좋고 기념품으로 와인 한 병 사러 가기에도 맞춤한 장소란다. 일본 전역 120개 이상의 와이너리에서 생산한 5백여 종의 와인을 취급하고 있다.

와인을 구입하고 천8백 엔(코르키지)을 내면 바에서 마실 수 있다. 글라스 와인은 5백 엔, 세 종류의 일본 와인 테이스팅 세트는 1,050엔이다. 와인과 어울리는 고기감자, 달걀말이 같은 일본식 안주도 있고, 생햄, 치즈 등 전통적인 와인 안주도 있다.

일본 와이너리 투어의 마지막 코스는 이곳이어야 한다.

와인 숍과 바를 겸하고 있는
신주쿠 일본 와인 전문점 JIP.

가와카미 에키벤 カワカミ駅弁
T. 0263-52-1234
와인런치 950엔, 3일 전에 세 개 이상 예약해야 한다.
이와나즈시 900엔

JIP WINEBAR&WINESHOP
A. 東京都新宿区新宿2-7-1

W. jipwine.com(시음 이벤트가 종종 열리므로
참고해보자)
T. 03-6380-1178
Open. Shop 12:00부터.
Bar 화요일~목요일 17:00~23:00
금요일 17:00~24:00/토요일 16:00~24:00
일요일/축일 16:00~22:00(월요일 휴무)

03

오키나와,
천천히 천천히

沖縄
ゆっくりゆっくり

천천히 부는 바람 같은 땅,
천천히 밀려오는 파도 같은 섬.
언니들 걸음도 느려진다.
여긴 천천히가 어울리는 오키나와니까.

沖繩

1 슈리성
2 우리존
3 제일마키시공설시장
4 우라라서점
5 마스야 소금가게
6 EM웰니스 코스타비스타 호텔
7 플라우만스 런치 베이커리
8 나카무라 저택
9 아카칫치 게스트하우스
10 나카무라소바
11 오리온 해피파크 맥주 공장
12 비세 후쿠기 가로수길
13 후쿠이오 게스트하우스
14 에미노미세
15 맹그로브 숲
16 마카베치나 식당

沖縄

오키나와.
오른쪽 위에서 왼쪽 아래로 길쭉하게 뻗어 있는 화산섬. 게라마 제도, 다이토 제도, 미야코 제도와 아에야마 제도 등 유인도 48개를 포함해서 160여 개의 섬으로 이루어진 열도. 서울에서 비행기를 타고 서남쪽으로 2시간 20분 거리.

沖縄

2012년 동일본 대지진 이후 오키나와 산(產)이라는 표기를 자랑스럽게 할 수 있는 땅.
본토의 삶에 지친 젊은이들이 새로운 삶을 꿈꾸며 조금씩 모여 들고 있는 고향 같은 곳.
섬과 숲의 신비로운 전설이 넘치고 온화한 미소를 짓는 사람들이 많은 따뜻한 섬.
어쩌면 세상에서 가장 따뜻한 나라.

2월의 벚꽃, 오키나와

언니들은 매서운 겨울바람과
질척한 도시의 눈[雪]을 피해
2월의 벚꽃이 만개한 오키나와로 떠났다.
정작 벚꽃보다는 사람들의 웃음이,
그 마음이 더 따뜻하고 아름다워서
오래오래 기억에 남았다.

58번 국도 여행

5 8 번 국도 이토만 마카베치나

 오키나와 행 비행기 안의 풍경은 확실히 달랐다. 대부분이 휴가를 떠나는 사람들이었다. 아이를 데리고 있거나 부모님과 함께한 가족 관광객들이 유난히 많았다. 즐거운 여행을 기대하는 술렁거림이 가득했다. 약간 들뜬 분위기는 나하 공항에 착륙할 때까지 계속되었다. 비행 내내 새파란 바다와 거무스름한 섬들이 내려다보였다. 섬에 가까이 다가가자 웅성거림이 쏟아졌다. 곧 탄성과 웃음이 이어졌다. 탑승객 모두가 함께 휴가를 온 것 같았다. 오키나와 여행은 이렇게 시작되었다.
 나하 국제공항에 내리고 보니, 코발트 물감에 우유 몇 방울을 떨어트린 듯한 하늘이 펼쳐졌다. 습기를 머금고 있지만 완연한 봄날이

었다. 영하의 겨울왕국에서 입었던 두꺼운 코트는 캐리어 가방 안에 넣어버렸다. 공항을 빠져나오니 소도시의 풍경이 바닷바람을 타고 밀려들었다. 우리는 얼른 가방을 챙겨 들고 도요타 렌터카로 가는 미니 셔틀버스에 올랐다. '멘소레めんそれ'라고 적힌 글자가 눈에 띈다. 오키나와 말로 '어서오세요', 환영의 인사다.

안주 일본어로 다져진 손짱도 렌터카 직원으로부터 자동차 키를 받아들 때는 긴장한 표정이었다. 네 언니를 모실 하이브리드 세단 도요타 악시오가 우리를 기다리고 있었다.

"좌우측이 바뀌었는데도 괜찮겠어?"

"문제없어. 쓰시마 섬에서 렌트한 적 있거든. 그땐 조수석에 앉아 있었지만, 천천히 달리면 될 거야."

"괜찮은 거…… 맞지?"

외국에서 운전이라니 아무래도 걱정스럽다. 여행자보험과 자동차보험을 다시 한 번 확인했다. 손짱은 신중하게 주유버튼, 깜빡이, 와이퍼의 위치를 확인하면서 이제 달려도 좋겠다는 눈짓을 한다. 지도를 잘 본다는 이유만으로 내가 조수석에 앉았다. 우회전을 할 때마다 맞은편 차량이 내게로 돌진하는 것 같아서 가슴이 덜컹덜컹 내려앉는다.

"저어…… 손짱."

내가 조심스럽게 그녀를 불렀다.

"으응?"

"그러니까…… 신호등이 여러 번 바뀌었는데 이제 그만 출발해야 하지 않을까?"

우리 차는 우회전 신호를 제대로 못 찾아서 한참 동안 도로 위에 정차 중이다. 그사이 우리 차 뒤쪽으로 긴 정차 라인이 생겨났다. 우회로 없는 좁은 도로였으니.

"어이쿠, 얼른 우회전해야 하는데, 비보호 우회전이 되는 건가?"

허둥대는 우리와 달리, 뒤차들은 클랙슨도 울리지 않고 그저 우리 차가 움직이기를 기다리고 있다.

"이때다!"

겨우 우회전해서 내비가 가리키는 곳으로 움직이게 된 우리 뒤로 기다렸다는 듯이 차들이 재빠르게 직진 차로를 따라 움직인다. 언니들은 운전자들의 매너에 감격한 채로 한마디씩 했다.

"빵빵거리지도 않고…… 이런 데가 또 있을까?"

"여행자인 줄 알고 기다려준 걸까요?"

손짱의 긴장도 조금 풀린 듯하다.

"왠지 마음이 편안해졌어."

"손짱, 암만 그래도 정신줄 놓으면 안 돼!"

찔끔찔끔 조심조심 운전하던 손짱이 우회전한 지 5분 만에 주차를 하려고 한다.

"여기 어딘가에 술과 간식을 싸게 파는 마트가 있어. 잘 찾아봐."

도로를 이동하다보면 가게가 나타나지 않아 간식이나 생수 등 간단한 물건들을 살 기회를 놓치곤 한다. 그래서 출발할 때 근처의 대형

沖縄

스마일 주류 마트. 맥주와 럼, 위스키, 아와모리 등 각종
주류를 비교적 저렴한 가격에 판다. 흑당과 베니이모 타르트를
비롯해 오키나와의 대표적인 간식거리도 살 수 있다.

마트를 미리 알아두는 게 현명하다. 여기저기 두리번거리니 'スマイル(스마일)'이라고 적힌 대형마트가 보인다.
"저기 있네!"
유턴, 좌회전, 후진, 주차. 우리는 안도의 한숨을 내쉬었다.
스마일은 비교적 저렴하면서도 술의 종류가 다양해 만족스런 구경거리를 제공해주는 주류 마트였다. 역시 손짱의 첫 목적지다웠다. 심야술집의 전통은 오키나와에서도 계속될지니!
벚꽃 무늬가 그려진 봄 한정 맥주는 찾지 못했지만 오키나와 지역 맥주인 오리온 맥주, 잔파라는 이름의 아와모리 등 몇 가지와 다니면서 먹을 간식, 생수 등을 사서 트렁크에 채워 넣었다. 뜻밖의 소득은 산토리의 프리미엄 위스키인 야마자키 디스틸러스를 아주 좋은 가격으로 구입한 것이다. 출발이 좋다. 이제 일정표대로 직진하면 될 것이다. 천천히. 윳쿠리, 윳쿠리.
신호도 여러 번 놓치고 길도 몇 번을 헤매며 진땀을 흘리고 보니 놀랍게도 모든 상황에 익숙해진다. 신호체계도 다르고 표지판도 읽어내기 어렵지만, 서두를 필요가 없었다. 오키나와의 도로는 고속도로를 제외하고는 시속 60킬로미터 이하로 속도가 제한되어 있었고 우리의 속도는 겨우 50킬로미터를 넘어가고 있었다. 도로는 차량이 거의 없이 한산했고 시내 중심에 들어서서야 차량 정체가 생겼지만 그마저도 길지 않았다. 일본식 운전법에 익숙하지 않은 언니들이 다니기에는 최상의 조건이었다.
"오른쪽 차선을 조심하다보니 오히려 왼쪽 쏠림현상이 생기더라

沖縄

고. 왼편으로 바짝 붙게 되면 접촉사고가 날 수 있으니까 잘 봐줘."
　나는 수시로 왼쪽, 왼쪽……이라고 외치며 손짱에게 경고음을 냈다. 내비게이션에서는 어색한 한국어가 흘러나왔다. 다행히 길이 복잡하지 않기에 지도와 한자 지명을 대조하며 조심조심 달렸다. 바다가 보이는 해안도로를 질주할 때는 기쁜 환호도 내지를 수 있었다. 굴곡이 많지 않은 평온한 섬이었다. 어딜 가도 바다는 맑은 빛깔이었고 햇살은 노랗게 쏟아졌다. 봄봄.
　"음악 좀 들어볼까?"
　어느새 기운을 찾은 손짱이 신나게 소리쳤다.

　오키나와 본섬은 남부, 중부, 북부로 나뉜다. 본섬은 1,206제곱킬로미터로 서울시 면적의 두 배 정도이며, 46개의 시정촌으로 구성된다. 오른편으로 살짝 기울어진 개미 모양이라고 할까? 위아래로 길쭉한 탓에 남쪽과 북쪽의 풍경이 상당히 다르다. 오키나와 현에서 가장 큰 도시인 나하와 태평양으로 향한 절벽이 있는 남부, 문화적으로 다양하며 외국인 도시가 많아 아기자기한 중부, 광활한 자연이 잘 남아 있는 북부. 이번 여정은 남부를 훑으며 중부에서 여러 곳을 머무르고 북부의 나키진까지 갈 계획이었다. 손짱은 며칠 더 머무르면서 북부의 다른 지역을 좀 더 즐길 계획을 덧붙여놓았다.
　개미 모양으로 잘록한 허리를 가진 길쭉한 섬을 일주하려면 남북을 일직선으로 가로지르는 자동차전용 고속도로를 이용하는 방법과 해안도로를 따라 가는 방법이 있다. 나하 시내 구경은 여행의 마지막

날로 미루고 평화기념공원과 세이화우타키 등 남부의 유적지 몇 곳을 거쳐서 중부지역인 나카구스쿠로 간 뒤 하루 숙박. 이튿날 나카구스쿠 성과 나카무라 저택, 아다니야 외국인 주택거리를 구경하고 밝고 활달하다는 소도시인 기노안과 우라소에, 요미탄손을 관광한 뒤, 서쪽으로 툭 튀어나온 북부 나키진 해안에 있는 '후라이소風來莊' 게스트하우스까지 달려갈 예정이었다. 가는 길에는 소바 가도로 불리는 84번 국도가 있고, '사쿠라노모리'라는 벚꽃 공원도 기대되는 곳이었다. 해중도로를 드라이브하는 일도 근사할 것이고, 요미탄 도자기 마을과 아메리칸 빌리지 등도 놓치고 싶지 않았다. 각기 다른 분위기를 가진 소도시들 모두 매력적이었다. 전부 둘러볼 수는 없고 골라내기도 아쉬워 쩔쩔맸다.

　이번 여행은 서쪽 해안을 끼고 58번 국도를 따라가는 여행이다. 하지만 바삐 가지는 않을 것이다. 자동차 초행길이어서가 아니었다. 오키나와에서 바쁘게 돌아다니는 여행은 무의미하다는 것을, 도착하자마자 알게 되었다. 천천히. 그게 가장 어울리는 여행법이었다.

　바짝 긴장하고 이십 분을 달렸으니 쉬어가야 마땅하다. 그때 식당이 나타났다. '마카베치나真壁ちな一' 식당은 오키나와 가정식을 먹을 수 있는 곳으로 여행의 첫 점심을 먹기에 맞춤했다. 맵코드나 전화번호를 내비게이션에 입력하면 해당 장소가 금방 검색된다. 유명한 식당이라고 했는데 정작 식당으로 향하는 길은 한산한 소읍이었다.

　해안도로 앞으로는 잔잔한 바다가 펼쳐지고 뒤편으로는 올망졸

沖縄

315

햇볕에 잘 말라가는 나무 벤치와 휘감겨
올라간 울창한 나무들. 오키나와의 시간은
느리고 따뜻하다.

마카베치나에서 맛본 오키나와 전통 음식들.
후 찬푸르, 소면 찬푸르, 오키나와 소바와 주시.
간이 딱 알맞고 담백하다.

망한 전통 살림집들이 드문드문 있었다. 내비게이션이 안내하는 대로 좁은 골목으로 들어서니 돌담 끝에 나무 입간판이 세워져 있다. 제주도처럼 울퉁불퉁한 돌담으로 둘러싼 전통가옥이었다. 주황색 기와가 넓은 지붕을 채웠고, 돌담 안쪽으로 촘촘하게 나무를 심은 마당이 나왔다. 지붕 중앙에 떡하니 동물조각상이 올려져 있다. 오키나와의 상징 시샤(사자)다. 문을 열고 들어가니 다다미가 깔린 널찍한 전통가옥의 내부가 훤히 보인다. 침착하고 소박한 분위기가 마음에 들었다.

"찬푸르 종류가 이렇게 많아?"

메뉴판을 들추자마자 언니들은 동시에 외쳤다. 찬푸르는 채소와 고기, 달걀, 소면 등을 섞어서 볶아 먹는 오키나와식 볶음요리다. 오키나와에서 생산되는 '고야(여주)'라는 채소로 만든 '고야 찬푸르'가 대표적이긴 하지만 수제비 같은 녹말 반죽을 섞은 '후 찬푸르'나 얇은 소면을 넣어 볶은 '소면 찬푸르', 그 외 다양한 속재료를 넣은 찬푸르들이 있다. 오키나와에 오면 반드시 먹어야 한다는 오키나와 소바도 여러 종류가 있었다.

"세상에, 소바가 칼국수 같아!"

소바 세트 메뉴에는 영양밥인 '주시'가 곁들여졌다. 우엉, 버섯, 다시마, 당근 등의 채소와 버섯물, 간장 등을 넣고 지은 밥인 '다키코미고항'을 오키나와에서는 '주시'라고 부른다. 살짝 간이 되어 맛있다. 간이나 조리법이 본토 음식보다 한식에 더 가까운 느낌도 들었다. 음식 맛을 보는 순간, 얼른 먹고 바삐 가고 싶은 마음이 사라졌다.

식당 앞마당에는 잠시 쉴 수 있는 나무 의자와 테이블이 있었다.

테이블 뒤로 키 큰 나무들이 여럿 뒤섞여 커다란 그늘을 만들었다. 굵은 둥치를 가진 나무를 얇은 줄기의 나무들이 휘감아 올라간 것이다. 오키나와의 나무들은 하나하나 따로 존재하지 않았다. 덩굴줄기가 다른 나무를 감아 올라가거나 여러 수종이 뒤섞여 있었다. 강렬한 태풍이 수시로 몰아치는 까닭일 것이다. 돌로 쌓은 낮은 담 너머로 쑥쑥 자란 나무들이 바람과 볕을 가렸다. 바람 많은 제주의 검은 돌담이 떠올랐다.

마카베치나 식당에서부터 일정은 지켜지지 않았다. 식당 앞마당에서 따뜻하게 데워진 공기를 쬐며 생전 처음 보는 꽃과 나무를 구경하느라 제법 시간을 보냈기 때문이다. 바람은 살랑살랑 팔을 간질이고 향긋한 내음이 코끝을 스쳤다. 일본 고민가에서 맡았던 나무 냄새, 간장 냄새와는 다른, 아열대 지방 특유의 달금한 향기와 탄산수처럼 톡톡 쏟아지는 햇살에 기분이 나른해졌다. 평화기념공원에서도 시간은 빨리 흘렀고 세이화우타키를 볼 시간도 놓쳐버렸다. 소바 가도도, 벚꽃 공원도 가지 못했다.

그러니까 우리는 잔잔한 바다를 바로 옆에 두고 달리는 해안도로에서는 느긋하게 속도를 줄였던 것이다. 멋진 풍경이 나타나면 차를 세웠고, 쇼핑몰이 등장하면 구경하러 나섰다. 과자며 초콜릿이며 평소에 잘 먹지 않는 것들을 잔뜩 사서 양손에 봉지를 들고 나올 때면 여행의 비현실성에 기분이 묘해졌다. 해안도로에 잔뜩 심어진 야자수들만큼 비현실적인 것도 있을까? 어디를 바라보더라도 바다가 보이는 것만큼 비현실적인 게 있을까? 여행은 이런 소소한 낯설음과 작은 방종으로 이루어진다. 어스름이 내린 저녁, 만조의 바다에서 느끼는 무한함. 우린 함께 여행을 하면서도 각자의 여운에 사로잡혀 있었다.

이 여행에는 어이없게도, 일 년에 한 번 있다는 오키나와 마라톤 대회로 도로가 폐쇄된 줄도 모르고 정체된 도로에서 하염없이 기다린 사연도 숨어 있다. 오키나와 사람들은 어느 도시건 어느 도로건, 멈춰 서 있는 일에 그다지 불만이 없어 보였다. 막혀 있으면 뚫릴 때까지, 멈추면 움직일 때까지 기다리고 기다리는 것이 이들에게는 답답하지도 억울하지도 않은 듯했다. 우리의 모습도 조금은 현지인처럼 보였을 거다. 우회로도 없는 2차선 경사도로에서 마라톤대회 때문에 세 시간째 꼼짝 못하면서도 그저 아하하하, 웃고 있을 수밖에 없었으니까.

차도코로마카베치나 茶処真壁ちなー
A. 沖縄県糸満市真壁 223
W. makabechina.ti-da.net
T. 098-997-3207
Open. 11:00~16:00(수요일 휴무)

삼시 세끼

나카구스쿠 상수시
온나 나카무라소바
나하 제일마키시공설시장

　오키나와 여행에서 가장 먼저 고민한 것은 숙소와 식당이었다. 비즈니스호텔보다는 리조트형이 좋겠다 싶었고, 이왕이면 현지 분위기를 느낄 수 있는 게스트하우스에서 머물고 싶었다. 남쪽부터 북쪽까지 재미난 숙소가 많았지만 여행 경로에 있는 몇 군데로 압축했다. 나카구스쿠의 EM웰니스리조트 코스타비스타와 나키진에 있는 후라이소(풍래장), 류큐무라와 멀지 않은 온나의 '아카치치'라는 게스트하우스였다.
　코스타비스타 호텔에는 재미난 에피소드가 숨겨져 있다. 원래는 다른 글로벌 체인호텔이었으나 바닷가를 바라보는 언덕 꼭대기에 세워진 이 호텔은 이상하게도 습기에 취약해서 곰팡이가 생기는 등 관리가 어려웠던 모양이다. 그것을 해결한 것이 EM이라는 미생물발효 기법이었다. EM 처리된 물을 공급해 지금은 더없이 쾌적한 호텔일 뿐만 아니라 스파도 운영하고 있다. 해마다 일본 프로 야구단이 전지훈련할 때 투숙하는 호텔로 지정되기도 했는데, 우리가 묵은 시즌에도 고교 야구팀을 만날 수 있었다. 보통 일본인들보다 키도 훨씬 크고 체구가 건장해서 좀 놀랐다.

이 호텔은 EM 처리된 채소를 직접 재배해서 신선하게 음식을 조리하는 것으로도 유명하다. EM 제품과 채소들을 판매하는 숍도 있었다. 샴푸와 비누는 꽤 마음에 들었고 몇 가지 가공식품과 흑당은 선물용으로 훌륭했다. 호텔 자판기에서 EM 생수를 사서 마셔보았는데 보통 생수와 맛의 차이는 크게 없었다.

나카구스쿠의 언덕에는 꽤 훌륭한 저택들이 늘어서 있었다. 코스타비스타 호텔은 언덕 가장 높은 곳에 있어서 도시를 향한 전망이 무척 좋았다. 넓은 테라스가 있는 정갈한 트윈룸이 우리를 맞았다. 객실은 일본 어디에서도 보기 힘들 정도로 널찍했고, 테라스 너머로 바다가 펼쳐져 있었다. 저 바다는 그 너머에 아무것도 품지 않은 대양, 바로 태평양이었다.

예상보다 늦게 도착한 탓에 호텔에서 일광욕을 하겠다는 계획은 물거품이 되었지만 늦은 오후의 햇볕샤워도 괜찮았다. 테라스를 물들인 햇볕이 방 안까지 스며들어 내 발등에도 따뜻한 기운을 잔뜩 뿌렸다. 쾌적한 호텔에서 보낼 편안한 첫 밤이 무척 기대되었다. 내일 아침에는 바로 옆 건물인 호텔 스파에서 이른 아침 목욕을 즐겨도 좋

코스타비스타 호텔에서의 하룻밤.
꽤 널찍한 방에 넉넉한 테라스도 딸려 있어
밤과 새벽의 풍경을 감상하기 좋다.

겠고.

　침대에 반쯤 누워 나긋나긋한 햇살에 몸을 데우고만 있어도 좋겠지만, 동네 구경하면서 저녁식사를 할 식당을 찾아보는 것도 놓칠 수 없는 재미다. 우리는 미리 찜해둔 '상수시Sans Souci'라는 식당을 찾아 나섰다. 자동차로 15분 정도 가면 또 다른 언덕길에 조용한 주택가가 등장하는데 이곳이 아다니야 외국인마을이다. 오키나와는 미군부대가 장기 주둔 중이어서 외국인마을이 다수 형성되어 있는데, 전통 촌락과 달리 흰색으로 칠한 모던한 주택들이 많다. 한동안 비어 있기도 했던 외국인마을이 요즘 각광받고 있다고 한다. 본토에서 건너온 젊은이들이나 예술가들이 모여 살면서 재미난 가게를 열거나 카페를 운영하면서 새로운 분위기를 만들어가는 중이다.

　"본토의 삶에 회의를 느껴서거나 자기만의 꿈을 실현하기 위해서 오키나와를 선택했대. 동일본 대지진 이후로 이주하는 청년들이 특히 많아졌나봐."

　"제주도랑 비슷하네요. 제주도도 서울에서 건너간 젊은 사람들이 엄청 많아졌잖아요."

　오키나와와 제주도는 닮았다. 역사도, 기후도, 현재의 모습도.

　'상수시'는 교토에서 이주해 온 젊은 주인이 운영하는 식당이었다. 메뉴는 오키나와에서 고르고 골라낸 농장의 유정란으로 만든 달걀덮밥(오야코동)과 카레다. 교토 산 고급 채소를 공수해 온단다.

　정갈하게 찍은 메뉴 사진을 보니 금세 배가 고파졌다.

　"난 커피부터 마실래. 하루 종일 밍밍한 커피만 마셨더니 진한 커피가 생각나."
 그랬다. 일본 어디에서도 커피 맛이나 차 맛에 실망한 적이 없거늘 여기서는 유명한 카페에서 마신 커피조차도 물에 커피 탄 듯 커피에 물 탄 듯했다. 이탈리아에서 온 원두라잖아, 하며 잔뜩 기대하고 주문한 커피도 우리를 만족시키지 못했다. 아쉬움이 모두의 얼굴을 스쳤다.
 이제 메뉴 정도는 읽을 수 있다며 당당하게 펼친 메뉴판에는 수많은 종류의 우동과 카레, 덮밥 등 소박하지만 맛있는 메뉴들이 가득했다. 아무리 심사숙고한들 우리의 주문은 거기서 거기. 날달걀이 올려진 카레우동, 가게의 대표메뉴 오야코동, 지리멸볶음을 올린 쌀밥과 우동 세트 등 간사이식 메뉴를 선택하고 한숨을 돌렸다.
 음식이 천천히 만들어질 동안 하루 동안 겪은 오키나와를 이야기했다. 뭔지 모를 따뜻함과 긴가민가한 친밀함에 대해. 하루가 채 지나지 않았으나 오래전부터 있었던 것처럼 이 풍경에 푹 젖어버린 기이한 체험에 대해. 밖은 점점 어두워진다.
 시간을 들여 만든 음식들이 나왔다. 카레는 부드러운 수프 같았고, 우동은 익숙한 따끈함을 선사했으며, 오야코동은 부드럽고 고소했다. 상수시는 베를린에 있는 아름다운 궁전의 이름이기도 하지만, '걱정 마'라는 뜻의 프랑스어이기도 하다. 언제 먹어도 맛있고 친숙한 음식들은 안도감을 준다. 달걀과 카레는 그런 것. '상수시'라는 감정이었다.

 오키나와에서는 소바를 먹어야 한다. 오키나와 소바는 메밀을 섞

沖縄

아다니야 외국인마을에 위치한 상수시에서 맛본 교토 음식들. 나중에 알게 된 것이지만, 오키나와에서 교토식 카레와 우동을 맛보는 건 결코 쉬운 일이 아니었다.

어 빚는 본토의 소바와 달라도 한참 다르다. 백밀가루로 쫄깃하게 반죽해서 도톰하게 뽑아낸 면은 칼국수와 비슷하고, 국물은 일본식 라멘과 비슷하다. 돼지뼈와 가쓰오부시 등을 넣어 장국을 끓이는데, 간장을 넣지 않으므로 국물이 맑다. 여기에 매운 섬고추를 아와모리 술에 넣어 발효시킨 '고레구스コーレーグス'를 뿌리기도 한다. 고레구스는 어원이 고려고추에서 나왔다는 설도 있는데, 알싸한 매운맛이 느끼한 맛을 잡아주고 아와모리(오키나와 특산주)가 풍미를 좋게 해준다.

오키나와 소바의 유래는 정확히 밝혀져 있지 않다. 오키나와 소바를 처음 식당에 판매한 곳은 1902년 '시나 소바야'라고 알려져 있지만 훨씬 이전에 중국 면요리가 전해지면서 류큐 궁중에서 즐기다가 서민음식으로 확대된 것으로 짐작된다. 메밀이 전혀 포함되지 않은 국수에 소바라는 명칭을 붙이는 것도 논란이 많았는데, 일본 공정거래위원회가 1978년에 '오키나와 소바'를 특수 명칭으로 허가했다고 한다. 여전히 이 알쏭달쏭한 국수는 출신을 의심받으며 소바라는 이름으로 불리고 있다.

오키나와는 돼지고기 요리가 유명하다는 이야기를 했던가? 본토에서는 불교의 영향으로 육식과 동떨어진 식생활을 했지만, 류큐에서는 종교적인 행사 때마다 돼지고기를 요리하는 풍습이 있었다. 전통가옥에는 돼지우리를 따로 둘 정도로 돼지고기를 즐겼고, 요리법도 다양했다. 특히 설맞이로 돼지를 치는 풍습이 있어서 섣달 그믐날이 되면 촌락의 남성 몇몇이 자진하여 집집마다 찾아다니며 돼지를 잡았다고 한다. 당시엔 냉장고가 없었기에 소금에 절여 항아리에 저장하고 설날부터 며칠간은 돼지고기를 실컷 먹었다. 오키나와 소바에도 삼겹살, 갈비, 족발까지 넣어 먹고, 심지어 미소시루에도 돼지비계를 넣어 먹는다. 오키나와 토종돼지를 '베니부타'라고 한다.

소바 메뉴에도 돼지고기는 빠질 수 없다. 대표적인 소바 메뉴는 뼈 있는 돼지갈비살을 고명으로 올린 소키 소바, 돼지족을 올린 데비치 소바, 삼겹살을 올린 산마이 소바 등 돼지고기 고명만 해도 다양하다. 물론 어묵 소바, 해조류를 듬뿍 올린 아사 소바도 있다.

고명 외에도 면의 굵기나 제면 방식도 다양하다. 면은 넓고 얇은가 하면, 아주 가늘게 소면처럼 나오는 곳도 있다. 나고 시에서 모토부로 연결되는 84번 국도는 소바식당이 즐비하여 일명 '소바 가도'라 불린다. 수십 개의 식당이 있는데도 재료가 떨어져 일찍 문을 닫는 가게들이 많다고 하니 오키나와 사람들의 소바 사랑을 짐작할 수 있다. 류큐의 왕궁인 슈리성 근처에서 파는 소바는 특별히 '슈리 소바'라고 하는데, '슈리'라는 이름이 붙으면 뭐든 기품 있게 들린다. 흔하디 흔한 소바라 할지라도.

58번 국도를 달리다가 출출하던 참에 나카무라소바라는 식당을 발견했다. 소바 전문점답게 온갖 고명과 다양한 국물이 메뉴판에 적혀 있었다.

"데비치! 데비치!"

돼지고기라면 혼절할 정도로 좋아하는 미키는 데비치 소바가 품절될까 잽싸게 주문을 마쳤다. 기본 메뉴를 사랑하는 손짱은 나카무라소바 세트를, 고기 국물을 좋아하지 않는 나는 아사 소바를 주문했

오키나와 소바 전문점 나카무라소바. 데비치 소바, 소키 소바, 삼겹살 소바까지 오키나와 소바의 진수를 경험할 수 있다. 창밖으로 천천히 밀려오는 파도를 보는 건 덤이다.

沖繩

다. 헬렌은 다양한 맛보기를 위해 아무도 주문하지 않은 소키 소바를 마저 주문했다. 모두 중간 사이즈의 메뉴를 주문했건만 양이 꽤 푸짐했다. 시원하고 간간한 국물과 쫄깃한 면발은 제법 느낌이 좋았다. 하지만 무르지 않은 단단한 면을 후루룩 들이켜다가는 소화불량에 걸릴지도 모른다. '천천히 천천히, 윳쿠리'는 소바를 먹을 때도 해당되는 말이다.

식당은 해안도로에 면하고 있어 어느 창에 앉건 새파란 바다가 보였다. 늦은 오후의 햇살이 바다에 푸른 그늘을 만들고 있었다. 식당에는 시종일관 오키나와 전통 음악이 흘렀다. 쿵짝쿵짝쿵짝 하는 경쾌한 리듬과는 달리 깊은 감정에 호소하는 듯한 음색이 특이했다.

이 노래를 부르는 가수는 누구일까? 노래 가사는 어떤 것일까? 흥을 돋우는 이 악기는 무엇일까? 나는 초록색 물풀이 떠 있는 국수를 먹으며 이런 생각에 빠졌다. 흐늘거리는 진초록빛 해초가 숟가락에 담겼다. 바닷말에 몸을 맡고 물 위에 둥둥 떠 있는 기분이 들었다.

열대어 사시미만큼 총천연색의 추억을 준 음식이 또 있을까?

나하 시 국제거리 안쪽에 자리 잡은 마키시공설시장을 둘러보다가 어시장을 만났다. 어시장 수조 위로 청록빛을 띠는 큼지막한 생선이 눈에 확 띈다. 이라부치(파랑비늘돔)라고 하는데, 오키나와에서만 회로 먹을 수 있는 생선이다. 그 옆에는 물리면 치명적인 독이 퍼질 것 같은 복잡한 무늬의 큼지막한 갑각류들이 즐비하다. 가리비도 조개도 비교가 어려울 정도로 큼직하고, 푸르고 붉은 빛이 눈이 시리도록 화려하다. 열대어 사시미라니 듣기만 해도 묘한데, 총천연색 어물전을 구경하다보니 마치 아쿠아리움에 온 것 같다. 먹는 것이 아니라 보는 즐거움이랄까?

약간 출출할 때지만 저녁을 먹기엔 이른 듯하여 가볍게 모듬회를 곁들여 맥주를 마시기로 했다. 안주 일본어로 다져진 손짱의 실력이 여기서도 빛을 발했다. 간단한 단어와 강렬한 눈빛, 어시장 경매사 저리 가라 할 정도의 가벼운 손놀림으로 어물전 주인 자매를 가뿐하게 제압한 손짱은 여유 있게 흥정을 마쳤다.

"모듬회에 야광조개를 조금 더 샀어. 2층 식당에서 기다리면 회를 준비해서 가져올 거야."

생선가게에서 생선을 사고 위층 식당에서 먹는 시스템이다. 식당은 술과 그 외 식사들을 판매한다. 오리온 맥주를 한 잔 가득 받아들었다. 샛노란 빛깔부터 상쾌하고 청량감 있는 맛이 기분 좋다. 생맥주를 들이켜며 잠시 기다렸더니 넷이서 먹기에 적지 않은 양의 회가 보기 좋게 담겨 나왔다. 큼직하게 썰어 온 생선들은 몸빛이 언제 그랬냐는 듯 얌전하고 맛 또한 가볍고 씹는 맛이 좋다. 특히 야광조개 회는 전혀 비린 맛 없이 쫄깃한 게 일품이다. 온몸에서 싱그런 바다 냄새가 나는 것 같다. 종류도 모양도 다양하고 풍부하면서도 과한 맛이라고는 없는, 담백하고 즐거운 맛이 오키나와의 맛이 아닐까?

오키나와에서는 이온몰을 비롯해 수많은 대형마트들이 곳곳에 자리 잡고 있었다. 주전부리도 안주거리도 넘쳤다. 한창 유행하던 시

나하 국제거리에 있는 마키시공설시장의 수산물 가게. 파란색 물감을 칠한 듯한 이라부치는 오키나와 사람들이 특히 좋아하는 생선이다. 1층에서 주문하면 2층 식당으로 배 모양의 그릇에 예쁘게 담아 온다.

아와세 버터감자칩(허니버터칩과 닮은 일본 스낵)은 달고 느끼하다 평이 다양했지만 충분히 훌륭한 맥주 친구였고, 오키나와에서 꼭 먹어야 한다는 블루실blue seal 소금 아이스크림은 매력적인 부드러움을 선사했다.

    냉장고를 가득 채운 각양각색의 맥주들은 구경하는 것만으로도 기분이 상승되었다. 어쩜 이렇게나 맥주가 다양할까? 오키나와를 대표하는 오리온 맥주 외에도 로컬 브루어리인 헬리오스 맥주, 계절별로 옷을 갈아입는 한정품 맥주 등 고르는 즐거움이 있었다. 오키나와 특산물인 고야의 맛과 향을 넣은 쌉싸름한 고야 맥주를 발견한 건 큰 기쁨이었다. 차고 시원한 오키나와 전통술 아와모리도 언니들의 심야술집을 즐겁게 해주었다. 오키나와의 밤을 더욱 깊게 만들어준 한 잔의 술을 어찌 예찬하지 않을 수 있을까. 도쿄에서 가루이자와를 거쳐 오키나와까지 언니들의 심야술집은 불빛이 꺼지지 않았다.

상수시 Sans Souci
A. 沖縄県中頭郡北中城村萩道150-3パークサイド#1822
W. sanssouci-kitanaka.com
T. 098 -935-1012
Open. 11:00~21:00(15:00~17:30 카페 타임)

나카무라소바 なかむらそば
A. 沖縄県国頭郡恩納村字瀬良垣1669-1

T. 050-5845-5795
Open. 11:00~20:00

제일마키시공설시장 第一牧志公設市場
A. 沖縄県那覇市松尾2-10-1
W. kousetsu-ichiba.com
Open. 08:00~20:00(매월 제4일요일 휴무, 각 점포마다 영업시간과 휴일이 다르다. 음식점은 보통 10시부터)

토요일 오전의 오키나와 브런치

플라우만스 런치 베이커리
기타나카구스쿠

"여행 왔다고 유난 떨면서 뭘 하는 건 싫지만 그렇다고 맨날 정식만 먹을 필요도 없잖아."

헬렌의 말에는 뭔가 강렬한 것이 숨어 있다.

"그래서요?"

"브런치 정도는 먹어줘야지. 맛있는 빵이랑."

"그럴 줄 알고 플라우만스 런치 베이커리 카페 가려고 구글맵 보는 중이에요. 그 맛있다는 EM 채소 조식을 포기하고요."

오키나와의 인구는 143만 명이 조금 넘는데, 요즘은 젊은이들의 유입이 늘었다. 본토에 살던 젊은이들이 소박하지만 건강한 미래를 꿈꾸며 오키나와로 오고, 본토로 떠났던 이곳 젊은이들이 고향으로 되돌아와 식당과 공방과 가게를 열기도 한다. 오키나와 산 식재료, 오키나와의 전통문화, 오키나와의 향토성에서 도시의 고단한 삶을 치유하고 삶의 균형을 되찾을 수 있다고 생각하는 사람들이 점점 늘어나고 있다. 그 생각은 틀리지 않은 것 같다.

"이상하게도 오키나와의 모든 게 너무 편안해요."

"괜찮아, 다 괜찮아, 이런 느낌?"

"나도 느꼈어. 공항에 내리자마자 마음이 편안해지더라고."

"여행 온 게 아니라 친구네 집 놀러 온 것 같아."

이 감정을 뭐라고 설명해야 할지 모르겠다. 이래도 되나 싶은 여유만만함과 평온함. 남들에게 자랑하고 싶었다.

'플라우만스 런치 베이커리'에서 보낸 느긋한 시간도 자랑하고 싶은 일 중 하나다. 음식 맛도 좋았고 직원들도 친절했으며, 섬세하게 매만진 건물도 예뻤고, 오키나와 특유의 자연스러우면서도 흐드러진 식물들이 가득한 정원도 맘에 들었다. 그러나 플라우만스 런치 베이커리가 특별히 좋았던 건 우리 넷 모두가 느긋하고 우아한 아침시간을 보냈기 때문이다.

코스타비스타 리조트의 침대는 편안했다. 공기가 좋으면 잠도 편안한 법. 아침 일찍 일어나 EM 스파에서 목욕을 즐기는 여유도 부렸다. 도쿄에서는 일찍 아침을 먹고 바쁘게 움직였지만 여긴 오키나와가 아닌가. 오늘은 플라우만스 런치 베이커리에서 브런치를 먹을 예정이라 느긋하게 체크아웃하고 아다니야로 향했다. 아다니야는 카데

沖縄

 와 정식을 먹으러 '상수시'에 가느라 어제 저녁에도 왔던 곳이다. 오전의 햇살이 비치는 언덕길은 어두울 때와는 또 다른 한가로움이 느껴졌다. 길모퉁이에서 카페를 알리는 간판을 발견했다. 멋스런 글자체를 보니 기대감이 마구 솟았다. 몇 번 꺾어지는 계단과 담쟁이덩굴을 따라가자 정원으로 둘러싸인 레스토랑이 나타났다.
 오키나와 어디나 가지가 덩굴처럼 자라는 큰 나무들이 있고 그 주변으로 손을 댄 듯 아닌 듯 자연스럽게 한 무더기의 꽃나무들이 피었다. 낡은 외국인 주택을 개조한 레스토랑은 그 앞에 야자수 한 그루가 있어 열대 해변의 한산하고 나른한 골목 같은 분위기를 풍겼다. 나직한 음악과 집 둘레를 에워싼 식물들이 상쾌한 상상을 부추긴다.
 문을 열자 맛있는 냄새가 훅 풍긴다. 금방 구운 빵들이 문 앞의 진열장 위에서 손님을 기다리고 있었다. 세상의 모든 빵을 다 맛보고 싶은 헬렌의 눈에 불꽃이 일었다. 앤초비 절임과 각종 소스 등도 보기 좋게 진열되어 있었다. 바쁘게 움직이는 직원들의 익숙한 손놀림이 유쾌했다. 카페는 생기가 넘쳤다. 즐거운 웅성거림도 기분 좋게 다가왔다. 주말 오전에만 느낄 수 있는 느긋한 기대감 같은 것이었다. 이곳에서는 '런치 베이커리'라는 이름처럼 빵과 커피, 그리고 올데이 브런치를 먹을 수 있다.
 점심 예약은 이미 끝난 상태여서 12시 전까지만 좌석을 차지할 수 있는 늦은 아침식사를 먹기로 하고 자리에 앉았다.
 "플라우만스 런치 베이커리의 주인도 도쿄에서 건너온 젊은 남자라면서요?"

플라우만스 베이커리는 나지막한 언덕에 자리 잡아
시내 전경이 내려다보인다. 제멋대로 자란 듯한 나무들이
생생한 기운을 느끼게 한다.

"원래 도쿄 사람으로 건축공부를 했대요. 스페인으로 유학을 가려다가 부모님이 이주한 오키나와를 잠시 방문했는데, 그 사이에 카페를 열게 되었다고 하더라고요."

"어쩐지! 인테리어가 예사롭지 않아. 전등이랑 가구가 같은 게 하나도 없고 모두 특색이 있어."

"다른 방들을 보니, 그림들도 세심하게 고른 것 같았어요."

토요일 오전이라 조금은 한갓진 카페를 슬쩍 구경했다. 옛날 주택을 개조한 곳답게 안쪽 복도를 중심으로 방과 거실을 연상케 하는 공간들이 연결되어 있었다. 넓은 테이블이 있어 여럿이 와도 충분히 앉을 수 있는 공간도 있고 어느 방이건 볕이 잘 들면서도 바깥의 초록 풍경이 넘실거렸다. 싱그러운 초록의 바람!

이윽고 언니들의 테이블에 브런치 플레이트가 등장했다. 루콜라에 프로슈토를 얹은 샐러드, 치즈를 얹은 마리네이드한 자몽처럼 싱그런 색채를 발산하는 음식들이 한 접시에 담겼다. 곡물 샐러드는 찌고 볶은 콩과 감자가 섞여 있고 소스 맛이 독특했다. 싱겁지도 짜지도 않아 간이 딱 알맞다. 간장으로 맛을 낸 버섯요리에는 채 썬 아몬드가 올려졌다.

"채 쳐서 볶은 당근이 이렇게 맛있다니!"

"이 브로콜리 좀 먹어봐. 뭘로 간했는지 정말 맛있네. 짭조름한 게 앤초비인가?"

앤초비와 브로콜리라니 의외의 조합이 그럴듯하다. 채소들로 차려진 한 접시는 든든하면서도 부담 없는 한 끼를 선물해주었다. 신선한 채소의 섬세한 맛을 음미하면서 감각이 활짝 깨어나고 몸 안에 특별한 기운들이 채워진다. 여성스럽고 우아한 감각이었다.

"이런 음식을 매일 먹을 수 있다면, 오키나와에 살고 싶어요."

맛있어서 행복할 때면 짓는 독특한 표정으로 미키가 말했다.

"저기 모집공고 붙어 있던데, 카페 직원 구한다고."

헬렌이 기다렸다는 듯이 대꾸했다.

"직원이요? 하핫!"

"못할 게 뭐 있어? 미키는 빵도 잘 굽잖아. 한 일 년 살아보는 거지."

헬렌은 또 어느새 구인광고를 봤나? 오키나와에서 처음으로 마음에 드는 커피를 만났다며 커피 맛에 심취해 있을 뿐, 아무도 다음 일정을 이야기하지 않았다. 아마도 다들 '오키나와에서 일 년 살기'에 대해 곰곰 구상하고 있었던 것은 아닐까? 내가 그랬던 것처럼. 몸과 마음을 돌보며 이 섬에서 살고 싶은 마음이 생겨난 것은 아닐까?

몇 가지의 빵과 앤초비를 포장하고 정원을 거닐었다. 약간 어둑해진 후 맥주를 마시며 반짝이는 아다니야의 불빛을 바라보아도 좋을 텐데, 이 식당은 오후 4시면 문을 닫는다.

沖縄

플라우만스 런치 베이커리 Ploughman's Lunch Bakery
A. 沖縄県中頭郡北中城村安谷屋 927-2

W. www.ploughmans.net
T. 098-979-9097
Open. 8:00~16:00(수요일 휴무)

언니들이
선택한
오키나와
로컬 음식점

슈리소바

슈리 지역은 오키나와의 여타 지역과는 음식 맛도 조금 다르다. 왕궁이 있고 귀족들이 모여 살던 곳이므로 옛날 상류층 음식의 맛과 가깝다고 한다.

우리가 찾은 슈리소바는 재료가 떨어지면 문을 닫기 때문에 영업시간이 고작 2시간밖에 안 된다. 슈리소바는 가쓰오부시 육수를 많이 쓰므로 그 어떤 오키나와 소바보다도 국물이 맑고 담백하다. 면발도 적당히 단단해서 부드럽게 씹힌다. 고명으로는 돼지고기, 가마보코(어묵), 파, 채 썬 백생강 등이 올라간다. 사이즈도 대, 중, 소를 선택할 수 있어, 오키나와 소바의 무지막지한 밀가루 면발에 질린 사람이라면 작은 것을 선택해 주시와 함께 먹으면 적당하다.

밀가루 면이 별로라면 니즈케를 시켜서 밥과 함께 먹어도 된다. 니즈케는 삼겹살, 다시마, 튀긴 두부, 무, 깍지콩 등을 연한 간장 국물에 조린 것이다. 특히 튀긴 두부가 일품이다. 알싸한 매운 맛을 내는 고레구스를 조금 넣어보자. 느끼함이 개운함으로 바뀐다. 단 호불호가 갈리니 처음엔 조금만 넣어서 먼저 맛보길.

슈리소바 首里そば
A. 沖縄県 那覇市 首里赤田町1-7
T. 098-884-0556
Open. 11:30~14:00(일요일 휴무)

아시비우나

슈리성을 관람하고 오키나와 현립예술대학을 지나면 오른쪽에 담쟁이덩굴로 뒤덮인 돌담이 예쁜 집이 보인다. 아시비우나(あしびうなぁ)는 '사람들이 모여 노는 정원'이란 뜻이다. 옛 민가를 개조한 식당이라 마치 어느 가정집을 찾아온 듯하다. 신발을 벗고 본가로 들어서면 좌측에는 다다미방들이 이어지고, 우측으로는 모래정원을 바라보며 나란히 앉아 식사할 수 있는 창가 자리가 보인다. 이곳은 음식도 맛있지만, 조용하고 운치 있는 분위기가 더 마음을 끈다.

대표 음식은 이카스미(오징어먹물) 야

키소바다. 정식으로 주문하면 몇 점의 생선회와 밥, 된장국, 채소절임, 파인애플 디저트도 함께 나온다. 밥은 백미와 주시 중에서 선택할 수 있다. 야키소바는 불맛이 살짝 돌고, 함께 볶은 숙주가 아삭아삭해 '앗, 정말 맛있잖아?'라는 생각이 절로 들

게 한다. 분위기로 유명한 곳이라 맛은 그다지 기대하지 않았건만, 예상을 뛰어넘는 맛이다. 우리의 갈비탕 맛이 나는 소키 소바나 아구(돼지고기) 생강구이 정식도 맛있다. 저녁에 오면 전통 류큐요리를 코스로 맛볼 수 있다고 한다.

아시비우나 琉球茶房 あしびうなぁ
A. 沖縄県 那覇市 首里当蔵町2-13
T. 098-884-0035
Open. 11:00~15:30/17:00~23:00
(일요일 영업, 부정기 휴무)

에미노미세

북부에는 오키나와의 장수마을로 이름난 오기미 마을이 있다. 이곳의 작은 식당 에미노미세는 매스컴에 여러 번 소개되며 유명세를 탔는데 여기엔 가네시로 에미코(金城笑子) 씨의 숨은 노력이 있었다.

에미코 씨는 학교에서 영양사로 일하다가 결혼하고 난 뒤 오기미 마을에 정착했는데, 처음 이곳의 섬 채소를 보았을 때 마치 보물을 발견한 것 같았다고 한다. 대대로 내려오는 노인들의 지혜가 담긴 식단도 소중한 자산이었다. 궁리 끝에 1990년에 작은 식당을 열었다. 에미코 씨는 마을 아주머니들의 집을 일일이 방문해 손수 밥을 지어주면서, 그들의 옛 일이나 살아온 이야기를 듣고 기록한 작은 책자『백 년의 식탁―아줌마, 아저씨의 살림과 밥(百年の食卓―おばぁとおじい

の暮らしとごはん)』을 펴내기도 했다.

이 식당에서 가장 유명한 메뉴는 '조주젠(長壽膳)', 이른바 장수밥상으로 아흔 살이 넘어도 정정하신 동네 할머니의 식단을 메뉴화 한 것이다. 조주젠을 먹으려면 예약이 필수다. 예약하지 않은 경우, 보통 마카치쿠미소레(まかちくみそーれ)를 시킨다. 오키나와 말로 '맡긴다'라는 뜻인데, 조주젠에서 몇 가지가 빠진 메뉴다.

우리는 미리 예약한 조주젠과 마카치쿠미소레를 함께 주문했다. 조주젠은 찬합에 담겨 나오는데, 찰수수가 들어간 밥, 시콰사 과즙을 넣어 찐 라후테(삼겹살)와 다시마, 타피오카 안다기(도넛), 해초와 돼지껍데기 등을 넣어 만든 모이두부, 샛줄멸 소금찜, 고야 볶음, 씀바귀 두부 무침, 오징어 소금찜, 파파야 볶음, 새우튀김 등이 가지런히 담겼다. 잠시 후엔 시금치를 닮은 쌉싸래한 한다마를 넣은 된장국, 모즈쿠(큰실말)가 들어간 냉소바, 오키나와 전통 도넛인 사타안다기와 요거트, 말린 과일 등이 제공되었다. 마카치쿠

미소레 플레이트는 찰수수밥과 주시로 된 두 가지 주먹밥이 나오는 것이 특이했다.

에미노미세의 음식은 튀기기보다는 찜을 하고, 쌉싸래한 채소를 다양하게 이용했으며, 시콰사의 새콤한 맛을 곁들인 것들이 많았다. 과연 이것이 장수 음식의 비결일까. 너무 맛있어서 감탄사가 절로 나오는 맛은 아니지만, 매일 먹고 싶은 맛이었다. 순하고 담백했으며, 대충 만든 음식은 한 가지도 없었다. 조주젠은 1,700엔(예약하면 테이크아웃도 가능, 1,300엔), 마카치쿠미소레 플레이트는 1,100엔이다.

에미노미세 笑味の店
A. 沖縄県国頭郡大宜味村大兼久61
W. www.eminomise.com
T. 0980-44-3220
Open. 11:30~16:00(화, 수, 목 휴무)

마에다 식당

58번 국도를 타고 북쪽으로 조금만 가다 보면 마에다 식당이 나온다. 마에다 식당은

버터에 볶은 소고기와 숙주를 잔뜩 올린 규니쿠 소바가 유명하다. 오키나와 소바는 보

통 돼지고기를 사용하는데 소고기가 올라간 게 특별하다. 고소한 버터향이 배어 있는 짭짤한 소고기와 아삭한 숙주가 어우러져 맛있게 한 그릇 먹을 수 있다. 얀바루 돼지고기를 생강과 함께 볶은 쇼가야키도 맛있다. 달걀 프라이와 양배추를 얹어 나오고, 밥과 함께 작은 소바가 제공된다.

오키나와에서는 얀바루 닭고기, 얀바루 돼지고기라는 말을 많이 듣는데, 북부 지역에서 생산된 식재료를 가리키는 말이다. 특히 돼지고기는 맛있기로 유명하니, 고기를 좋아한다면 한 번쯤 가볼 만한 식당이다. 규니쿠소바는 700엔, 쇼가야키 정식은 850엔이다.

마에다 식당 前田食堂
A. 沖繩県国頭郡大宜味村津波 985
T. 0980-44-2025
Open. 10:00~18:00(주말과 축일엔 18:30까지, 수요일 휴무)

사카에료리뎬

우루마 시에 위치한 사카에료리뎬은 오키나와 창작요리점이다. 아카치치 게스트하우스의 주인이 적극적으로 추천한 곳이다. 외관은 마치 버려진 귀곡산장처럼 낡고 으스스한데, 길고 좁다란 창문 너머로 따뜻한 빛이 새어 나와서 그곳이 음식점이라는 것을 알려준다. 하지만 나무 문을 열고 들어가면 넓고 화사하며 모던한 내부에 깜짝 놀라게 된다.

정통 오키나와 스타일보다 이 가게에서 직접 개발한 특제 소스와 요리 방법으로 조리한 음식들이 많다. 이 집의 명물인 족발(데

비치) 요리도 족발을 튀겨서 난반풍 흑식초 소스로 졸인 것이다. 오키나와 열대 과일로 직접 담근 과실주도 판다. 가격대가 비싼 편은 아니지만, 양은 많지 않다. 명물 족발이 600엔, 연잎밥이 390엔 정도.

운전을 해야 하는데 술을 마시고 말았다면 대리운전도 불러준다. 요금은 1킬로미터당 200엔. 아카치치 숙소까지 대리운전으로 가니 8킬로미터 거리에 1,600엔이 나왔다.

사카에료리뎬 榮料理店
A. 沖繩県うるま市石川1-27-35
T. 098 964 7733
Open. 17:00~24:00(매주 화요일,
　　　9월 29일부터 10월 1일 휴무)
주차장은 도로 건너편 널찍한 공터다.

섬이라는 전설

나카구스쿠 나카무라 저택
나카구스쿠 성터

어느새 전통 민가 특유의 주황색 기와 지붕이 한옥의 검은 기와만큼 익숙해졌다. 보통 주황색 기와 지붕에는 시샤 한 마리가 대문을 바라보며 앉아 있다. 이빨을 드러내고 혀를 내밀고 있는 이 시샤의 뒤편엔 입을 앙다문 시샤가 뒷담을 보고 있다. 입을 벌려 재물을 물어 오는 수컷과 입을 다물어 재물이 나가는 것을 막는 암컷 한 쌍이 짝을 이룬다.

시샤는 사자를 뜻하고 그 모양도 사자를 닮았다. 우리의 호랑이가 용맹함과 두려움의 상징이라면 오키나와의 사자는 매일 보는 가족처럼 친근하다. 오키나와에서는 상상의 동물이었을 사자를 숭상하는 관습은 언제부터 비롯된 것일까? 사자는 날카로운 이빨을 드러내며

沖縄

집을 수호한다. 약간은 긍지에 차고, 약간은 익살맞은 표정으로.
　나카구스쿠에서 나카무라케(나카무라 저택)라는 문화재 저택을 방문할 때도 높고 깊은 주황색 지붕에 떡하니 앉아 있는 시샤가 우릴 맞았다. 저택은 틈과 겹이 교묘히 교차하는 높은 돌담 안에 바짝 붙어 있었다. 태풍이 일상다반사였던 이 섬에서는 우리 옛 한옥처럼 마당이 훤히 드러난 저택은 그 누구도 가질 수가 없었다. 돌담과 겹겹이 심은 정원수들은 비와 바람이 많은 섬사람의 집을 보호해주는 든든한 뿌리다.
　식물들은 나카무라 저택의 돌담 안쪽에도 촘촘해서 나뭇가지를 들추며 걸어 들어가는 느낌이었다. 식물원을 방불케 하듯 꽃나무가 가득하다. 계절마다 옛집의 색채를 바꾸는 식물들, 꽃무릇, 머루, 시콰사(히라미레몬), 극락조꽃, 노간주나무, 구아바, 칡덩굴, 맥문동, 파초, 오키나와 수선화, 남천, 분꽃, 모란, 난초, 그리고 커다란 라일락, 향나무, 히비스커스, 아이리스, 백합, 짜리꽃, 중국장미, 봉황나무, 소철, 붉은 협죽도, 아마릴리스, 잭프룻, 아프리칸 금송화…….
　커피와 술을 즐기고 미술관과 상점을 즐겨 다니는 언니들이지만 건축 문화재들도 가끔은 들어가본다. 사실, 여행하다보면 가장 탐구하고 싶은 곳은 사람들의 일상이 펼쳐지는 집이다. 우리와 얼마나 다른 집에서 어떻게들 살아가는지 구경꾼이 되어보고 싶다. 하지만 그건 사실상 불가능하므로 이따금 살림집을 개조한 카페나 아파트를 개조한 가게, 전통가옥을 보존한 문화재 주택 등에 슬쩍 들어가보곤 한다.

오키나와 전통 민가의 내부는 생각보다 넓고 소박했다. 화려한 장식이 없는 대신, 겹을 이룬 구조는 비밀스런 한편 수많은 방이 생길 수 있어서 많은 사람들이 함께 살 수 있겠다 싶었다. 나카무라 주택은 세 채의 집이 하나의 지붕 아래에 있는데, 창고와 부엌까지 모두 하나의 지붕 아래에 있는 특이한 구조다. 기후와 관련이 있을 것 같은데, 태풍이 오더라도 안전하게 식사하기 위한 방편이었을 것이다.

집 중간에는 중국풍 사당이 마련되어 있었다. 류큐의 풍습은 중국과 관련이 많다. 한편, 뒤란에는 돌을 쌓아 만든 축사가 있다. 소와 돼지, 닭을 키우는 축사가 각기 따로 마련되어 있을 만큼 이 저택의 주인은 부유한 인물이었던 모양이다. 돼지를 특별히 중요하게 키우고 또 식용으로 썼던 풍습도 읽을 수 있다.

언니들은 각자 마음에 드는 공간에서 잠시 머물렀다. 손짱은 축사와 부엌에 집중했고 미키와 헬렌은 안마당을 바라보는 마루에 걸터앉아 속닥속닥 이야기를 나눴다. 나는 방을 따라 걷다가 뒷담을 바라보는 뒷방으로 자연스럽게 들어섰다. 얇은 창살의 장지문을 열면 담과 그 위로 솟아오른 꽃나무의 선이 보인다. 이 뒷방이 마음에 들었다. 가솔들이 복잡하게 다니는 중심에서 조금 벗어나 조용히 쉴 만한 공간이다. 멀리서 여행 온 가객이나 나카무라 집안에서 후원한 예술가들이 머물던 곳이 아니었을까?

저택을 한 바퀴 돌아 정문 앞 기념품 가게에 들렀더니 차 한 잔과 흑당 푸딩을 내주었다. 말캉한 흑당 푸딩을 씹은 후에 쌉싸래한 녹차를 마셨다. 사탕수수에서 추출한 흑당은 오키나와 어디에서나 흔히

沖縄

볼 수 있는 특산품이다. 달콤하고 묵직한 맛이 있어 굳혀놓은 흑당 자체를 디저트처럼 먹기도 하고 흑당을 섞은 각종 간식들도 다양하다.

그러나 흑당은 농지가 좁아 쌀농사로 식량을 충당할 수 없었던 류큐 시대에는 일본 본토로 수출하던 주요 물품으로, 류큐인들에겐 생명줄과 같은 것이었다. '베니이모'라 불리는 자색 고구마로 만든 타르트는 관광객이라면 한두 상자 정도는 사게 되는 오미야게로 인기가 많지만 이 또한 대기근을 맞아 사쓰마(규슈 남부)에서 전래된 고구마로 끼니를 이어갔던 시절의 산물이다. 사쓰마 번의 지배를 받다가 결국 멸망해버린 류큐를 떠올리게 하는 음식들이 여전히 오키나와의 특산물인 셈이다.

이런 전설 같은 이야기들이 없다면 섬 여행이 얼마나 지루할까? 오키나와에서 전설은 거리마다 존재한다. 길모퉁이 담에 박힌 이상한 돌을 본 적 있다면 이미 전설 속에 들어선 것이다. 날카로운 이빨을 드러낸 시샤의 얼굴 아래 '石敢當'이라는 한자가 새겨진 길쭉한 돌을 '이시간토'라고 부른다. 거리를 쏘다니는 마물들이 사람의 뒤를 쫓아오다가 길모퉁이를 만나면 그 직진하는 성질 때문에 맞은편 집이 화를 입게 된다는 것. 그래서 마물이 꼼짝 못하도록 길모퉁이마다 수호신을 세워둔다. 그러므로 이 섬에서는 삼거리에 이르면 잠시 길을 멈추고 담벼락을 둘러봐야 한다. 이시간토가 어김없이 우리를 기다리고 있을 것이다.

이 시대에도 전설 같은 이야기를 그대로 믿는지, 부적처럼 이시간토가 세워져 있고 모노레일 역사 내부에도 시샤가 자리를 차지하고 있다. 모퉁이 벽 상단에도 CCTV 카메라가 아니라 시샤가 놓인 걸 보면 수호자에 대한 믿음은 하나의 관습을 넘어 DNA처럼 내재되어 있는 것 같다. 마물이 인간을 뒤따르며 도처에 흐느적거린다는 상상이 재밌다. 우리는 이시간토가 보일 때마다 마물처럼 그 돌 앞에 발걸음을 멈추었다.

 섬의 전설은 바다에서 시작된다. 오키나와에서는 바다 소리를 들어야 한다. 온화하게 밀려오는 엷은 코발트 빛깔 바다에 귀를 기울여 보면 강한 진동이 일 만큼의 거대한 파도소리에 깜짝 놀라게 될 것이다. 비행기 엔진이 가동될 때나 깊은 터널을 빨리 지날 때처럼 거대한 힘이 움직이는 소리였다. 이 맑고 잔잔한 바다에서 어떻게 그런 소리가 들리는 걸까? 눈앞에 보이는 찰방이는 코발트 빛 바다로는 도저히 이해할 수 없었다.
 그건 태평양이라는 크고 육중한 바다에서 불어닥치는 물과 바람의 소리였다. 저 먼 바다에서 밀려든 파도들이 웅어리를 만들며 서로 싸우는 소리. 눈으로는 어떤 조짐도 보이지 않지만 소리로 경고하고 지시하는 것 같다. 옛날에는 신탁을 받기 위해 신묘한 바다의 소리에 귀를 기울이는 신녀도 있지 않았을까? 그리하여 사면이 물로 단절된 옛 오키나와, 류큐에는 바다에서 온 손님을 신령한 존재로 여기는 풍습이 생겨났을지도 모른다. 경고하듯 소리 지르는 저 바다로부터 작은 배를 타고 들어온 희한한 옷차림에 희한한 말을 쓰는 사람들. 그들을 바다의 사신으로 극진히 모실 수밖에 없었을 것이다. 쿠로시오 해

沖縄

나카구스쿠 성은 성곽과 망루만이 남아 있다.
물결처럼 타고 휘어지는 흰색의 돌벽이
우아하다.

류에 휩쓸려 류큐 해안으로 흘러들어간 조선 사신들의 사례는 우리 역사서에 종종 기록되어 있다.

그 바다에서 들린 소리는 역사를 거슬러 들려온 것인지도 모른다. 나카구스쿠 성터를 방문한 날, 언니들은 바다 소리에 흠뻑 빠져들었다. 성터는 바다와 맞닿아 가장 거센 바람이 늘 불어오는 위치에 있었다. 세월을 못 이겨 건물이 모두 사라진 석회암 언덕에는 성곽과 망루 같은 희끗희끗한 돌 건물만 남아 있었다. 성곽은 근사하게도 파도처럼 구불구불하게 물결 무늬를 이루고 있었다. 마치 흰 물결이 언덕을 타고 올라온 것 같다. 나카구스쿠 성터는 유네스코 세계문화유산으로 등재된 류큐의 구스쿠(성) 관련 아홉 개의 유적 중 하나다.

이 성벽의 석회암 굴곡을 먼 바다에서 본다면 신령스런 땅에서 눈부시게 솟아오른 것처럼 빛나지 않을까? 바다와 맞닿은 성곽을 거닐다가, 바다 멀리서 얇은 목판 배를 타고 흰옷을 입은 사람들이 다가오는 환영을 보았다. 눈을 크게 뜨고 자세히 보니 자글자글 일어나는 파도의 물거품이었다. 어떤 사건들이 이 성터를 덮쳤을까? 이 또한 전설로 이 섬에 남아 있을지 모른다. 어떤 전설을 알려주려는 듯 짙푸른 바다는 깊은 일렁임으로 거친 숨을 내쉬고 있었다.

나카무라 저택 中村家
A. 沖縄県中頭郡北中城村字大城106
W. www.nakamura-ke.net
T. 098-935-3500

나카구스쿠 성터 中城城跡
A. 沖縄県中頭郡北中城村字大城503
W. www.nakagusuku-jo.jp
T. 098-935-5719
Open. 8:30~17:00(5월~9월은 18:00까지)

히메유리와 오키나와 소녀들

이토만 평화기념공원

　도요타 악시오는 사고 없이 잘 달렸다. 테마파크가 있는 아메리칸 빌리지 해안도로를 달리던 자동차가 서서히 소읍의 풍경으로 밀려 들어간다. 예사롭지 않은 풍경들이 등장한다. 흰색 차양막이 걸린 천막이 늘어서 있고 검은 옷을 입은 사람들이 열을 지은 모습도 보인다. 오키나와 장례식 풍습이다. 꽃상여도 화려한 장식도 없이 담담한 흰색의 빈소는 모든 사람들이 언제든 올 수 있도록 마을 앞 도로 가까운 곳에 차려졌다. 산등성이 바다를 내려다보는 곳에는 가족묘가 있었다. 화강석 기둥 위에 둥근 지붕을 얹어서 작은 사원처럼 보였다. 삶과 죽음이 서로 가까이 있었다.
　들길을 달리던 자동차가 붉은 신호에 멈춰 섰다. 횡단보도에는 대

沖縄

여섯의 여자아이들이 숨이 차도록 뛰고 있었다. 치마를 팔랑거리며 가느다란 다리를 쭉쭉 뻗어 달려 나가는 여자아이들. 도움닫기를 하듯 훌쩍 뛰더니 뒤돌아보고 웃는다. 뭐가 그리 신났을까? 아이들의 모습을 지나친 지 한참이 흘렀는데도 함박 웃는 그 모습이 눈에 선하다. 선량한 생명들. 햇살이 부서지는 들판을 투닥투닥 뛰어가는 가느다랗고 힘찬 발목, 나폴거리는 머리카락. 아마 아이들에게서는 달콤한 사탕 냄새가 났으리라.

여자아이들의 뜀박질이 눈에 걸리는 것은 히메유리의 탑을 다녀왔기 때문일까? 마부니 언덕에 세워진 평화기념공원에는 태평양전쟁에 동원되어 무참히 죽어간 사람들의 죽음을 기리는 탑과 표지석과 기념관이 있었다. 그중에 소녀들이 있었다. 오키나와 현립 제1고등여학교와 여자사범학교의 여학생과 교사 240여 명이 학도대로 동원되어 군인들을 수발하고 부상병들을 치료했다. 군대의 강요로 차출된 소녀들은 패색이 짙어지자 '강제 해산'이라는 이름하에 전장에 버려졌다. 그들은 지하 벙커에 숨어 있다가 폭격으로 숨지거나 군부로부터 집단 자결을 요구받고 스스로 수류탄을 터트려 죽었다. '오토히메'와 '유리카이' 두 학도대를 합쳐서 '히메유리'라고 한다.

오키나와의 주민들은 태평양전쟁의 방패막이가 되었다. 옥쇄. 미군이 오키나와에 상륙하자, 일본 군대는 군인뿐만 아니라 주민들까지도 집단 자살하도록 지시했다. 미군들에게 비참하게 죽을 바에야 깨끗하게 목숨을 버리자는 것이었다. 1945년 4월 1일부터 6월 23일까지 벌어진 오키나와 전투 동안 집단 자살자는 모두 22만 명이었다.

해군사령부의 지하벙커가 있던 마부니 언덕은 집단 자살의 현장이었다. 미군 폭격기의 공격이 시시각각 목을 조여오자 섬의 남쪽 끝까지 밀려온 일본군은 항복을 선언했다. 남쪽 끝 절벽에서 상처 입고 울던 주민들은 절벽 아래로 몸을 던졌다. 자신이 무엇을 위해서 죽는지도 알지 못한 채 죽음을 향해 행진했던 시대가 거기 있었다. 화염과 폭탄으로 초토화된 땅, 주민의 3분의 1에 해당하는 주검, 그리고 집단 광기와 공포. 오키나와 전투는 일본의 전쟁 의지를 꺾고 종전을 앞당겼음에도 불구하고 미군이 겪은 최악의 전투로 기록된다.

마부니 언덕 평화기념공원(기념의 의미는 '기원'의 뜻으로 해석한다)에 들어서자마자 울창한 나무들이 열을 지어 있었다. 여러 그루가 뒤섞여 하나의 덩굴을 이루고, 축축 처지는 잎사귀가 특이해서 여간 궁금하지 않았다. 수많은 줄기가 겹을 이뤄 하나의 큰 나무를 이루는 듯해 신령스러워 보였다.

공원이 워낙 넓어서 어디서 어떻게 봐야 하나 망설이고 있을 때 조그만 투어버스가 나타났다. 연세 지긋한 어르신이 운전석에 앉아 있었다. 공원 한 바퀴에 단돈 100엔이다. 지도를 받아 들고 자리에 앉자마자 나무에 대해 물었다.

"가주마루데스."

가주마루는 대만고무나무의 일종으로, 가지에 기근氣根이 있어 계속 줄기가 생겨나고 그 줄기는 아래로도 위로도 자라며 온몸을 감아올리거나 땅에 닿으면 뿌리처럼 지반을 지탱하는 나무다. 오키나와

평화기념공원을 느릿하게 한 바퀴 도는 투어버스.
곳곳에서 마주치는 가주마루 나무. 땅 위로 길게 가지를
뻗어 자라므로 그물처럼 이어지는 느낌을 준다.

沖繩

는 가주마루가 지천이다. 태풍이 불어오면 꼼짝도 못하는 이 섬에서는 절실한 나무다.

　투어버스는 덜컹거리며 공원의 가장자리를 따라 돈다. 어딜 가나 할 말이 많은 언니들도 마부니 언덕에서만큼은 말이 없다. 속절없이 파란 하늘이, 달콤한 바람이 더욱 비현실적으로 느껴졌다. 버스는 가다 서다 하며 몇 곳을 안내한다. 각 현마다 자기네 현 출신의 희생자들을 위해 위령탑을 세우고 작은 공원을 만들었다. 이윽고 버스가 멈췄다. 이곳에서 "많은 사람들이 죽었다"고 어르신은 더듬더듬 이야기했다. 우리는 버스에서 내려서 전망대로 향했다. 왼편으로 불쑥 튀어나온 절벽이 멀리서 보인다. 그곳이 죽음의 행진이 있었던 마부니 언덕이었다.

　왜 그들은 죽어야만 했을까?

　절벽 아래는 새파란 물이 출렁이는 해안이었다. 흰 포말을 일으킨 파도가 끈끈해 보이는 땅으로 밀려왔다. 태평양 먼 바다에서 밀려오는 파도는 까마득한 절벽 아래서 큰 소리로 부딪혔다. 그 어디서도 들어보지 못한 거대한 물의 진동이 메아리쳤다. 이 평평한 언덕에서 본 바다는 거칠고 두려웠다. 저 파도는 역사를 덮어버릴까? 아니면 계속 역사를 증언할까?

　언니들은 평화공원 안으로 깊숙이 들어갔다. 새카만 묘석이 끝도 없이 펼쳐져 있다. 마치 들판에 놓인 까만 돌담처럼. 오키나와 전투에서 희생된 군인, 군속, 주민, 그 외 모든 민간인들의 이름이 적혀 있다. 일본 곳곳에서 온 군인들, 미군으로 출정한 여러 국적의 군인들, 중국

마부니 언덕에서 바라본 태평양의 물결.
추모비에 새겨진 수많은 이름들 중에는 한국인의
이름도 보인다.

沖縄

에서 온 사람들, 조선에서 온 학도병들과 위안부들, 죽음 속에 내몰린 소녀들과 시민들의 이름이 뒤섞여 있다.

"아, 이름을 하나하나 불러주고 싶은데……."

대한민국이라고 표시된 묘석 앞에서 미키가 "한자라서 잘 못 읽겠어요"라며 안쓰러운 표정을 지었다. 우리가 할 수 있는 일이라면 희생된 사람들의 이름을 부르고 기억해주는 것, 그것이 최선이 아닐까?

"메도루마 슌의 『물방울』이 생각나요."

오키나와 문학을 대표하는 작가인 메도루마 슌目取真俊. 언니들은 여행 오기 전에 그의 소설을 함께 읽었다. 오키나와가 지나온 역사의 흔적을 깊이 느끼고 싶었기 때문이다. 그것이 2월의 벚꽃을 보러 온 가벼운 여행이라 할지라도.

발이 퉁퉁 부어 동과즙 같은 물이 흐르는 증세가 생긴 도쿠쇼라는 노인을 등장시켜 전쟁의 참상과 전후 오키나와 사람들의 의식을 환상적이고 유머러스하게 표현한 『물방울』은 아련한 슬픔과 웃음이 교차하는 독특한 소설이었다. 한 나라의 역사와 문화를 이해하는 가장 좋은 방법은 문학이고 소설이다. 한편, 역사의 틈새를 감싸주며 공감의 영역을 넓히는 것도 문학이다. 『물방울』에 나타난 위트와 유머, 찬란한 슬픔, 그리고 포용하는 자연의 거대함과 환상을 불러일으키는 풍광. 오키나와에 와서 가장 먼저 느낀 건 그의 소설이 거짓이 아니라는 것이었다. 그 풍광 속에 깃들인 이야기들, 그 전설 같은 이야기들이 자꾸 듣고 싶어졌다. 동과즙을 마셔도 마셔도 목이 마른 전장의 유령들처럼.

"여행 오기 전에 읽길 참 잘했다."
 풍성한 나무의 잎맥을 따라 퍼지는 향기가 자꾸 짙어졌다. 물을 머금은 숲은 부풀어 올라 여행하는 언니들 곁으로 훌쩍 다가왔다. 물기의 숲 뒤에는 잔잔한 듯 포효하는 거대한 바다가 있어 우리를 깨어 있게 했다. 바다는 모든 삶의 근원이다. 소라게가 되돌아가고 산호의 뼈가 밀려오는 바다. 만조가 되면 인간의 살점까지도 마구 먹어대는 열대어들이 해안으로 밀려오는 바다. 모든 것이 오고 또 모든 것이 돌아가는 바다.

 마부니 언덕에서 보았던 바다의 떨림은 여행하는 내내 우리를 쫓아다녔다. 이유 없이 울고 싶은 순간도, 낯선 오키나와 춤을 괜스레 추고 싶은 순간도 있었다. 그러나 싱그럽게 달리는 여자아이들을 떠올리면 그 슬픔은 옅어졌다. 가주마루처럼 자라는 소녀들. 바다의 소리를 가려내고 온갖 빛깔의 꽃과 바람을 찬연히 바라볼 소녀들. 그 천진한 생명의 웃음들이, 그 작고 단단한 발목이, 이 땅의 상흔을 달래줄 거라고 믿는다.

평화기념공원 平和祈念公園
A. 沖縄県糸満市字摩文仁577
T. 098-997-2765

산호해변으로 가는 산책로

나키진 후라이소 게스트하우스
나가하마비치

"15킬로미터 남았다는데 아직도 삼십 분은 더 가야 한대. 해안도로라 꼬불꼬불해서 그런가봐."

"밖이 벌써 깜깜한데 어떡하지?"

나키진까지 달려온 길이 꽤 길었다. 사위는 어두워졌고 길은 잘 보이지 않았다. 북부의 서쪽에 자리 잡은 나키진은 나카구스쿠, 우라소에, 기노완…… 이런 도시와는 확연히 달랐다. 야생의 느낌이 물씬 풍겼다. 해안도 언덕도 덜 다듬어졌고 도로도 매끈하지 않았다. 시간 여유를 충분히 두고 달려왔건만 결국 밤이 깊고야 말았다.

"여긴 불빛 하나 안 보이는데? 이런 데 게스트하우스가 있기는 한 거야?"

캄캄한 도로에 한자가 적힌 조그만 나무안내판이 언뜻 스쳤다. 풍래장(후라이소)이다! 다시 어둠. 잠시 후 어둠 속으로 길과 집의 실루엣이 슬금슬금 드러난다. 다급하게 들이닥치는 자동차 소리를 들은 주인 부부가 달려 나와서 큰 손짓을 한다. 처음 만나는데도 활짝 웃음으로 우리를 반긴다. 언니들도 덩달아 반갑게 인사를 나누고 짐을 챙겨 오늘 밤을 보낼 우리 방으로 향했다.

까만 밤 저편에서 나직한 파도 소리가 들린다. 소리로 짐작해보건대, 바다와 멀지 않은 것 같지만 파악할 길이 없다. 하늘을 올려다보니 점점이 별들이 뿌려져 있다. 네 꼭지점에 앉은 별과 가운데 나란한 세 개의 별, 오리온자리가 언뜻 눈에 들어온다.

오리온 맥주부터 땄다.
"집 참 예쁘게 지었다. 주인이 엄청 꼼꼼하신 것 같아."
후라이소의 예쁜 풍경은 홈페이지에서 미리 확인했지만 구석구석 주인의 손이 닿아 있는 방이란 걸 대번에 알아챘다. 회색빛 노출 콘크리트는 냉정하다기보다 단정한 느낌이었고 시원하게 드러난 목재 천장은 높고 편안했다. 후라이소가 마음에 든 것은 이층침대가 두 개 있는 4인실 때문이었다. 언니들 모두 한방에 누울 수 있게 되었다. 침대에는 짧은 커튼과 작은 램프가 있어 나름 혼자 있는 시간을 즐길 수도 있었다. 지친 몸을 푹 담글 탕은 없지만 샤워기에서 시원하게 쏟아지는 물줄기가 여행자의 몸을 시원하게 어루만졌다.

어느새 저녁 겸 작은 술상이 차려졌다. 나키진에 들어오기 전 다행스럽게도 이온몰을 발견하고 몇 가지를 샀다. 여행하면서 생긴 습관이라면 일단 마트가 눈에 띄면 얼른 필요한 것들을 채워놓는 것이다. 특히 소읍을 지나칠 때는 식당이나 슈퍼 찾기가 그리 쉽지 않다. 나키진을 찾아가는 도로는 썰렁하리만치 한적했었다. 후라이소는 외따로 떨어진 호젓한 숙소였던 것이다.

급하게 장을 봤는데도 꺼내보니 품목이 꼼꼼하다. 가마보코, 구르쿤(오키나와에서 많이 먹는 담백한 생선) 튀김과 닭꼬치, 와사비를 넣은 해조류 무침, 싱싱한 딸기, 푸딩 같은 지마미두부(땅콩두부) 등이 조그마한 좌탁에 놓였다. 맥주는 다양하다. 두 종류의 코에도, 요나요나 에일, 헬리오스 화이트에일과 포터, 고야 드라이, 한 번도 떨어진 적이 없는 오리온 맥주, 그리고 산토리의 고슈 화이트와인 한 병도.

"술상은 좁을수록 다정해지지."

좁은 상으로 넷이 모여들었다. 오리온 맥주의 보들보들한 거품과 자글자글한 탄산이 입안에서 터진다. 조용한 게스트하우스의 분위기를 깨지 않도록 크게 웃지 말자며 약속했지만 잘 지켜질까 모르겠다. 미키가 와인 라벨에 '언니들'이라고 적어둔다. 냉장고를 공유하는 게스트하우스의 특성상 각자의 물건에는 표시를 해두라고 주인이 미리 언질을 주었었다.

"'언니들', 우리 이름 맞죠?"

여행 중에 더 멋진 이름을 지어보자고 했지만, 결국 '언니들' 말곤 더 좋은 이름이 없다. 미키, 헬렌, 손짱 그리고 유짱, 네 명을 중심으로, 여러 개의 동심원이 파문을 일으키면서 커지고 있는 언니들 모임. 언

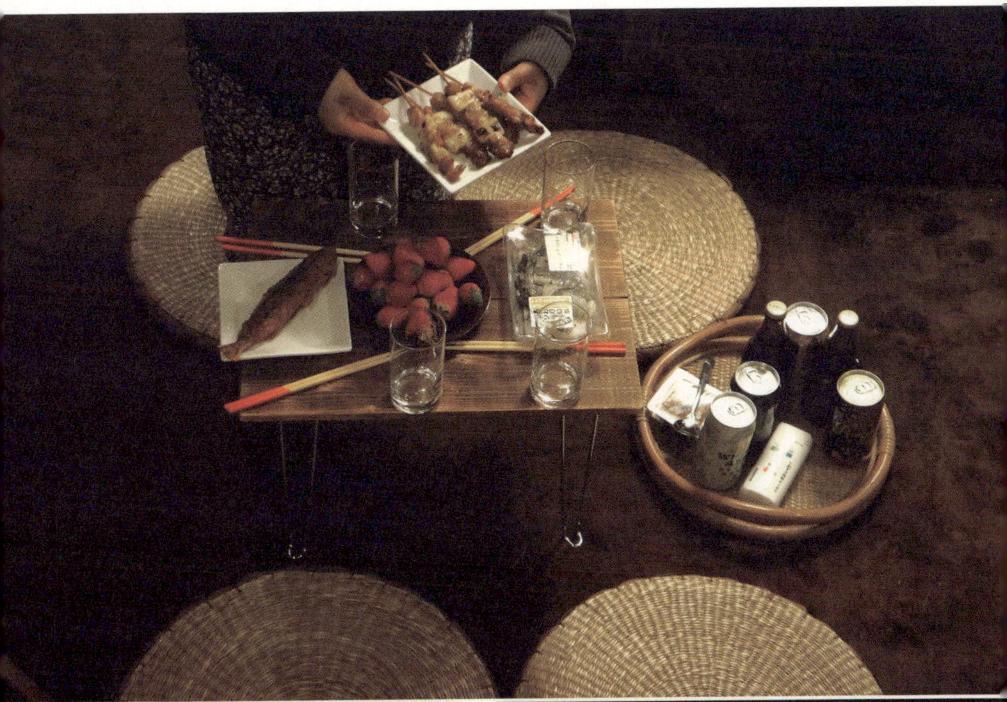

언니들
SUNTORY
JAPAN
PREMIUM
甲州

GOYA
DRY

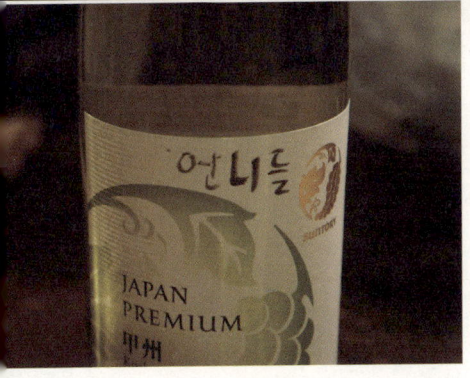

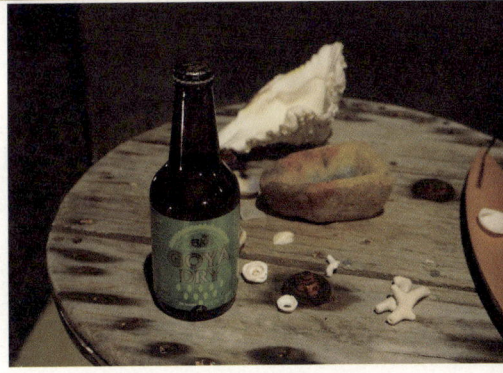

니들은 책을 좋아하고 이야기를 좋아하긴 하지만 각자의 취향과 성향은 분명한 편이다. 그런 우리가 함께 여행을 하다니. 그 여행이 이렇게 즐겁다니. 언니들은 계속 이렇게 따로 또 같이 함께하며 서로를 응원하고 이해하고 기뻐해주리라.

여행지의 밤이 깊어간다.
나는 조명을 줄이고 주인이 준비해둔 향—벌레를 쫓으라는 의미가 아니었을까?—을 피운다. 쌉싸래한 향이 긴 연기를 피워 올리며 어딘가로 퍼진다. 바깥에는 고양이가 어슬렁거린다. 조그마한 구르쿤 한 토막도 생선이라고 냄새를 피웠나보다.
미키가 재빨리 음악을 검색한다. '서울하늘'이라는 이름의 직장인밴드에서 노래를 부르는 그녀는 좋아하는 인디 가수들의 음악을 골라서 들려주었다. 파도 소리가 들리는 게스트하우스에서 좋은 술을 마시는데 음악이 빠질 수 있을까? 불빛을 더 어둡게 줄였다.
"오홋." 미키가 기분 좋은 탄성을 지른다.
"오키나와에 영감을 받아서 '김오키'라고 이름을 지은 가수가 있네요."
색소폰이 긴 울음을 시작한다. 김오키는 오키나와가 좋아서 오키라는 예명을 붙인 재즈 색소포니스트이자 가수였다. 유튜브에서 몇 곡의 노래를 찾아 계속 플레이했다. '난쟁이가 쏘아 올린 작은 공', '나는 불현듯 겨드랑이가 가렵다', 조세희와 이상의 소설에서 가져온 제목들이 예사롭지 않았다. 2014년에 '평화와 공존'이라는 주제로 오키나와 산신 연주자와 협연한 공연도 있었다.
 그는 오키나와의 어떤 면에 그토록 감동했을까? 언니들이 느꼈던 감정과 닮아 있을까? 김오키와 언니들 사이에 어떤 공통점이 생겼다. 밤은 깊고 음악도 깊다. 대화는 자주 끊어진다. 그 틈으로 봄밤이 찾아든다. 바다 내음이 가득한 요상한 봄날이다.

 파도 소리에 잠이 깼다. 바깥이 희미하다. 이층침대에서 조심조심 내려온다. 곤한 잠을 깨울까봐 삐걱거리는 계단 소리가 여간 신경 쓰이지 않는다. 옷을 겹쳐 입는데 언니들이 뒤척인다.
 "어디 가?"
 "응. 바닷가 산책."
 나는 카메라를 챙겨 들고 문을 살짝 닫았다. 아직 해가 뜨지 않은 희붐한 시간을 혼자 헤매는 것을 좋아한다. 그것이 바다라면 더욱더. 어젯밤 소리로만 만났던 그 해안을 보고 싶었다. 신발을 끌고 다급하게 걸어가는데, 아직 검은 그림자에 휩싸인 길쭉한 나무들이 경중경중 나를 따른다.
 얼마 가지 않아서 멀리 흰 모래와 푸르스름한 물이 보인다. 아무도 밟지 않은, 새벽의 바다였다. 스르르 밀려오고 쏵 부딪히고 주르르 밀려나간다. 물결 소리가 고요하고 나긋하다. 나는 그 소리를 들으려고 멈춰 서서 귀를 기울였다. 가벼운 소금기가 코를 스친다. 그리고 바삭바삭한 은모래. 거기서 멈춰 섰다. 한참.
 잠시 후 바닥을 내려다보니 모래가 아니라 온통 길쭉길쭉한 산호

후라이소에서 5분 거리에 있는 나가하마비치.
아기손 같은 부서진 산호들이 하얀 모래밭에
가득하다.

沖縄

다. 말로만 듣던 산호해안이 눈앞에 펼쳐진 것이다. 이 바다 동물의 사체는 어째서 이 해안에 모여든 것일까? 손 위에 산호를 올리고서 들여다보았다. 같은 형태는 하나도 없다. 이 산호는 어느 심연의 바다에 살고 있었을까? 산호의 세계를 우리는 상상하지 못한다. 물에 떠오른 산호들이 해안으로 밀려왔고, 물결에 서로 부딪혀 고운 모래가 된 모양이다. 이 모래들은 어느 곳에서 밀려온 대륙의 조각이었을까? 어떤 세계를 떠받치던 기둥이었을까? 산호는 현자의 돌 같다.

해안은 끝도 없이 펼쳐져 있다. 유명한 관광지가 아닌 까닭에 많은 사람의 손을 탄 것 같지는 않다. 대신, 깨끗하게 관리되지도 않은 보통의 해안이었다. 누군가의 산책로이자 여름 놀이터일 것이다. 거칠었다. 해안을 감싸는 숲은 듬성듬성했고 나무들은 제멋대로 자랐다. 주변에 큰 건물이나 숙소는 없지만 회사 소유의 별장처럼 보이는 90년대식 콘크리트 건물이 한 채 멀리서 보였다. 지난여름 한철 신나게 놀았던 흔적이 드문드문 흩어져 있었다. 랜턴에서 빠진 전구 하나, 천막에서 찢겨져 나왔을 법한 천 조각, 보트나 파라솔에서 흘러나왔을 나무 조각 같은 것들이 의도 없이도 위험스럽게 보이는 그런 거칠음. 누군가 잃어버린 물건들이 속절없이 삭아간다.

매끈하게 다듬어진 해안보다 거대한 광풍이 휩쓸고 간 듯한 이 해안이 맘에 들었다. 이런 풍경은 작은 균열을 일으키고 그 틈으로 잠든 무언가를 깨어나게 한다. 나는 아슬아슬한 금을 따라 바다 속으로, 나의 깊은 곳으로 조금씩 걸어 들어갔다.

등 뒤 먼 곳에서 들려오는 웃음소리가 내 걸음을 멈추게 했다. 어느새 언니들이 그곳에 있었다. 언니들은 해안에 멈춰 서서 바다를 바라보며 환호성을 지르더니 어린아이처럼 쪼그리고 앉아 산호 줍기에 몰두한다. 어느새 태양이 떠오르고 공기는 금세 따뜻한 온기를 띤다. 엷은 초록빛 물은 점점 짙어지고 노란 태양빛도 머금었다. 어느새 바다는 거칠음을 잃고 다정해졌다.

그 빛깔을 보니 오기가미 나오코의 영화 〈안경〉의 한 장면이 떠오른다. 나무의자와 벤치에 앉아 하염없이 바다를 바라보던 나른한 해안, 할 일 없을 때면 모여서 메르시 체조를 하던 엷은 노랑과 엷은 파랑 빛의 해안. 나는 심호흡을 하며 팔을 번쩍 쳐들었다. 메르시 체조가 하나도 생각나지 않았다. 언니들에게도 함께 하자고 하고 싶은데, 도통 동작이 떠오르지 않는다. 다음 여행을 하기 전에는 반드시 이 체조를 다 외우리라. 나른한 바닷가를 만나면 진심을 다해 온몸으로 체조를 해보리라.

"해변에 다녀오셨어요? 거긴 나가하마비치長浜ビーチ랍니다."

아침식사를 하러 별채로 가니 주인 부부가 반가운 표정을 지으며 우리를 반긴다. 주인이 해안 이름을 알려주었다. 후라이소에는 아침식사를 하는 별채가 있는데, 식당 안쪽에 부부와 아이들, 강아지가 함께 사는 집이 있었다. 체구가 작고 명랑한 주인 부부는 아침마다 빵을 굽고 수프를 끓여서 손님들에게 내놓는다. 보드라운 빵과 고소한 수프가 식욕을 당긴다. 산호를 닮은 그릇에 보기 좋게 담겨 나왔다. 주인 부부는 아침식사를 내오면서 근처에 가볼 만한 해안과 빵집 등을 잔뜩 소개해준다. 한국인 친구가 근처에 산다며 그들이 하는 식당과 투어 프로그램도 알려주었다. 그는 한국어를 배우고 있다며 더듬더듬 한국말로 이야기를 던진다. 어딜 가나 한국어를 배우는 사람들을 만나게 되니 무척 반갑다. 우리는 그들에게 우리가 알고 있는 몇 개의 오키나와 말 중에서 가장 아름다운 단어를 말했다.

"니헤데비루(고마워요)."

주인아주머니의 얼굴이 수줍게 밝아졌다. 그들의 말을 더 알았더라면 좋을 텐데, 이렇게 낯선 언어로 서로의 이야기를 더듬더듬 천천히 나눌 수 있다면 좋을 텐데. "무엇을 해도 좋아, 천천히 마음껏 해"라는 말을 물어볼 걸 그랬다. 아직 끝나지 않은 이 여행이 벌써 그립고 아깝다. 조금만 더 머물 수 있다면…… 그 마음은 가면 갈수록 더 강해졌다. 오키나와도 후라이소도, 조금만 더 머물고 싶은 곳이었다.

후라이소 風来荘
A. 沖縄県国頭郡今帰仁村諸志868
W. http://www7.plala.or.jp/fu-rai-sou/

T. 098-056-2141
숙박비는 비수기 4인 기준(침대방),
조식 포함 5,500엔

沖繩

호텔에서 제빵을 담당했던 주인아저씨가 천연 효모를 사용해 매일
조금씩 다르게 굽는 빵과 브로콜리와 파프리카를 넣은 따뜻한 수프.
주변에 가볼 만한 곳을 소개한 광고지들.

후라이소는 대나무, 자연스럽게 휜 나뭇가지, 산호, 조가비 등 최대한 자연의 재료로 집을 꾸몄다.

沖縄

 아카치치 게스트하우스

'아카치치'는 오키나와 말로 '새벽녘'을 뜻하는데, 주인 부부가 하루 중 이 시간을 가장 좋아해서 붙인 이름이다. 해가 뜨기 전 자연의 소리만 들리는 서늘하고 촉촉한 시간의 감촉이 느껴진다.

아카치치를 찾는 숙박객을 상대하고 음식을 준비하는 이는 매력적인 부인 코마키 이만이고, 남편 케니 이만은 지역 초등학교에서 영어를 가르친다. 케니는 독일-헝가리 계 아버지와 오키나와 출신 어머니 사이에서 태어나 미국에서 성장했지만, 자신의 '뿌리'를 찾기 위해 오키나와에 왔다가 오키나와 문화에 강렬하게 매료되어 정착했다. 영어로 오키나와를 소개한 *Okinawa Explorer*를 썼고, 오키나와의 바다를 깨끗하게 보호하자는 운동을 적극적으로 펼치는 지역 활동가이기도 하다. 주인장이 오키나와 문화와 역사에 관심이 많다 보니, 객실에도 오키나와 역사에 관한 두툼한 영어 책자가 몇 권 꽂혀 있다.

객실은 단 두 개뿐인데, 테라스 가름막을 사이에 두고 나란히 붙어 있다. 방은 꽤 널찍하고 유리문을 열면 테라스를 통해 마당으로 곧장 나갈 수 있다. 주인 부부가 사는 안채도 바로 곁에 있어서 코마키 씨가 저녁을 준비하고 빨래를 개며 아이들과 놀아주는 모습을 볼 수 있다.

아카치치에서는 마에다 곶이 가깝다. 스노클링으로 꽤 유명한

아카치치의 객실에서는 오키나와에 관한 이런저런 책들을 읽어볼 수 있다. 까만 표지의 책은 주인장 케니가 영어로 직접 쓴 것이다.

멋진 풍경의 작은 해변이다. 아카치치에서 십오 분쯤 걸어가면, 넓은 사탕수수 밭을 지나 해변에 이른다. 아카치치에 왔으니, 해가 뜰 무렵에 걸어보면 어떨까. 이색적인 시골 풍경이 마음에 들 것이다. 우리가 갔을 때는 이른 2월이었지만, 숙소로 다시 돌아가려고 할 때쯤엔 벌써 스노클링을 하러 온 한 무리의 사람들을 볼 수 있었다.

아카치치 숙소의 하이라이트는 코마키 씨가 숙소의 작은 탁자로 날라주는 정갈한 아침 밥상이다. 일본식과 아메리카식 중에서 선택할 수 있는데, 우리는 따뜻한 밥이 먹고 싶어 일본식을 선택했다. 나무 쟁반에 한 상씩 차려 오는데, 그날의 메뉴를 손글씨로 적은 메모도 함께 들어 있다.

오늘 메뉴는 잡곡밥, 따뜻한 두부탕, 채소 샐러드, 당근 볶음, 해초가 들어간 달걀말이, 지마미두부, 모즈쿠 초절임이다. 좋은 재료로 건강하게 만든 식단이다. 땅콩으로 만든 지마미두부는 탱탱한 탄력과 고소한 맛이 특징인데, 달달한 간장 소스를 뿌려 먹는다. 식사를 마치면 커피와 함께 과일과 곡물을 얹은 요거트가 디저트로 나온다. 고요한 테라스에 앉아 커피를 마시고 있으니, 오래된 친구 집을 찾아온 듯 알 수 없는 따뜻함이 차오른다.

아카치치 あかちち
A. 沖縄県国頭郡恩納村真栄田348
W. www.akachichi.com

T. 098-989-1545
숙박비는 조식 포함 7,500엔
(7, 8, 9월엔 8,500엔)

마에다 곶으로 가는 길에 마주친 사탕수수밭.
2월인데도 추수가 한창이다.
여주인 코마키 씨가 객실까지 날라다준 아침 밥상.

세이와우타키를 놓치고 비세의 숲을 만나다

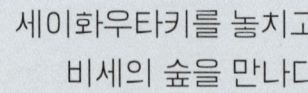

비세. 마을 이름이 예쁘다. 이 동네에 전설처럼 흐르는 이야기는 무엇일까? 영험한 바위 이야기가 전해지는 비세 해안가의 와루미를 찾아가기로 하고 길을 나섰다. 바다의 신이 힘껏 숨을 내쉬어 거품처럼 부풀어 올린 듯한 바위들을 지나면 두 개의 바위가 서로 갈라진 것처럼 좁게 맞붙어 있는 지대를 발견하게 되는데, 이를 '와루미'라고 부른다. 예사롭지 않은 모양새 탓에 신령한 분위기를 풍긴다.

도대체 와루미는 어디에 있담? 모토부 초의 해안가 마을 비세에 도착하니 쑥쑥 잘 자란 관목림이 펼쳐지고 해안가는 평평하니 평화롭기 그지없다. 세이화우타키를 못 보고 지나쳤으니 비세 와루미라도 봐야 하지 않겠나 싶어 찾아왔으나 와루미보다 짙푸른 그늘을 만드는 숲길에 마음을 빼앗겨버렸다.

연코발트 물빛이 아름다운 해안 위에 방풍림처럼 관목숲이 펼쳐진다. 이 나무의 이름은 후쿠기福木(フクギ), 고무나무의 일종인데 필리핀, 타이완, 그리고 오키나와에서 자라는 나무다. 나하 시의 시목이 후쿠기라고 하니, 이 나무가 오키나와의 풍광에 끼치는 영향은 적지 않을 것이다.

통통한 관엽이 물을 가득 머금은 듯 기분 좋게 일렁인다. 햇볕이 제법 쨍하게 비치는데도 후쿠기 숲으로 들어서니 고요한 그늘뿐이다. 그 사이에 좁은 골목들이 형성되어 있고 집들이 빼곡히 들어서 있다. 엉성하게 지어진 블록집들과 농기구 창고와 잡풀이 제멋대로 자란 마당 등이 언뜻 보인다. 골목을 돌아보니 디자인이 제법 멋진 방갈로와 프라이빗 빌라도 곳곳에 있고 근사하게 꾸민 게스트하우스도 있다. 집 대문마다 시샤가 지키고 있다. 크기도 모양도 무서움 혹은 귀여움의 정도도 제각각이다. 이곳에서 가장 많은 시샤를 한꺼번에 본 것 같다. 후쿠기는 가로수이기도 하지만 자연스레 울타리를 형성하고 있어 숲속 마을의 고요한 정취가 더욱 짙어졌다.

후쿠기는 이름처럼 '복을 부르는 나무'라고 불리는 모양이다. 이 지역 후쿠기의 수령은 3백 년에 이르는데, 17세기 후반에 전래된 중국 풍수 사상의 영향으로 심은 것이라고 한다. 해안삼림조성 국책사업이라고 할까? 조밀한 잎사귀는 태풍과 북풍을 막아주면서 화재의 위험도 없어 마을을 꾸미는 데 유효했던 것이다. 후쿠기 숲이 찬란한 풍광을 연출하는 데 걸린 시간은 3백 년. 모든 아름다운 건 이렇듯 긴 시간과 정성스런 노력이 필요하다.

곧게 뻗은 탄탄한 줄기에 풍성하게 맺힌 잎사귀들. 싱그러운 초록빛 잎사귀들이 길고 느슨하게 늘어진 채로 빛과 바람에 일렁인다. 후쿠기 숲에 들어서면 시간이 멈춘 것 같다. 비밀스런 곳으로 이끌려 가는 묘한 기분이 든다.

아니나 다를까, 숲에서 잠시 길을 잃었다. 격자형 골목이지만 틈 없이 빽빽한 그늘에서, 비슷비슷한 집들 사이에서 자칫 방향을 잃기 쉽다. 그러나 가장 짙은 그늘로, 가장 멋진 나무들을 따라 걷다보면

沖繩

빽빽한 후쿠기 가로수를 헤집고 다니다보면 갑자기 넓은 바다가
나타나곤 한다. 가로수길이 끝나는 곳은 비세자키 해변으로 이어지고,
이런 곳엔 여지없이 신성한 우타키가 있다.

길 끝에서 차양 밖으로 햇살이 들이치듯 밝은 빛이 보인다. 그 길 끝에 푸른 바다가 펼쳐진다. 되레 물기 가득한 초록의 청명한 숲길이 끝나버린 게 아쉬워진다.

숲에 머문 시간은 길지 않았으나 내 속에서는 무언가 하나가 끝나고 새로운 것이 시작된 듯한 안도감과 흥분감이 생겨났다. 숲을 걷는 일이란 그런 것일까? 오키나와의 숲은 특별하다. 이곳은 비세 후쿠기 가로수길備瀬のフクギ並木이라고 불린다.

비세 후쿠기 가로수길 備瀬のフクギ並木
A. 沖縄県国頭郡本部町備瀬414
추라우미 수족관에서 1킬로미터 남짓한 거리다.

슈리 산책

나하 슈리성

　나하 시에 들어왔다. 호텔 근처에서 렌터카를 반납하고 여행가방을 호텔방에 넣고 보니 우리 여행이 막바지에 이르렀구나 싶다. 바다가 멀리 보이는 리조트풍 호텔의 기억도, 아기자기한 게스트하우스의 추억도 접어두고 나하에서는 비즈니스호텔에 투숙했다. 고층에 위치한 객실의 조그마한 창으로 바깥을 내려다보니 자동차의 흐름이 제법 복잡하고 멀찍이서 빠른 속도로 이동하는 모노레일도 보인다.
　공항과 현청이 있는 나하는 섬에서 가장 크고 인구가 많은 도시다. 태평양전쟁 이후 오키나와가 미국령이던 시절에는 미군 기지가 밀집된 중부의 오키나와 시가 행정중심지 역할을 하다가 일본으로 반환된 후에 역사 도시인 나하로 중심이 이동되었다고 한다. 볼 것도 많고 즐길 것도 많은 나하를 가장 나중 일정에 몰아둔 것은 천천히 쉬며 걸으며 차분히 보고 싶은 마음 때문이었다.

유이레일을 탔다. 두 량짜리 모노레일이다. 유이는 묶어서 연결한다는 의미다. 오키나와에는 '유이마루ゆぃまーる'라는 표현이 있는데, 이는 서로 돕고 산다는 의미, 즉 친구가 된다는 뜻이라고 한다. 언니들의 마음과 닮은꼴인 것 같아서 마음에 들었다. 유이레일을 타면 웬만한 번화가는 충분히 이동할 수 있다. 유이레일의 서쪽 끝에는 국제공항이, 동쪽 끝에는 슈리성이 있고 그 중간쯤에 국제거리라는 번화가가 있다. 전차가 한 번씩 정차할 때마다 쿵짝쿵짝 흥겨운 오키나와풍 멜로디가 울린다.

"하핫, 이 멜로디, 정들겠는데요?"

나하의 첫 목표지는 슈리성이다. '슈리'라는 말 자체가 우아하게 들린다. 실제로 슈리성 주변은 궁궐 도시의 우아함을 갖고 있다. 서울의 가회동 같은 분위기랄까? 슈리라는 이름을 쓰는 가게는 음식도 짜거나 자극적인 맛 없이 고급스럽고 물건들의 분위기도 그렇다. 류큐 옛 상류층의 취향이 여전히 유효한 동네다.

오키나와로 오기 전 공교롭게도 서울 고궁박물관에서 '류큐 왕국의 보물'이라는 전시가 열렸었다. 전시와 연계된 강연회를 들으러 간 손짱과 나는 슈리성과 류큐의 역사 이야기에 푹 빠져버렸다. 역사상 멸망한 나라는 참으로 많지만 류큐 문화에는 독특하고 아름다운 것이 많았기에 더욱 마음이 흔들렸다. 산신을 켜며 심금을 건드리는 소

위: 호쿠사이, '류큐팔경' 중 〈비 개인 가을날의 무지개다리〉. 명나라 책봉사의 배가 정박했던 우키시마와 도성인 슈리 사이에는 얕은 바다가 있었는데, 1451년에 약 1킬로미터에 이르는 다리를 놓았다. 바다를 가로지르는 가늘고 긴 다리가 꽤나 장관이었던 모양이다.
아래: 〈해안 절벽의 저녁노을〉. 나하 항구 부근 절벽에 자리 잡고 있던 별궁의 해 질 녘.

절을 연주하고, 머리를 틀어 올려 쪽을 진 여인들이 느리게 춤을 추는 자태를 떠올려보았다. 류큐의 노래와 춤, 류큐의 언어, 류큐의 옷과 치장 풍습 모두 섬세하고 고운 역사의 한 자락이었다.

　류큐가 사쓰마 번의 속령이 된 후 18세기 에도에는 류큐에 대한 상상이 화려하게 번졌다. 저 먼 섬나라에 대한 아련한 환상이 빚어낸 갈망은 호쿠사이의 우키요에 '류큐팔경'에 잘 드러나 있다. 은은한 새벽빛과 만월의 바다, 남국의 식물인 파초가 잔뜩 그려진 이 판화는 저 먼 섬에서 펼쳐지는 낙원의 풍경을 향한 아스라한 감정이 가득했다. 류큐는 에도인들에게 '국경의 남쪽'이자 '태양의 서쪽'이었다. 완벽하고도 슬픈 다른 세상이었다. '류큐팔경' 곳곳에 등장하는 풍경은 나하 항구의 절벽에 위치했던 아름다운 별궁과 이즈미자키, 그리고 슈리성으로 이어지는 얕은 바다의 모습이다. 호쿠사이는 류큐를 방문한 적이 없었다. 중국인 주황의 책에 실린 삽화를 보고 열렬해진 마음을 아름다운 채색화로 표현한 것이다.

　"2천 엔짜리는 없나요?"

　슈리성의 슈레이몬이 그려져 있다며 손짱은 환전할 때 계속 2천 엔을 찾았다. 2003년에 발행이 중지되었다니 보유량이 많지는 않을 터이다. 다른 지폐엔 일본의 근대화를 이끈 인물의 얼굴이 그려져 있는데, 2천 엔은 건물이라니 좀 특이하다.

　"뒷면에는 『겐지모노가타리』의 한 장면과 그 작가인 무라사키 시키부가 조그맣게 그려져 있어. 간직할 만하지."

미국의 2달러짜리가 행운의 지폐로 여겨지는 것처럼 일본에서도 2천 엔은 행운의 지폐로 여겨진다.

파도처럼 물결치는 슈리성의 외성은 상상했던 것보다 웅장하고 단단했다. 슈리성의 규모는 동서 4백 미터, 남북 2백 미터에 이른다. 이 거대한 성곽 내부에 또 다른 성곽이 숨겨져 있다고 하니 수수께끼가 겹쳐진 구불구불한 이야기의 숲 같다.

"슈리성에 왔으니 일단 슈레이몬부터 봐야겠지?"

슈레이몬 앞에는 관광객들이 서로 기념사진을 찍으려고 북새통을 이루고 있다. 슈리성은 14세기에 창건되었다고 하지만 태평양전쟁 때 일본 육군이 슈리성 지하에 사령부를 설치한 까닭에 미군의 집중적인 폭격을 받아 잿더미가 되었다. 지금의 슈리성은 1992년 오키나와의 일본 본토 복귀 20주년을 기념해 복원한 것이다. 대부분은 새로 복원한 것이지만, 두 개의 우타키, 소노한우타키와 스이무이우타키는 옛 모습을 간직하고 있다.

'우타키御嶽'는 '신이 강림하는 성지'를 뜻하는 말로 신에게 기도를 드리는 신성한 장소다. 본토의 신사처럼 오키나와 마을에는 우타키가 있다. 특히 스이무이우타키는 신이 이곳으로 강림한 이후 류큐 민족이 탄생했다는 개벽설화가 전해진다. 우타키는 조그만 성곽과 문으로 둘러져 있지만 솟아나온 나무의 힘이 강렬하다.

가장 멋진 전망을 보여준다는 서쪽 전망대 이리노아자나를 거쳐 슈리성의 중심인 정전(세이덴)으로 가기로 하고 걸음을 옮겼다. 높은 건물도 전망대도 없는 나하에서 슈리성의 이리노아자나는 도시와 바다를 바라보는 가장 훌륭한 전망대다. 슈리성 관람의 숨은 보석이라고나 할까?

"나하 어디에서도 여기보다 좋은 전망은 없을 것 같아."

저 멀리 바다가 보인다. 슈리와 바다 사이에 육지화가 진행되지 않았더라면, 호쿠사이가 상상으로 그려낸 바다를 가로지르는 무지개다리가 보였을지도 모른다. 전망대에서 한 바퀴 휘휘 둘러보니, 정전의 붉은 기와지붕이 장관이다. 고궁박물관 강연에서 들었던 이 붉은 기와에 얽힌 사연이 떠올랐다.

18세기 류큐는 인구가 갑자기 증가했다. 그만큼 살 집도 늘어나야 했는데, 섬나라인 류큐는 목재 수요를 감당하지 못해 큰 골치를 앓게 되었다. 이때 류큐 역사상 가장 뛰어난 정치가라 불리는 사이온(察溫, 1682~1761)이 등장해 신의 한 수를 내놓았다. 고온의 가마가 필요하고 그만큼 장작을 많이 떼야 하는 회색 기와 대신에 굽는 온도가 그보다 낮은 붉은 기와를 쓰도록 한 것이다. 왕궁이나 귀족의 집에 붉은 기와를 얹게 된 것은 이때부터였다. 슈리성 역시 원래는 회색 기와였으나 붉은 기와로 바뀌었다. 오키나와의 푸른 하늘과 강렬한 대조를 이루는 붉은 기와 지붕의 물결은 실은 목재 조달이 어려웠던 시절을 견뎌내기 위한 방책이었던 것이다.

슈리성의 끝에 정전(세이덴)이 자리 잡고 있다. 정전은 유료인데다 새로 복원한 까닭에 관람을 이어가는 사람들이 그리 많지 않았다. 대부분은 정전 바깥에 머물다가 시간대가 맞으면 류큐의 전통 무용을 구경하는 정도로 관람을 끝내는 듯했다. 그러나 정전 앞마당에 깔

슈리성의 첫 관문인 슈레이몬과 신령한 장소인 스이무이우타키.
정전 앞 광장에서 펼쳐지는 류큐 전통 무용 공연.
이리노아자나에서 바라본 나하 시 전경.

슈리성의 세이덴(정전). 태평양전쟁 때 소실된 것을 1992년에 복원했다.

沖縄

린 붉은 줄무늬가 언니들을 휘감았다. 그 중심에 서봐야 할 것 같았다. 언니들은 봉신문을 지나 붉은 타일이 줄무늬처럼 깔린 우나(어정)로 들어섰다. 정전을 사이에 두고 중국풍 건물과 일본풍 건물이 각각의 목청을 높이고 있다. 숨 가쁜 역사의 장면이 저 멀리서 조금씩 밀려든다. 두 나라 사이에서 아슬아슬한 관계를 이어가던 작은 섬나라의 운명. 어떤 미래가 닥쳐오더라도 이 땅에서 묵묵히 살아가야 한다는 인간의 오래된 목소리 같은 것이 느껴졌다. 우나의 붉은 줄무늬를 흐트러뜨리려는 듯 한 줄기 바람이 불어왔다.

"바람이 분다. 살아야겠다."

그 말 외엔 아무 것도 할 수 없었다.

"돌다다미길 걸어볼래요?"

언니들이 좋아할 것을 미리 준비했다는 듯 손짱이 앞장섰다. 일본의 아름다운 산책길 100선에 선정된 곳이라는 설명을 빼놓지 않는다. 성곽을 한 바퀴 돌고 내려가는 길, 우리는 긴조이시다타미미치金城町石畳道라 불리는 돌다다미길로 가보기로 했다. 5백 년 전 류큐 귀족들의 저택이 모여 있던 동네를 가로지르는 길인데 석회석으로 포장된 계단이 경사로를 이루고 있다. 이 길이 옛날에는 10킬로미터에 이르렀다는데, 태평양전쟁 때 대부분이 파괴되고 현재는 238미터 정도만 남아 있다.

조금 가파른 돌길이라 조심조심 걸음을 아꼈다. 그리 긴 골목길은 아니지만 천천히 걸을 수밖에 없었다. 길 주변으로는 저택의 담들이

일본의 아름다운 산책길 100선에 선정된
돌다다미길.

沖繩

이어지고 잘 가꿔진 꽃과 나무들이 담 밖으로 살짝살짝 보였다. 꽤 오랜 역사를 간직한 듯한 전통가옥들은 기품 있고 우아했다. 우리의 걸음은 자꾸 느려졌다.

손짱이 조용히 툭 던진다.

"난쿠루나이사!"

"응?"

"아까 기념품가게에서 본 말인데 '어떻게든 잘 될 거야'라는 뜻이래. 이 문구가 적힌 기념품들이 엄청 많더라."

후라이소 게스트하우스 주인 부부에게 물어보고 싶었던 말을 이렇게 쉽게 알게 될 줄이야. '난쿠루나이사なんくるないさ'는 오키나와에서 느낀 따뜻함을 집약하고 있었다. "어떻게든 잘 될 거야. 여기선 다 괜찮아"라며 이 섬이 건네는 위로의 말 같았다.

요즘 만연한 '힐링', '괜찮아'와 '난쿠루나이사'는 분명 다르다. '난쿠루나이사'라는 말에서는 어쩐지 마음껏 시간을 흘려보내도 된다는 의미가 느껴졌기 때문이다. 시간의 길이와 깊이는 도시마다 다르게 와 닿는다. 아무도 걸음을 강요하지 않는 느린 동네인 슈리에서 더 자주 시간의 의미를 생각했다. 삶의 속도에 대해서도.

슈리성공원 首里城公園
A. 沖縄県那覇市首里金城町1-2
W. oki-park.jp/shurijo/(공연과 고식행렬 등의 이벤트 정보 참조)

T. 098-886-2020
Open. 4월~6월/10월~11월 8:30~19:00,
7월~9월 8:30~20:00, 12월~3월 8:30~18:00
(매년 7월 제1 수, 목요일 휴무)

괜찮아 모두 다 잘 될 거야

우라라 서점
우키시마 거리
아사토 우리즌

나하 시내 국제거리에 이르자 헬렌은 홀가분하고 시원한 표정이다. 자동차로 움직이는 것보다 내 다리로 직접 걸으면서 구경하는 재미가 훨씬 좋다고 말이다. 그러나 국제거리는 언니들의 취향과는 거리가 멀었다. 키티 상점과 베니이모 타르트 가게, 돈키호테 같은 상점들이 잔뜩 늘어서 있을 뿐 취향 불명인 대로는 좋은 산책로가 아니었다.

"괜히 지체하지 말고 우라라 서점이나 찾아가는 게 어때?"

책 한 권이라도 집어 들고 싶은 언니들의 걸음이 빨라진다. 국제거리 길 중간쯤에 안쪽으로 빠지는 시장 골목이 나와 그쪽으로 걸어 들어갔다. 골목에는 '평화거리'라고 적힌 아케이드 상점가가 펼쳐졌다. 반원을 그리며 휘어진 거리 안쪽으로 사통팔달 골목이 통한다. 이미 문을 닫은 곳도 있고 성업 중인 곳도 있지만 재래시장 분위기가 물씬 난다.

"광장시장 닮았다!"

서울도 동대문시장 근처에 평화시장이 있다. 한국전쟁으로 북쪽에서 피난 온 사람들이 시장을 열면서 생겨나 '평화'라는 이름을 갖게 되었다. 이 거리도 유사한 맥락을 갖고 있다. 전쟁 후 사람들이 몰려들어 뒷골목 시장을 형성한 곳이라는. 평화거리는 '오키나와의 부엌'이라 불리는 제일마키시공설시장과도 연결되어 있다. 어물전은 생선을 사고 회를 먹는 사람들로 시끌시끌하고 호객행위도 벌어진다. 우리 재래시장과 어쩌면 이렇게 닮았을까?

한편, 예사롭지 않은 기운도 느껴졌다. 시장 아케이드와 연결된 좁은 골목골목마다 작은 바와 카페가 여럿 있었다. 자유롭고 젊은 분위기에 이끌려 자연스레 걸음이 그쪽으로 향한다. 자유분방한 스타일의 청춘들이 노천카페에서 낮술을 즐기고 있다. 한 손에는 담배, 다른 손에는 커피를 들고 바깥 테이블에 앉은 사람들도 꽤 있다. 매일 이 시간이면 이렇게 앉아 있다는 듯이, 습관적으로 커피를 마시러 나온다는 듯이, 아직 대낮의 햇살이 뜨겁지 않으므로 생맥주 한 잔 마실 노천 테이블이 감사하다는 듯이, 담소에 몰두한다. 맛있어 보이는 작은 프렌치 비스트로도 있고, 스타일 좋은 사람들이 마구 들어차 있는 노점형 야키토리집도 붐빈다.

그 중간에서 손으로 쓴 것 같은 '우라라ウララ'라고 적힌 간판을 내

국제거리의 뒷골목 곳곳에서는 느긋하게 한잔하는 사람들을 만날 수 있다. 언니들이 사랑하는 니헤데비루는 무여과 에일 맥주로 청량감이 일품이다. 각종 시식도 넘쳐나는 마키시공설시장. 생각보다 일찍 문을 닫는 곳이 많으니 서두르는 것이 좋다.

건 헌책방을 발견했다. 다다미 3조 정도의 작은 책방이다. 공간이 어찌나 좁은지 카운터가 거의 서점 밖에 있다. 오키나와와 관련한 책만 다뤄서 더욱 특색 있는 서점이다.

손짱이 뭔가 발견한 듯 멈칫거린다.

"다들 이리 와봐!"

뭐야 뭐야, 어디 어디, 하며 모여든 언니들의 눈앞에 등장한 책은 바로 메도루마 슌의 『물방울』 초판본!

"작다고 우습게 보면 안 돼. 서점은 서점이니까."

아니나 다를까, 보물의 집합소였다. 한국어로 된 『류큐 요리』가 손짱의 입맛을 다시게 했다. 오키나와 현 관광문화국에서 펴낸 것이란다. 에미노미세의 주인 가네시로 에미코 씨가 쓴 『백 년의 식탁』도 책장 위에 진열되어 있다.

"오키나와 콘텐츠가 얼마나 다양한지 여기만 와봐도 알겠어."

"과시하지 않으면서도 알찬 책들이 많아요."

서점의 주인인 우다 도모코 씨는 고서점이 아니라 신서점을 운영해야 될 듯싶은 삼십대 중반의 여성이었다. 대형서점 체인인 준쿠도에서 근무하던 그녀는 어느 날 서점에서 열린 오키나와 북페어를 보고 깜짝 놀랐다고 한다. 오키나와와 관련한 책이라면 본토에서 출간한 것보다 더 다양한 종수의 책을 오키나와 현 자체에서 출판하고 있으며, 출판사가 백 곳 이상이라는 사실도 알게 되었기 때문이다. 우라라 서점을 열기 전에도 이 장소엔 작은 책방이 있었는데 가게가 비게 되자 우다 씨는 서점을 인수하기로 마음먹었다. 그녀는 우라라 책방

우다 도모코 씨가 운영하는 우라라 서점. 오키나와와
관련한 책들만 파는 헌책방이다. 에미노미세를 운영하는
가네시로 에미코 씨의 『백 년의 식탁』도 보인다.

을 운영한 경험담을 담은 책도 냈다. 당장 그녀가 쓴 책을 샀다(그녀의 책은 『오키나와에서 헌책방을 열었습니다』라는 제목으로 우리나라에도 소개되었다). 저자가 코앞에 있으니 사인도 받아야지. 새침한 표정으로 묵묵히 장부를 정리하며 불필요한 말은 절대로 하지 않을 것 같은 그녀가 책을 내밀자 환한 미소로 반기며 "저도 한국에 가본 적 있어요. 교보문고도 가봤고요"라고 한마디 한다. 책에는 "감사합니다. 또 오세요"라고 적혀 있었다.

며칠 만에 쓰다듬어보는 종이의 질감에 가벼운 만족감을 느낀 언니들은 뒷골목으로 빠져나와 어스름에 물든 나하를 거닐었다. 낡은 듯 무심한 골목이 언니들 앞에 등장했다. 우키시마 거리浮島通り다. 시간여행이라도 온 듯 30~40년 전의 오키나와가 펼쳐진다. 드르륵 여는 미닫이문이 반쯤 열린 상점은 오래된 나무 선반에 물건이 몇 가지 놓여 있고, 이발소, 양장점, 낡은 아파트, 낙서가 된 블록 벽들이 등장한다. 자세히 보니, 낡은 가게들을 리모델링해서 카페와 바, 숍으로 바꾼 곳도 눈에 띄는데 화려하게 드러내기보다 골목의 담담한 분위기에 물들어 있다. 역시 이름난 대로보다 좁고 한적한 뒷골목이 훨씬 재밌다. 일상의 속살을 들여다볼 때 여행자의 몸은 그 장소에 더욱 가까워지기 때문이다.

유기농 채소들로 맛있는 슬로푸드를 만드는 우키시마 가든이 나타났다. 소박하고 내추럴한 분위기의 카페는 딱 언니들이 좋아할 분위기다. 벌써 많은 사람들이 식탁에 앉아 맛있는 음식을 기다리고 있

우키시마 거리의 아기자기한 가게들.
유기농 채소들로 요리하는 우키시마 가든과
각종 소스와 잼을 파는 피니온.

다. 손짱 추천 식당이지만, 오늘 밤은 아와모리 전문점인 우리즌에 갈 예정이라 아쉽게도 이 식당을 지나칠 수밖에 없다. 하지만 '피니온ぴにおん'이라는 가게에서 명랑한 청년들이 언니들을 불러 세우자, 못 이기는 척 다가간다. 잼과 소스를 담은 팔레트를 내밀며 맛보라고 권하는 유쾌한 청년들.

"난쿠루나이사. 오키나와니까, 친절한 청년들의 이야기도 좀 들어보고……."

숍은 오키나와의 맛으로 가득 차 있었다. 천연 과육으로 만든 잼과 다양한 재료들로 맛을 낸 소스, 건어물, 그리고 각종 말린 채소와 해조류……. 잠깐 시식이나 하자며 들어간 가게에서 잔뜩 사들고 나올 건 또 뭐람. 그래도 서울로 돌아가 식구들과 오키나와의 맛을 즐길 생각에 한껏 기분이 부풀었다. 하지만 채 열 걸음도 가기 전에 슬그머니 의구심이 들었다.

"이거 서울에서 먹어도 맛있을까?"

아무리 맛있는 음식도 현지에서 먹어야 제맛이다. 조리법도 다르고 한식과는 어울리지 않을지도 모른다. 맛의 기억은 묘하게도 함께 맛보며 즐거워했던 경험을 나눠 가진 사람하고만 유효한 적이 많았다. 언니들의 손에 들린 오키나와풍 양념 된장과 고추샐러드 소스가 서울에선 어떤 맛으로 느껴질까? 계절도 시간도 잊은 꿈같은 이 여행은 서울의 일상에서 어떤 의미로 남을까?

오키나와에서 마지막으로 할 일은 우리즌에서 차가운 아와모리를 마시는 일이다. 우리즌이 있는 아사토 지역은 약간 퇴락한 주택가처럼 보였는데, 조금 걸어 들어가니 큰 아케이드 형 재래시장이 나타나 우리를 깜짝 놀라게 했다. 24시간 문을 여는 리우보우 마트, 동네 주민들의 아지트 같은 술집들도 곳곳에 숨어 있었다.

문을 닫은 사카에마치 시장과 어둑어둑한 거리를 한참 헤맨 후에 발견한 '우리즌うりずん'은 유명한 식당의 풍모를 그대로 간직하고 있었다. 오래된 건물은 따뜻한 불빛을 흩뿌리고, 와자지껄한 소음과 맛있는 냄새가 진동한다. 손짱과 미키의 얼굴이 한껏 상기되었다. 나와 헬렌도 기분 좋은 웃음으로 그들의 기대감에 동승한다. 자리가 나기를 기다리며 즐거운 술렁거림을 즐긴다.

"오키나와의 멋진 젊은이들은 죄다 여기 모였나봐."

늘씬한 여자애도, 잘 차려입은 남자들도 국제거리가 아니라 우리즌에 있지 뭐야!

"우리즌初夏은 장마가 시작되기 직전을 말하는데 오키나와에서 가장 지내기 좋은 시기래. 그런데 오키나와 지상전이 벌어졌던 시기가 바로 그때였으니, 오키나와의 가장 슬픈 시절이기도 하지! 전쟁으로 아와모리 술독들도 대부분 파괴되고 말았는데, 우리즌은 그때 파괴된 전통 아와모리를 되살리려고 혼신의 노력을 기울였대. 그리고 마침내 자랑할 만한 아와모리를 내놓게 된 거지. 주인이 직접 오키나와의 수십 개 주조소의 아와모리를 선별 또 선별해서 블렌딩하고 항아리에 담아 숙성시키고 있다는 거야."

손짱은 '우리즌'이라는 술집 정보를 찾아보다가 아와모리에 푹 빠져버린 모양이다. 자기네 술과 음식을 지키려는 노력에 큰 감동을 받았단다.

키가 작은 아주머니가 우리를 2층으로 안내했다. 삐걱거리는 계단의 중층에 먼지가 쌓인 아와모리 병이 가득 진열되어 있다. 수십 년은 족히 되어 보이는 커다란 아와모리 술독이 시선을 사로잡는다. 가게의 자부심이 느껴졌다.

자리에 앉자마자 아와모리부터 주문했다. 다른 메뉴 선택은 손짱에게 맡기고 세 언니들은 망중한에 빠져들었다. 가게에서 직접 숙성한 아와모리가 큼직한 얼음이 든 유리잔에 담겨 나왔다. 빛깔 고운 류큐 유리잔에 담긴 맑고 투명한 8년산 아와모리. 너를 오늘에서야 제대로 만나게 되었구나. 쩽하면서도 부드럽고 독한 술이 목구멍을 타고 내려간다.

살짝 떫은 듯 쌉싸래하면서 살캉거리며 씹히는 질감이 좋은 고야찬푸르, 소면 볶음, 부추가 들어간 얇은 부침개인 히라야치, 양념된 고기소를 넣은 구운 고로케 등 오키나와 음식이 더 이상 낯설지 않다. 물론 하늘의 별빛 같은 오리온 맥주도.

"사람에게 감동한 여행은 처음이에요!"

미키가 불쑥 이야기를 꺼냈다.

"일본이 워낙 친절한 곳이긴 하지만 오키나와는 본토의 친절과 뭔가 달라요."

"가슴을 적시는 따뜻함이 있지."

헬렌도 말을 거들었다.

沖繩

오키나와의 술 아와모리를 지켜낸 자부심을 느끼게 하는 술집 우리즌.
고야 찬푸르와 얇은 부침개 히라야치, 류큐의 빛깔이 느껴지는 유리잔에
담긴 차가운 아와모리.

"맞아요. 이 유리잔처럼 따뜻하고 예쁜 곳이에요. 사람들도."

매끈하면서도 도톰한 두께의 붉고 푸른색이 스친 유리잔을 바라보며 우리 모두 같은 마음이었다. 우리는 오키나와의 따뜻함으로 한껏 충전되어 있었다.

사람들의 마음도 따뜻했고 2월에 부는 바람도 따뜻했다. 전쟁의 상흔으로 만신창이가 된 땅을 어루만지는 해풍도, 어느 곳에서나 섬으로 몰려오는 푸른 파도도 따뜻했다. 이름 모를 온갖 식물들로 뒤덮인 거리들이 따뜻했다. 사람들의 웃음이, 오키나와 말이 따뜻했다. 이 땅의 사람들에게 이어져온 따뜻함의 정서는 맑은 기운으로 우리를 감쌌다. 아픈 곳을 쓰다듬어주는 커다란 손 같았다. 그들, '니헤데비루'라고 말하고 싶은 사람들.

벚꽃과 마음. 니코스 카잔차키스는 1935년에 일본 여행을 떠날 때 이 두 단어만 알고 가도 좋겠다며 낭만적인 생각에 빠졌다. 곰곰 생각해보면 이 두 단어는 우리가 일본으로 온 이유이기도 하다. 여행이 끝나가는 지금, 분명히 이야기할 수 있다. 오키나와는 벚꽃보다 마음이라고.

창밖으로 밤의 달빛이 새어들고, 손님들의 유쾌한 웅성거림은 더욱 커진다. 접시는 어느새 깨끗해졌고, 아와모리와 오리온 생맥주도 거의 비워간다. 미키와 헬렌, 손짱과 유짱, 언니들의 여행도 끝을 맺을 시간이 다가온다. 넷은 의미심장한 눈빛을 주고받는다.

"우리, 다음엔 어디 갈까?"
"나고야. 10만원대 항공권이 나왔어."
"북경을 가볼까? 배운 중국어도 써볼 겸?"
"교토. 벚꽃 보러 가요."
"파리 안 갈 거야?"
"그럼 노리코가 있는 런던도 가야겠네."

어디든 괜찮아, 모두 다 잘 될 거야.
언니들이니까.

우리즌 うりずん
A. 那覇市安里388-5
W. http://urizun.okinawa
T. 098-885-2178
Open. 17:30~24:00(연중무휴)

언니들의 여행 후기

　　야무진 계획으로 무장하고 촘촘한 일정에 따라 움직이는 건 일찌감치 내 능력을 벗어난 일이었다. 짐 꾸리는 일이 귀찮아서 여행은 싫다던 내가 아니었나. 그래도 네 명의 언니들이 움직이면 재미있고 신나지 않은 일이 없었으니 일본 여행도 따라가보기로 했다. 언니들이 이끄는 대로 따라가되, 길치인 내가 일본을 떠도는 미아가 되지 않도록 미연에 조심하기만 하면 될 일이다.

　　이 여행을 이야기하기 위하여 인상적인 첫 문장을 써보겠다는 핑계로 영화를 한 편 감상했다. 그렇다. '나'라는 사람은 글을 쓰든 말을 하든 모든 내용을 결국 책과 영화 이야기로 연결 짓는 기묘한 습성의 소유자다. 러셀 크로가 감독과 주연을 맡은 〈워터 디바이더〉와 나의 여행을 연결시킬 단서는 "나이 든 남자가 호주에서 여기(터키)까지 왔다. 그의 아들이 묻힌 곳을 찾기 위해서"라고 적은 편지 구절이 나왔을 때였다. 그걸 살짝 바꿔보면 된다. "나이 든 여자가 한국에서 여기까지 왔다. 일본을 찾기 위해서." #헬렌(심혜경)

　　내 여행은 꼭 봐야 하는 것도, 꼭 가야 하는 곳도 없는 느긋한 여행이다. "언제 또 오겠어?"라며 리스트를 꽉꽉 채워서 다니던 때도 있었지만, 여행을 하면 할수록 다음에 또 올 여지를 남겨두는 것도 여행의 즐거움이라는 걸 알게 됐다. 그런 내 여행에 언니들이라는 내비게이션이 함께했다. 나침반 정도가 아닌, 최신의 전시 정보라든지, 노포 맛집, 트렌디한 서점 등 언니들이 고르고 고른 장소들로 가득 찬 내비게이션. 혼자 갔다면 아예 고려하지도 않았을 장소, 먹어보려고 시도조차 하지 않았을 음식, 책이나 검색만으로는 찾아내지도 못할 것 같은 곳을 함께 가고, 함께 먹고, 함께 느꼈다.

　　'나'라는 사람은 타인과 있을 때 가급적이면 그의 기분에 맞춰주는 사람이라, 여행만은 아무도 신경 쓰지 않아도 되는 '나 혼자 하자' 주의였는데, 왠지 "언니들이라면 괜찮아"라는 무조건적인 믿음이 생겼다. 각자의 개성이 뚜렷한 언니들이니 우려보다는 기대가 컸고, 여행은 항상 그 기대 이상이었다. 그러니, 한 번에 그치지 않고 도쿄에서 가루이자와로 또 오키나와로 계속해서 이어질 수 있었을 것이다. 우린, 또 언제 어디로 가게 될까? #미키(김미경)

유쨩을 중심으로 홍차를 마시고 일본어를 배우며 만나왔던 언니들은 대체로 호기심이 많고 별난 것을 좋아한다. 헬렌은 일본에서도 처음 만나는 이와 스스럼없이 말을 건네며 친구 사귀기의 진수를 보여주었다. 웬만하면 처음 보는 이와 말을 잘 섞지 않는 나도 엉겁결에 몇 마디 건네고 말았다. 유쨩은 미술관의 아트숍에서 희귀 아이템을 골라내고 문구점에서는 무엇에 쓰는 물건인지 알 수 없는 종이들을 사들이며 남다른 취향을 보여주었다. 나 역시 그녀를 따라서 사가지고 온 종이 쪼가리가 꽤 많다. 미키는 드러그스토어에서 정말 유용한 것들을 쏙쏙 골라냈는데, 그녀가 추천해준 소금 치약과 사벡스 립밤은 여행을 갈 때마다 꼭 사는 필수품이 되었다.

　　약 3년에 걸친 일본 여행이 마무리되었다. 그러나 여전히 우리는 또 다른 언니들과 함께 한 달에 한 번 소설을 읽고, 새로운 언어를 배우고, 흥미로운 강의를 함께 듣는다. 서로의 눈치를 살살 살피며 슬슬 옆구리를 찌를 순간을 노리면서. #손쨩(손경여)

　　검은 설탕과 눈꽃 소금. 오키나와에서 서울까지 가져온 물건이다. 주방에 나란히 놓여 있지만 색도 맛도 정반대에 있는 두 가지. 심지어 흑당은 단단한 덩어리를 이루고 소금은 눈꽃이란 이름에 어울리듯 분가루처럼 흩어진다. 마치 삶이란 늘 상반된 얼굴을 가진단다, 라는 듯. 하지만 서로 다른 것들이 켜켜이 맺어진 것이 삶이란다, 라는 듯. 여행은 불쑥 삶의 철학을 들려준다.

　　3년에 걸친 잔잔한 여행을 책으로 묶으면서, '언니들의 여행'이란 여행을 떠났다가 돌아오는 것만이 아니라, 여행을 꿈꾸는 일상과 책을 만들며 여행의 기억을 더듬는 지금을 모두 아우른다고 느꼈다. 함께 여행하기 좋은 친구가 따로 있지 않다. 다만 함께 여행하기 위한 기대와 노력이 있다. 우리 모두가 선뜻 마음을 모았다는 것이 나는 기쁘다. 낯선 도시를 걷고 낯선 사물들을 느끼던 공통의 기억이 우리에게 존재한다는 것도.

　　후기를 쓰고 있는 지금, 갑자기 울리는 메시지음. 미나 센세다. "저 한국에 잠깐 들어왔어요. 우리 만나요!" 아핫, 언니들의 여행이 다시 불붙을 것 같은 예감이 밀려온다. '언니들'이라는 동심원이 깊고 넓어지는 한 언니들의 여행은 계속되리라! #유쨩(최예선)

언니들의 여행법 | 도쿄, 가루이자와, 오키나와

ⓒ 최예선, 심혜경, 손경여, 김미경, 2016

초판 1쇄 발행 2016년 7월 27일
초판 3쇄 발행 2019년 6월 24일

지은이	최예선, 심혜경, 손경여, 김미경
일러스트	하정
펴낸이	김철식
펴낸곳	모요사
출판등록	2009년 3월 11일(제410-2008-000077호)
주소	10209 경기도 고양시 일산서구 가좌3로 45 203동 1801호
전화	031 915 6777
팩스	031 915 6775
이메일	mojosa7@gmail.com
ISBN	978-89-97066-29-2 13980

— 이 책의 판권은 지은이와 모요사에 있습니다. 이 책 내용의 전부 또는 일부를 다시 사용하려면 반드시 양측의 동의를 얻어야 합니다.
— 값은 뒤표지에 표시되어 있습니다.
— 잘못 만들어진 책은 구입처에서 바꿔드립니다.